파독 광부, 꿈을 캐는 교수로

–권이종 박사 인생 이야기–

권이종 지음

교육과학사

나의 아내에게 이 책을 바칩니다.

| 머리말 |

이제는 대한민국도 GDP 1조 6천억 달러를 넘기며 세계 경제 규모 10위권의 나라가 됐다. 그러나 1964년, 내가 파독 광부로 독일에 갈 때는 상상할 수도 없던 일이다. 독일에 처음 발을 내디뎠을 때, 잘사는 독일을 보고 얼마나 부러웠는지 모른다. 탄식에 가까운 우리나라의 가난한 처지가 생각나서 눈물이 날 정도였다. 독일 생활을 하는 내내 '한국은 언제 독일처럼 잘 살 수 있을까' 질문하며 16년을 살았다. 오랫동안 독일을 피부로 느끼고, 보고, 듣고, 관찰하면서 언젠가 내가 나이가 들면 독일과 한국을 비교한 글을 써야겠다고 생각했다. 그 뜻이 이제 결실을 맺고자 한다. 1964년부터 가졌던 나만의 고유한 생각을 81세 나이에 글로 옮겨본다.

한 지인과의 대화에서 독일과 한국의 문화 차이에 대해 글을 쓰겠다는 이야기를 한 적이 있다. 그 지인은 독일 문화와 한국 문화가 완전히 다르고, 다른 문화 속에서 사는 사람들의 성장 과정과 배경이 다른데, 굳이 그런 글을 쓸 필요가 없다고 조언을 했다. 그 말을 듣고 글쓰기를 일단 중단했다. 그런데 얼마 후 모 작가를 만나서 같은 이야기를 했다. 그 작가는 글은 쓰는 사람마다 스토리텔링, 경험, 느낌, 표현이 다르기 때문에 무조건 써보라고 했다. 글은 읽는 사람이 판단하여 이해하고 소화하거나 전수하면 된다고 했다. 나는 다시 용기를 얻고 "파독 광부, 꿈을 캐는 교수로"라는 주제로 글을 쓰기로 했다.

나는 독문학을 전공한 사람도 아니고 독일에서 태어난 사람도 아니다. 나는 1964년 10월 5일, 광부 신분으로 독일에 가서 1979년 2월 교수의 신분으로 귀국했다. 광부 고용계약 3년이 끝나고 독일에서 공부를 했고, 박사학위를 취득했다. 광부로 함께 독일에 간 사람들과는 좀 다른 삶을 살아왔다고 생각한다.

16년간의 독일 생활이 비록 제한된 생활공간이었지만 나름대로 일, 가정, 학교, 사회에서 다양한 색깔의 길을 걸어오면서 경험을 쌓았다고 자부한다. 이 삶이 피상적이라고 할 수도 있다. 그러나 독일에서 살아가는 동안에 보고 듣고 깨달아 스스로 인생 공부를 했으며 "백문이 불여일견"이기에, 나의 16년간의 생활을 더듬어 가며 글로 옮긴다. 인터넷의 발달로 모든 정보를 인터넷에서 찾을 수 있는 세상이지만, 나의 소박한 경험 하나하나의 조각들을 모자이크처럼 모아보았다.

나는 1979년에 귀국한 후에도 공무와 여행 등으로 자주 독일을 다녀왔다. 내가 모르는 새로운 독일의 모습을 발견하면 계속 기록했고, 독일과 관련된 책도 읽어가며 이 과제를 풀어 왔다. 어차피 나는 한국 사람이다. 독일을 다 안다는 것에는 한계가 있다. 중요한 것은 내가 가진 경험이 고유하다는 자부심으로 거침없이 손가락 가는대로 자판을 쳤다.

독일은 2차 대전 이후 폐허가 되어 재기 불가능한 나라였지만 다시 일어나 60여 년 만에 모든 분야에서, 특히 경제 분야와 인간의 기본적인 3대 복지인 생계복지, 의료복지와 교육복지 등에서 세계 일등 국가가 되었다. 그 근간은 독일 국민들의 독특한 '국민정신'이라고 할 수 있다. 동독과 서독의 통일과정만 보아도 국민정신이 아니고는 그렇게 짧은 시간 안에 양국 간의 통합을 가져 올 수 없었을 것이다. 서독인들은 통일 이전부터 동독인들을 위한 지원을 아끼지 않았다. 통일 이후 국민들이 통일세를 부담하기도 했다. 서로가 한 핏줄이라는 깊은 이해와 민족성이 그들 안에 있기에 가능했던 일이다.

2021년은 한국과 독일이 수교한 지 139년째 되는 해이다. 그러나 본격적으로 경제적 교류와 인적 교류가 시작된 것은 1960년 이후부터이다. 그 때 한국은 가발, 양말, 셔츠 등을 수출했다. 그러나 지금은 반도체, 기계, 자동차, 선박과 중공업 제품 등을 수출한다. 항공 노선이 전혀 없던 나라였지만 지금은 유럽 주요국가 공항에 한국 직항이 있다. 또한 전 세계 공항에 걸린 TV가 한국 전자 제품이다. 공항 내 카트도 한국 회사 제품이다. 1960년 초에는 독일로 광부와 간호사를 파견하던 한국이지만 지금은 한국 기업이 유럽 지사에서 유럽인을 고용한다. 유럽 청년들이 한국 회사에서 일하는 것을 선호한다. 독일 사람들이 다른 나라 회사 사람들에게는 집 임대를 선뜻 안 해 주는데 한국 회사에 다니는 사람들에게는 우선 허락한다고 한다.

나는 여행을 좋아 한다. 살면서 여행과 연구 등의 이유로 외국에 갈 일이 상당히 많았다. 심지어 국가 간 수교도 되기 전에 공산주의 나라로 학술 연구를 다녀온 적도 있었다. 연구는 성공적으로 마치고 왔지만, 그 때 공산주의 국가들을 다닌 것은 지금 생각해도 무서운 경험이었다. 내가 외국을 다니며 얻은 것은 애국심과 대한민국 국민이라는 자부심이다. 특히 한국의 아름다운 자연, 뚜렷한 사계절, 온화한 기후는 정말 축복이라 생각한다. 그래서 우리나라를 다른 나라와 비교하고 싶은 생각은 전혀 없다. 특히 서울처럼 산과 물이 조화를 이루는 아름다운 도시는 전 세계 어디에서도 찾기 어렵다. 또한 남해(부산~목포까지)는 독일 로렐라이, 이탈리아 나폴리와 카프리처럼 무궁무진한 개발 가능성이 있다. 이러한 이유들 때문에 이 책을 쓰는데 망설이게 된 것이다.

책을 낼 때마다 언급했지만 나는 아내를 만난 시점부터 배고픔이 해결되었고, 공부했고, 발전했고 마침내 박사학위를 받았다. 이 모든 마음의 보답으로 아내에게 감사하고 싶다.

그리고 특히 감사해야 할 분은 김흥현 회장이다. 그의 책『독일인과 한국인의 궁합』은 이 글을 쓰는 데 큰 도움이 되었다. 김회장은 독일에서 "한국무역협회 유럽지부장과 한독경제협회장" 등 40년간 살면서 그 나라의 경제, 정치, 무역, 환경, 교육 등 많은 분야를 직접 경험하신 분이다. 그래서 김회장님보다 더 독일을 잘 알고 그 내용을 이렇게 자세히 글로 옮긴 분은 없다고 생각한다. 김회장 내외분께 감사의 인사를 올린다.

저자는 독자들의 이해를 돕고자 내가 글을 쓰는데 있어 틀이나 형식에 구애받지 않고 자유롭게 표현한다는 점을 분명히 밝히고자 한다. 이 책은 다섯 분야로 나누어 썼다.

제1부는 나의 성장과정과 독일 생활에 관한 이야기, 제2부는 파독근로자로서의 일, 제3부는 정년 후 세계 후원 단체에서의 일, 제4부는 정년 후 지금까지의 활동, 제5부는 독일을 알게 하는 내용, 그리고 우리나라에서 내가 이룬 최초의 업적들에 이어 끝으로는 나의 삶 전체의 활동을 부록으로 포함했다.

나의 부족한 원고를 꼼꼼히 교정해서 책이 되도록 도와준 양한나 작가와 교육과학사 한정주 사장님과 직원들에게 감사의 말씀을 전한다. 끝으로 필자는 교육학을 공부한 사람이기에 글을 잘 쓰는 사람은 아니어서 산문으로 이해하기를 분명히 바란다. 독일인들과 함께 지내며 그들의 삶의 공간과 시간을 사실에 입각해 생생하게 그려보려고 노력은 했다. 그러나 한계를 느끼곤 했다. 평가는 독자들의 몫이다.

2021년 3월

ADRF 회장 · 한국교원대 명예교수

권이종

CONTENTS

제3부

나눔과 봉사의 꿈 97

제4부

꿈을 향한 멈추지 않는 열정 171

제5부

독일을 알면 선진국이 될 수 있다 -키워드로 보는 독일의 이해 213

제1부

교수가 된 파독 광부

기회가 올 때 받아들일 준비가 되어 있는 것, 그것이 성공의 비결이다.

– 벤자민 디즈레일리

01 왜 우리는 독일에 가야 했나?

대한민국 경제개발의 초석이 된 파독 광부, 간호사들이 있다. 전쟁 후, 절망과 기아에서 허덕이는 나라와 국민을 구하기에는 국가가 돈이 없었다. 빈곤국인 한국에게 어느 나라에서도 돈을 빌려주지 않았다. 그 때 박정희 대통령은 같은 분단국가인 독일의 문을 두들겼다. 2차 세계 대전 이후 라인강의 기적을 이룬 독일처럼, 우리도 한강의 기적을 이뤄보자는 각오였다. 당시 우리나라는 국민소득이 80달러가 안됐고, 수출은 1억 달러 수준이었다. 세계적으로 최빈국이었다. 1955년 10월 8일 UNKRA(UN한국 재건 위원회) 인도 대표 메논(Menon)이 한국을 표현하기를 "쓰레기통에서 장미꽃이 필 수 없다"고 단언했다. 당시 필리핀의 국민 소득이 170달러로 우리보다 잘 사는 나라였다.

내가 파독 광부로 독일로 출국하던 날, 먼지투성이인 비포장 도로를 달려 초라한 김포공항으로 갔었다. 그때는 한강 다리가 하나뿐이었다.

그런데 60년이 지난 지금 대한민국 전 국토에는 아스팔트가 깔렸고, 33개의 한강 다리가 있다. 세계 최고의 공항을 가진 나라가 됐으며, 외국 어느 나라 공항에 가도 한국 TV가 걸려있는 것을 볼 수 있다. 1억 달러를 수출하던 나라가 지금은 7천억 달러의 수출국이 되었다. KTX와 SRT가 전국을 달리며, 지하철 평가 세계 1위를 차지하는 나라가 됐다. 인터넷과 초고속 통신망이 가장 빠른 나라이며, 전기전자 분야에서는 한국 기업이 세계의 중심에 있다. 전 세계 많은 대학들이 한국학과 전공을 개설하며, 세계 유수 대학의 우등생 1위가 한국인이다(2위 이스라엘, 3위 독일). 한국의 운동선수, 한국 영화, K-POP 등도 전 세계의 주목을 받고 있다.

1950년 전후만 해도 한국은 파키스탄의 제철 공장으로 견학가고, 필리핀에 유학 가서 박사 학위를 받아온 나라였다. 하지만 지금은 역으로, 한국을 배우려고 전 세계 젊은이들이 몰려오고 있다. 원조를 받은 나라에서 베푸는 나라가 되었다. 국력 꼴찌였던 나라가 이제 경제 대국 10위권을 기대하고 있다. 그리고 불과 반세기가 지난 지금 대한민국은 신생국 중 유일하게 압축성장한 나라가 되었고, 민주 국가가 되었다.

독일도 1951년 이후 급성장하여 GNP 연평균 9.5퍼센트를 올리는 급속한 경제 성장을 했다. 1958년경에는 실업자 없는 나라가 되었다. 그러다보니 경제성장을 위한 노동력이 많이 필요하게 되었다. 그 대안으로 1960년에 독일 정부는 스페인, 이태리, 포르투갈, 그리스 등에서 약 10만 명의 노동력을 들여왔다. 유럽 국가들에서 확보하여 충당했으나 그래도 부족했다. 그때 한국이 운이 좋아 이 기회를 얻게 된 것이다. 1960년대 초, 한국 여성들이 독일 뷔페탈(Wuppertal)에 있는 방직 공장으로 일하러 가게 된 것이 그 시작이다. 한국 여성들은 그 곳에서 방직 기술 외에도 실업교육, 간호사 교육 등을 받을 수 있었다.

그 두 번째 파견이 우리나라 노동청과 독일 탄광협의회의 협정에 의해 1963년부터 1977년까지 독일 함보르너(Hamborner)와 에쉬바일러(Eschweiler) 광산에 약 8천여 명이 광부로 간 것이다.

또한 1966년부터 1976년까지 1만여 명의 간호사도 독일로 파견됐다.

그런데 1973년부터는 독일에서 더 이상 외국인 노동자를 모집하지 않았다. 한국 간호사는 1976년, 광부는 1977년이 마지막 파견이었다.

02 가난이 나를 에워싼 어린 시절

나는 1940년 전라북도 장수군 지리산 산골의 한 오지마을에서 빈농(貧農)의 아들로 태어났다. 태어나보니 우리 부모님은 농사를 지으셨고 내 위로는 형이 한 명, 누나가 두 명 있었다.

집이 얼마나 가난했는지 초가집이 넘어질 정도로 기울어져 있어서 제대로 닫히는 문이 하나도 없었다. 어릴 적부터 나는 하루에 세 끼를 먹어본 기억이 없다. 하루에 한 끼 먹으면 잘 먹은 것이고, 그마저도 밥보다는 소나무 껍질과 쌀겨로 만든 개떡이나 죽을 먹었다. 굶는 날도 부지기수였다. 학교에 도시락을 싸가는 것은 감히 꿈도 못 꾸었다. 부모님은 항상 굶주린 자식이 안쓰러웠는지 가끔 형님이 일하는 부잣집에 나를 딸려 보내기도 했다. 그 집에 가면 밥 한 끼는 배불리 얻어먹을 수 있었기 때문이다. 당시에는 신나서 형님을 따라 갔지만, 우리 부모님의 마음은 얼마나 찢어지고 아프셨을지 나이가 들어서야 느꼈다.

내가 태어난 초장마을과 생가에 세운 기념석

나는 초등학생 때도 산에 올라가 땔감나무를 하고 농사도 도왔다. 초등학교를 졸업하는 데에만 7년이 걸렸다. 중학교를 가기 위해 1년을 재수했기 때문이다. 나는 어릴 때부터 독서와 일기 쓰는 것이 재미있었고, 공부하는 게 좋았다. 꽤 잘하기도 했다. 귀엽게 생긴 학생이 공부도 잘하니 선생님들은 나를 많이 예뻐해 주셨다. 그런 선생님들을 보며 나는 교사의 꿈을 갖게 되었다. 또한 내가 가장 존경하던 초등학교 2학년 때 담임선생님께서 "이종이는 커서 선생님이 되면 좋겠다"라고 하신 말씀에 용기를 얻어 나는 교육자가 되기로 결심했다. 나는 그 꿈을 이루고자 평생 손에서 책을 놓지 않았고, 결국 꿈을 이루었다.

그러나 공부를 이어가기에는 우리 집은 찢어지게 가난했고, 중학교에 간다는 것은 내게는 사치였다. 우리 형편에는 초등학교를 졸업한 것만으로도 감사할 일이었다. 그걸 알면서도 나는 중학교가 너무나 가고 싶었다. 초등학교를 졸업하고 약 1년 동안 농사를 지으며 '나는 언제 중학교에 갈 수 있을까' 꿈만 꾸었다. 함께 졸업한 친구들이 중학교 모자를 쓰고 다니는 모습을 보면 부러워서 잠도 못 이루고 미칠 것 같았다.

03 어머니 사랑이 없었다면

부모님께 바치는 기념석. 필자가 직접 제작했다.

그러던 어느 날, 나는 무언가에 이끌리듯 혼자 가출했고 전주에 가서 중학교 입학시험을 치르고 왔다. 지금 생각해보면, 학교를 다니고 싶던 나의 마음이 무의식적으로 나를 전주로 이끌었던 것 같다. 그리고 나는 운 좋게도 전주 동중학교에 합격했다.

합격을 한 것만으로도 설레고 기뻤다. 하지만 가난에 찌들어 세 끼 식사도 못하는 처지에 감히 중학교에 가고 싶다고 어머니께 말씀드릴 수는 없었다. 깊은 고민에 빠졌다. 며칠 뒤, 내 모습을 이상히 여긴 어머니는 이유를 물으셨고, 나는 결국 어머니께 중학교 합격을 사실대로 말씀드렸다. 유난히 막내를 사랑했던 어머니는 풀죽어 시무룩한 막내아들의 모습을 보시고는 "내가 무슨 수를 써서든 꼭 학교에 보내주마" 약속하셨다. 나는 하늘을 날 듯 기뻤다. 어머니의 본능적인 자식사랑은 가난도 물리치셨다.

처음에는 "우리 형편에 무슨 학교냐"며 역정을 내셨지만 다음날 아침, 어머니는 아랫마을 부잣집에 쌀 한 가마니를 빌리러 가셨다. 그 날은 매서운 봄바람이 부는 2월이었는데, 가난한 우리 어머니는 변변한 옷도 없이 아랫마을 부잣집 대문 앞에 하루 종일 앉아서 쌀 한 가마니를 빌려 달라고 사정을 하셨다. 그 부잣집에서는 우리가 빚을 갚을 수 없을 거라고 생각하고, 쉽사리 쌀을 빌려주지 않았다. 하지만 어머니는 물러나지 않고, 찬바람을 그대로 맞으며 하루 종일 그 집 앞에 앉아계셨다. 해 질 무렵, 어머니를 불쌍히 여긴 부잣집 주인은 결국 쌀 한 가마니를 빌려주었고 나는 중학교에 갈 수 있게 되었다.

사실 어머니는 겉으로는 중학교 진학을 반대하셨지만, 나의 입학금을 마련하기 위해 개미허리 같은 가냘픈 몸으로 밤마다 잠을 줄여가며 베를 짜 두셨다. 어머니는 짜 둔 베와 장독까지 모두 내다 파셨지만 그것으로도 입학금을 내기에는 턱없이 부족했다. 어머니는 부잣집에서 빌린 쌀 한 가마니를 팔아서 나의 등록금을 대 주셨다. 없는 살림에서도 나의 학구열을 꺾지 않으신 어머니시다. 나는 지금도 어머니 산소에 갈 때면 그 때 생각이 나서 눈물을 흘리곤 한다. 이제는 나도 쌀 백 가마니, 아니 천 가마니도 살 수 있는 사람이 됐는데, 나를 자랑스럽게 봐주실 어머니가 이제 세상에 안 계시다는 것이 한스럽다.

어머니 산소에서

어머니 생각을 하면 마음 아픈 일이 많은데, 그 중 나를 평생 아프게 한 일은 어머니의 외눈 사고이다. 내가 초등학교 겨울방학 때, 어머니는 자식들에게 뭇국을 끓여 주겠다고 꽁꽁 언 무 구덩이를 파다가 휘어있는 대나무 가지에 한쪽 눈을 찔리셨다. 어머니는 눈에서 피가 줄줄 흐르는 고통 속에서도 우리에게 뭇국을 끓여 주셨고, 며칠 뒤, 어머니의 다친 눈은 실명이 되었다. 그 때 우리 가족은 얼마나 울었는지 모른다. 지금이었으면 치료를 받을 수 있었을 텐데, 그 당시 우리는 너무 가난했고 병원이라는 것을 모르고 살 정도로 무지했다. 어머니는 돌아가시기 전까지 평생을 한쪽 눈으로만 세상을 보고 사셨다. 어머니가 돌아가신 지 벌써 20년이 지났지만 지금도 그 아픔은 내 마음에 깊은 상처로 남아있다.

내가 초등학교 4학년 때, 어머니와 함께 형님의 논산훈련소 면회를 간 적이 있다. 형님은 6.25 전쟁 시기에 군 생활을 했다. 우리는 형님이 계신 논산훈련소에 가야 했는데, 어머니가 무학자라 숫자와 한글을 못 읽으셨다. 그래서 혼자 길을 찾아 갈 수 없으니 함께 가자고 하셨고, 어머니와 나는 나흘 동안 160킬로미터를 걸어서 논산에 갔다. 물론 당시에도 기차는 있었지만 돈이 없는 우리는 걸어갈 수밖에 없었다. 7월 23부터 26일까지, 삼복더위에 어머니는 머리에 솥과 식재료를 이고 걸으셨고, 나도 장작과 닭 한 마리를 등에 지고 160킬로미터를 걸어서 다녀왔다. 어머니의 사랑이 아니면 불가능했던 길이라고 생각한다.

어머니 말씀에 의하면 젊은 때는 고생을 많이 했지만 나이 들면서 행복했다고 하셨다. 어머니는 열일곱 꽃다운 나이에 두 살 연하인 아버지와 결혼했다. 어머니는 부잣집 막내며느리로 시집을 왔는데, 부잣집이라 그런지 일이 대단히 많았고, 시집살이도 고되게 하셨다. 이후 아버지가 따로 나와 살림을 차렸는데, 부잣집 막내였던 아버지는 아무 일도 할 줄 몰랐다. 먹고 살아야 하니까 어쩔 수 없이 할아버지께 받은 논을 거의 다 팔았다. 그래도 생계가 어려워지자 아버지는 일본 광산과 만주에 자원해서 갔다. 그 뒤로 어머니는 혼자 4남매를 키우셨다. 아버지는 1945년 해방 후 일본에서 돌아오셨고, 논 세 마지기가 그때 우리의 전 재산이었다.

아버지는 성품이 온화하고 정이 많은 분이셨다. 집이 가난해도 항상 어려운 사람들을 데려다가 먹이고 입히셨다. 없는 살림이지만 늘 베푸는 삶을 사셨다. 살림은 어머니가 다 하셨다. 아버지는 술을 즐겨 드셨다. 폐가 약했던 아버지는 66세의 나이에 돌아가셨다. 나는 독일에서 광부 생활을 할 때라 연락도 못 받았고, 행여나 연락이 됐다고 해도 한국에 올 돈이 없어서 임종이나 장례에도 참석할 수 없었다. 불효자식이 된 것이다.

어머니와 아버지

나에게 '어머니'라는 말은 아무리 불러도 지치지 않는 말이다. 어머니는 아흔 넷의 연세에 40일 동안 곡기를 끊고, 스스로 세상을 떠나셨다. 어머니는 갈 날을 미리 준비하고 계셨던 것처럼 본인 소지품 전부를 미리 정리하고 태우셨다. 손주 사진들까지 다 정리하셨다. 유일하게 나의 박사 학위 취득 사진 한 장만 누워서 바라볼 수 있는 위치에 걸어두셨다. 그리고는 눈 뜨고 계실 땐 누워서 내 사진만 보시고, 눈 감으며 주무시기를 40

일 반복하셨다. 다시 말해 어머니가 마지막에 소유하셨던 것은 당신이 거처했던 방, 누울 요와 이불, 그리고 막둥이의 박사 학위 사진이 전부였다. 돌아가시기 전, 자녀들을 다 불러 "너희가 행복하게 사는 것을 보니 더 이상 바랄 것도 없이 행복하다. 나는 살 만큼 살았다" 하시며 40일 동안 아무것도 안 드시고 자신의 삶을 정리하셨다.

모든 어머니들이 그러하듯 우리 어머니도 자식을 위해 희생과 헌신을 하시며 오늘의 내가 있게 키워주신 분이다. 가난한 가정에서 내가 공부할 수 있도록 꿈과 용기를 주셨다. 하늘보다 높고 바다보다 깊은 은혜를 어찌 평생 잊을 수 있으랴. 훗날 16년간 독일 생활을 할 때 나는 자나깨나 항상 '어머니 마음' 노래를 불렀다.

04 39세까지 이어진 고학 생활

중학교에 들어가면서부터 나는 가족과 떨어져 전주에서 자취를 시작했다. 어찌어찌해서 등록금은 냈지만, 3년 치 학비는 내가 벌어야 했다. 나는 신문 배달을 시작했다. 그 때 시작한 고학 생활은 39살 독일에서 박사학위를 취득할 때까지 계속되었다.

그러나 중학생 체력으로 벌 수 있는 돈은 한계가 있었다. 학비를 다 충당하지 못하여 학교에서 많이 혼나고 때로는 매를 맞기도 했다. 신문 배달로는 부족한 학비를 벌기 위해 고등학생 때는 방학이면 지리산 산골짜기에 들어가 나무를 베어 장작을 만들었다. 그것을 마을에 가지고 와서 팔아서 학비를 조달했다. 고학도 힘들었는데, 내 처지를 알아주지 않는 현실이 더 미웠다. 하지만 하늘이 무너져도 솟아날 구멍은 있다고, 그런 와중에도 한 줄기 빛은 있었다. 나를 안타깝게 여긴 한 선생님께서 한 학기 수업료를 대신 내주신 적이 있다. 나는 지금도 그 은혜를 잊지 못한다.

내가 아무리 노력해도 살림살이는 나아지지 않았다. 먹어도 먹어도 배고플 시기에 나는 굶기를 밥 먹듯 했다. 학업을 포기하고 싶었던 적이 한두 번이 아니었다. 그때마다 나는 쌀 한가마니를 얻기 위해 부잣집 대문 앞에서 사정하시던 어머니를 떠올리며 그 시간들을 버텼다. 학교를 다니며 새벽과 저녁에는 신문배달을 계속 했다. 아침, 저녁으로 세 시간씩 뛰어다니며 배달을 했기에, 집에서도 학교에서도 앉기만 하면 꾸벅꾸벅 졸았다. 어린 내가 감당하기에는 너무나 고달픈 현실이었다. 그래도 나는 교사가 되고 싶다는 꿈을 버리지 않았다. 현실이 냉혹할수록 내 꿈은 더욱 확실해졌다.

나는 고등학교 졸업 후에도 대학 진학은 엄두도 못 낼 상황이었기에, 곧바로 군대에 다녀왔다. 제대 후에도 내가 할 수 있는 것은 농사밖에 없었다. 스물네 살, 독일에 갈 기회를 얻기 전까지 내 인생은 논밭에서 농사를 지으며 살았다고 해도 과언이 아니다. 하지만 나에게는 꿈이 있었다. 교사가 되어 아이들을 가르치고, 아이들에게 희망을 심어주고 싶었다. 교육의 중요성에 대해 알려주고 싶었다. 하지만 나는 너무 가난했고, 내 힘으로 할 수 있는 게 없었다. 무기력한 날들을 보냈다.

고등학생 시절의 필자

내가 중 · 고등학교에 다닐 때는 워낙 집이 가난해서 졸업앨범비를 내지 못했기 때문에 졸업사진이나 졸업앨범을 한 번도 받아 보지 못했다. 이런 아쉬움이 있어서 나는 자녀들이 태어난 후, 탯줄을 자를 때부터 시작해서 아이들의 성장 과정을 다 사진으로 찍어 앨범에 남겼다. 자녀들은 아버지가 왜 이렇게 사진과 앨범에 열정을 쏟는지 몰랐을 것이다.

05 가난에서 벗어날 탈출구를 찾다!

군 제대 후 농사짓던 필자의 모습

군 제대 후 시골에서 농사를 짓고 있었다. 그러던 어느 날, 서울에 살고 있던 오촌 여조카가 시골에 와서 내게 서울에 올라올 생각이 있냐고 묻는 것이었다. 서울 공사판에서는 사람을 많이 뽑는데, 내 생각이 났다고 했다. 나는 '어디를 가든 농사보다는 낫겠다' 싶은 생각에 조카와 함께 전주에서 야간 열차를 타고 서울로 올라왔다.

며칠 후, 서울 을지로 입구에 있는 당시 KBS 3층 빌딩 건설현장에 갔는데, 사장은 왜소한 나를 마음에 들어 하지 않았다. 그런 사장 앞에서 나는 무릎을 꿇고 울면서 사정사정했고 겨우 공사판 일자리를 얻었다. 나는 철근을 자르거나 벽돌을 지고 나르는 일을 했다. 못 먹고 자라서 마르고 작았던 나는 다른 사람들에 비해 일이 훨씬 힘들었다. 하지만 도리가 없었다. 일자리가 있다는 것만으로도 다행이었다. 그렇게 나는 2년 가까이 건축현장을 다니며 막노동을 하며 살았다. 잘 곳도 없어서 왕십리에서 헌책방을 하던 다른 조카에게 부탁해 서점 흙바닥에서 새우잠을 자며 지냈다. 하지만 그 생활도 쉽지 않았다. 헌책 사이사이에 낮에 숨어 있던 빈대들이 불만 끄면 바닥으로 다 내려오는 바람에 밤마다 빈대들과 싸우느라 잠을 이룰 수 없었기 때문이다.

막노동 현장에서 우연히 만난 한 동료가 당시 한양대학교 공대생이었는데, 어느 날 그 학생이 나에게 '파독 광부 모집' 기사를 보여주며 함께 독일에 가자고 했다. 파독 광부가 되면 말단 공무원 월급의 10배 정도를 받을 수 있다고 했다. 나는 가난에서 벗어날 수 있다는 생각에 무작정 파독 광부에 지원했다. 그리고 그 때부터 나의 운명은 조금씩 바뀌기 시작했다.

1963년 12월에 독일로 떠난 파독 광부 1진을 시작으로, 나는 파독 광부 2진에 합격했다. 내가 지원했던 광부 2진 모집에만 수천 명이 몰렸을 정도로 경쟁이 치열했다. 2014년에 개봉한 영화 〈국제시장〉을 보면 주인공과 친구가 파독 광부 시험에서 60킬로그램짜리 쌀가마니를 머리 위로 드는 장면이 나온다. 실제로도 똑같았다. 기본적인 신체검사와 더불어 '달리기', '모래가마니 어깨 위로 들기' 등의 체력검사를 치렀다. 영어와 국사 과목 필기시험도 통과했다. 함께 시험 본 한양대학교 대학생도 나와 함께 합격했다.

그 때 나에게는 독일에 가는 것만이 가난에서 벗어날 유일한 탈출구였다. 그런데 이번에도 문제는 돈이었다. 독일에 가려면 기본 준비 경비가 필요했기 때문이다. 생각나는 사람이 형님밖에 없었다. 나는 형님을 찾아가 자초지종을 이야기했다. 여전히 가난한 시골에서 뼈 빠지게 농사를 지으며 생계를 꾸려가던 형님은 내 이야기를 듣고는 전 재산인 소 한 마리와 보리 열다섯 가마를 팔아서 독일에 갈 경비를 대주셨다. 그렇게 나는 정말로 독일에 가게 되었다.

중학교 시절 형님과 함께. 오른쪽이 필자

1964년 10월 5일 독일로 떠나는 날, 김포공항으로 가는 버스 안에서 나는 하염없이 눈물을 흘렸다. 농사를 짓는 사람에게 소가 얼마나 큰 재산인지 누구보다 잘 알기 때문이었다. 그럼에도 불구하고 싫은 내색 없이 큰돈을 마련해

준 형님에게 감사하고 미안해서 눈물이 멈추지 않았다. 나는 독일로 가는 비행기 안에서 수도 없이 다짐했다. '꼭 많은 돈을 벌어 오겠다고. 내가 우리 집안을 살리겠다고.' 다짐하고 또 다짐하며 독일로 갔다.

06 빛이 그리운 두더지 인생 3년

광산 탈의실에서 동료와 함께. 왼쪽이 필자

독일 공항에 도착해 다시 한 번 버스로 이동했다. 각자 배정받은 탄광으로 향했는데, 내가 배정받은 탄광은 독일 아헨(Aachen) 지역 메르크슈타인(Merkstein) 아돌프 탄광이었다. 이곳에서 나는 광부 생활을 시작하게 되었다. 우리는 탄광 생활을 시작하기에 앞서 3개월간 지상 교육을 받고 4주 동안 독일어를 배웠다. 나는 독일에 오기 전, 한국에서 독일어 사전을 미리 사서 공부를 열심히 했었기에 다른 동료들보다 쉽게 독일어를 배울 수 있었다. 또한 나는 공부하는 것을 워낙 좋아해서 4주간의 독일어 수업은 내게 매우 흥미롭고 즐거운 시간이었다.

지상교육이 끝난 뒤, 아돌프 탄광에서 고된 광부 생활이 시작됐다. 파독 광부에 지원할 때 자격 조건 중 하나는 '3개월 이상 탄광 경험'이 있어야 했는데, 실제로 독일에 온 우리들은 4주간 강원도의 탄광에서 현장 실습을 한 것을 빼면 전부 초보였다. 그래서 아돌프 탄광에 들어간 첫 날, 독일의 탄광이 한국의 탄광과 너무 달라서 다들 놀랐다. 우리나라는 깊은 골짜기나 높은 산에 탄광이 있는데, 독일은 넓은 평야 한가운데에 탄광이 있었다. 한국에서는 동굴처럼 생긴 탄광 입구로 광부들이 걸어 들어가는데, 이곳은 엘리베이터를 타고 지하 천 미터 이상을 내려가서, 거기서 다시 수평으로 가는 전철을 타고 3~4킬로미터를 더 이동해야 막장이 나왔다. 또한 한국과는 비교도 되지 않을 정도로 선진화된 작업방식과 기계, 장비 등을 보고 처음에는 적잖이 당황했다.

하지만 당황함은 이내 사라졌다. 탄광 일이 말할 수 없이 힘들었기 때문이다. 우리는 어둠 속에서 헤드랜턴 불빛에만 의지해 하루에 여덟 시간 동안 일해야 했다. 한 치 앞도 제대로 보이지 않는 곳에서 목숨을 담보로 한 여덟 시간 근무는 마치 영원과도 같은 시간이었다. 그런 상황에서도 대다수의 한국 광부들은 돈을 더 벌기 위해 연장 근무도 많이 했다. 점심 식사는 석탄가루가 잔뜩 묻은 딱딱한 빵이 전부였다.

작업 전에 광산 앞에서 동료들과 함께. 제일 왼쪽이 필자

지열은 섭씨 36도에 육박했다. 많은 사람들이 지하에 가면 시원할 것이라 생각하지만, 탄광은 백 미터를 내려갈 때마다 온도가 1도씩 올라간다. 땀이 비 오듯 쏟아졌다. 작업복을 입을 수도 없어서 속옷만 입고 일했다. 장화에 땀이 고이면 뒤집어 붓고 다시 신었다. 석탄 가루가 코와 입에 들어가지 않게 보호하는 마스크가 있었지만, 탄광 내부가 너무 더워서 마스크는 쓰지도 못할 정도였다.

탄광으로 들어가기 전에는 안전을 위해 몸을 완전 무장해야 했다. 먼저 작업복을 입고 무릎보호대를 착용한 뒤 손을 보호하기 위한 장갑, 엉덩이 보호대 등 몸을 보호하는 장비를 갖춘다. 안전화를 신고 헤드 랜턴을 머리에 쓴다. 배터리와 가스마스크를 챙기고, 지하에 한 번 들어가면 중간에 나올 수 없기 때문에, 마실 물과 먹을 빵 등도 가지고 내려가야 했다. 헤드 랜턴은 더욱 기억에 많이 남는 물건이다. 나는 광부로 일하면서도 틈틈이 독일어 공부를 했는데, 어두운 막장에서 헤드 랜턴 불빛에 의지해 책을 봤다.

탄광에서 공부하던 독일어 책

우리는 아침반, 오후반, 야간반으로 교대 근무를 했다. 아침반은 새벽 6시부터 일을 시작하기에 그 전에 막장에 도착해야 했다. 나는 학창시절부터 신문배달을 하며 오전 4시에 일어나는 것이 습관화되어 있었기에, 새벽 기상은 크게 어렵지 않았다.

07 글뤽 아우프! 죽지 말고 행운을 가지고 살아서 올라오라!

일반적으로 광부가 하는 일은 석탄을 채취하고 실어 나르는 일이다. 그런데 사람이 직접 석탄을 캐고 옮기는 한국과 달리, 독일은 탄광이 기계화 되어 있었기 때문에 그에 따른 작업이 많았다. 그 중 우리를 가장 힘들게 한 일은 '슈템펠(쇠기둥) 작업'이었다.

채탄기계가 100~150미터의 석탄층 앞을 좌우로 파고들면 그 지나간 뒷자리에 슈템펠을 세워야 했다. 석탄을 캐는 것은 기계가 하지만, 쇠기둥을 세우는 것은 사람이 직접 했다. 그런데 쇠기둥의 무게는 약 40~60킬로그램으로 거의 우리의 몸무게와 비슷하다. 우리는 이 쇠기둥을 일인 당 하루에 60~80개씩 세웠다. 거대한 슈템펠을 한 개 세우고 나면 땀이 비 오듯 흘러내리고, 다리가 후들거렸다. 하지만 쉴 시간은 없었다. 우리에게는 세워야 할 슈템펠이 60개가 넘게 남아있기 때문이었다. 채탄기계가 지나가면 그 뒤에 곧바로 슈템펠을 세워야 하는데, 기계와 속도를 맞춰 쇠기둥을 세우려면 막장에서 일하는 우리의 처지를 한탄하는 것은 일단 뒤로 미뤄야 했다. 바로 바로 쇠기둥을 세우지 않으면 천장이 무너져 매몰돼 죽을 수도 있기 때문이다. 그래서 우리는 살기 위해서라도 이 악물고 매시간 매초 생사를 건 일을 해야 했다.

한국인이 대단한 것은 가족에게 돈을 조금이라도 더 보내기 위해 이런 위험을 무릅쓰고 근무 후에 연장근무를 하기 위해 또 다시 막장으로 향했다는 사실이다. 탄광업체와 다른 나라에서 온 광부들이 혀를 내두를 정도의 집념과 노력은, 왜 한국이 다른 저개발국들과 달리 독보적으로 빠르게 성장할 수 있었는지를 알려준다.

탄광 안에 일하러 들어갈 때면 모두가 하는 인사가 있었다. 바로 "글뤽 아우프!"이다. 글뤽 아우프(Glück-Auf)란 독일어로 '행운을 가지고 위로 올라오라'는 뜻이다. 광산 지역에 사는 사람들은 평상시에도 '글뤽 아우프'로 인사를 한다. 탄광일은 목숨을 걸고 한다는 말이 있을 정도로 위험한 일이기에, 아무 사고 없이 무사히 끝내고 올라오라는 뜻에서 행운을 비는 인사를 하는 것이다.

탄광에서 일을 하면 숨을 쉴 때마다 석탄가루와 돌가루 먼지가 몸 속 모든 곳으로 들어온다. 그럴 때 '코담배'를 쓰면 코와 입으로 들어오는 석탄가루들을 어느 정도 빼낼 수 있었다. 코담배란 콧구멍에 삽입할 수 있게 가루로 된 담배이다. 고춧가루보다 더 매운 코담배를 코로 들이마시면 가루가 코 안을 자극하여 그 때 석탄가루가 콧물과 함께 다시 밖으로 빠져나온다.

코담배로 어느 정도의 석탄가루는 빼낼 수 있었지만, 문제는 돌가루였다. 돌가루는 몸속에 들어오면 빠지지 않는다. 폐에 남아서 진폐증과 규폐증을 유발한다. 독일 광부 동료들 중에서는 지금까지도 규폐증과 진폐증을 앓으며 사경을 헤매는 사람도 있고, 그로 인해 사망한 동료도 많다.

코담배와 1966-1967년도 일기장. 광부 생활 3년 동안 매일 일기를 쓴 사람은 나밖에 없었다.

정상적으로 일해도 폐렴에 걸려 죽는 경우가 많았다. 그래서 우리는 돼지고기를 많이 먹었다. 돼지의 비계가 폐에 쌓인 돌가루들을 제거해준다고 전해 내려왔기 때문이다. 지금 생각해보면 근거가 없는 이야기였다.

광산 일을 하며 다치고 상처 난 피부 조직에 석탄가루가 들어와 박히면, 꼭 문신한 것처럼 피부가 까맣게 된다. 목욕을 해도 지워지지 않고 아무리 피가 나도록 박박 긁어도 아프기만 할 뿐, 한 번 피부 조직 안에 들어간 까만 석탄가루는 절대 빠지지 않는다. 이것을 광부들 사이에서는 우스갯소리로 '영광스러운 광부 문신'이라고 부르기도 했다. 지금도 나의 몸 곳곳에는 이런 흔적이 남아있다. 눈물이 날 만큼 속상한 일이지만, 그 때는 웃고 넘기는 수밖에 없었다. 안타까움, 슬픔, 절망을 그대로 받아들이기에는 우리의 현실이 너무나 고달팠기에, 그 시간을 버티고 살아내려면 무엇이든 긍정적으로 생각해야 했다.

광부 중에는 사망하거나 다치는 사람이 많았다. 가스 폭발 사고, 매몰사고, 기계에 손가락이 절단되거나 다리를 다치는 등 크고 작은 사고들이 허다했다. 심지어 사고로 파독 3년 내내 병원에만 있다가 귀국한 사람도 있었다. 하루가 멀다고 다치는 동료들을 보며 나 역시 '죽음에 대한 두려움'이 몹시 커졌다. 그런데 작업을 시작한 지 일주일 만에 우려했던 일이 터지고 말았다. 천장 붕괴 사고로 한 동료를 잃은 것이다. 그 때부터 '나도 목숨을 잃게 될 수 있다'는 두려움이 매 순간 내 머릿속을 떠나지 않았다. 그럴 때마다 가족과 고향 생각이 났다. 헤아릴 수 없는 두려움과 외로움이 밤마다 찾아와서 나는 숱한 날들을 눈물로 베갯머리를 적시며 잠이 들었다.

그러던 어느 날이었다. 1965년 6월 30일, 내가 독일에 온 지 8개월이 지났을 때였다. 이 날은 나 역시도 사고를 피하지 못했다. 일하던 도중 갑자기 내 머리 위에 있던 집덩이만한 바위더미가 무너져서 내 왼손을 덮치는 사고가 났다. 위에서 바위가 떨어지는 것까지는 눈으로 봤는데, 이후로는 기억이 나지 않았다. 그리고 갑자기 손이 잘려나가는 것 같은 고통이 느껴졌다. 손에서는 피가 철철 났다. 출혈이 심해서였는지 금세 정신이 흐려지기 시작했다. 나를 붙잡고 흔드는 동료의 손길이 느껴졌다. 정신을 붙잡고 있어야 한다는 것을 알면서도 나는 점점 눈이 감겼다.

'아… 내가 이렇게 죽는 건가? 어머니… 형님… 제가 이렇게

가나봅니다. 어머니 너무 보고싶어요… 아, 그리운 나의 고향…'

깨어보니 병원이었다. 눈물의 나날을 보냈다. 꿈이 공허가 되었다. 나는 광부 전용 병원에서 수차례 대수술을 받았다. 의사도 내 손이 어떻게 될지 확실하게 말해주지 못했고, 경과를 지켜볼 수밖에 없었다. 한 달 동안 병상에서 보냈다. 독일 의사와 간호사들의 정성어린 치료 덕에 다친 손은 조금씩 좋아졌다. 한 달 뒤, 상처는 아물고 다행히 뼈와 신경에도 큰 이상이 없다고 했다.

하지만 그때 다친 왼손은 56년이 지난 지금도 힘이 거의 들어가지 않는다. 그래도 나는 손이 이만큼이라도 돌아온 것에 감사하며 살고 있다. 당시에는 손을 잘라야 할까봐 정말 무서웠기 때문이다.

나는 병원에 입원했을 때 이미자의 '동백아가씨' 노래를 듣고 흥얼거리며 한 달을 버텼다. 우리가 독일에 갈 무렵 한국에서 '동백아가씨'가 유행했다. 그래서 광부 숙소의 한국인 방에서는 항상 이 노래가 방마다 흘러나왔다. 광부들은 외롭고 슬프고 힘들 때 '동백아가씨'를 들으며 위로를 받고 마음을 달랬다. 가사가 매우 서글퍼서 부르다가 울기도 많이 울었다.

동백 아가씨

작사: 한산도
작곡: 백영호

헤일 수 없이 수많은 밤을
내 가슴 도려내는 아픔에 겨워
얼마나 울었던가 동백아가씨
그리움에 지쳐서 울다 지쳐서
꽃잎은 빨갛게 멍이 들었오

.

(중략)

.

.

퇴원 후 광산에 복귀했다. 감독관이 나를 불쌍하게 봤는지 내가 회복될 때까지 조금 수월한 일을 시켜 주었다. 독일 감독관은 일에 있어서 매우 철저하고 칼같은 사람이었는데, 우리 광부들에게는 인간적인 존중과 배려를 해주었다. 또한 근로조건과 임금 등도 독일인 광부들과 똑같이 대우해 주었다. 우리나라에서 종종 일어나는 외국인 노동자 차별대우, 임금체불이나 폭력 등의 일은 독일 광산에서는 전혀 없었다. 내가 3년간 독일에서 광부 생활을 할 수 있었던 이유 중에는 감독관의 따뜻한 배려도 매우 컸다.

08 나에게는 또 한 분의 어머니가 있었다

3년의 광부 생활을 마쳐갈 때쯤 내게도 점차 시간과 마음의 여유가 생겼다. 그래서 동료들과 자전거로 이웃나라인 벨기에, 룩셈부르크, 네덜란드 등을 여행하기도 하고, 파독 간호사들과 함께 이탈리아 단체관광도 다녀왔다.

그러던 중 우연히 동료 광부의 소개로 한 독일인 가족을 알게 되었다. 그 집에는 '헬가(Helga)'라는 열네 살 중등학교 여학생이 있었는데, 헬가와 친하게 지내면서 독일어 실력이 늘기 시작했다. 전화나 편지를 하면서 독일어를 많이 썼기 때문이다. 다른 동료들이 연애를 하고 여행을 다닐 때, 나는 그 비용을 아껴 독일어 과외를 받았다. 다른 사람들에 비해 공부하는 것에 큰 흥미가 있었던 나는 그 때부터 더욱 열심히 독일어를 공부했고, 독일 문화와 독일 생활에도 큰 관심을 갖기 시작했다.

귀국이 얼마 남지 않았을 때, 헬가를 통해 '아스트리트(Astrid)' 가족을 만나게 되었다. 아스트리트의 어머니인 '로즈마리(Rosmari)' 부인은 나를 친아들처럼 대해주셨다. 로즈마리 부인은 오스트리아 출신으로, 대학까지 나온 분이었다. 내게 다정하게 대해주는 부인에게 고마워서 나도 부인을 양어머니로 모시면서 가족같이 지냈다.

로즈마리 수양엄마와 함께

그러던 어느 날, 로즈마리 부인은 내가 귀국할 날이 얼마 남지 않은 것을 알고, '독일에서 광부로만 일하다 가는 게 무슨 의미가 있느냐, 이왕 독일까지 왔으니 대학을 다니며 공부를 하고 가라'고 권유했다. 하지만 당시 나는 한국으로 돌아갈 결심을 했을 때였고, 유학은 생각도 하지 않았다. 물론 가장 큰 이유는 돈이었다. 광부 일을 하며 번 돈은 약간의 생활비만 빼고 모두 가족에게 부쳤다. 또한 귀국이 얼마 남지 않았던 시점이라 짐도 한국에 보내놓은 터라 귀국 경비 말고는 가진 것이 아무것도 없었다.

하지만 로즈마리 부인의 독일 체류 권유 이후 마음이 흔들렸다. 사실 나도 독일에서 공부를 하고 싶었기 때문이다. 독일에서 대학을 다니는 넉넉한 형편의 한국 유학생들을 볼 때면, 아무 걱정 없이 공부만 하는 그들이 너무 부러웠다. 하지만 현실적으로 생각하면 귀국하는 것이 내 형편에 맞는 결정이었다. 오랜 고민 끝에 나는 한국으로 오는 비행기 표를 샀다.

그런데 귀국하는 날, 로즈마리 부인과 딸 아스트리트가 나를 붙잡으려고 공항까지 따라왔다. 친아들같은 내가 힘들게 3년 동안 일만 하고 한국으로 돌아가는 것을 안타깝게 생각했던 로즈마리 부인은 나에게 파격적인 제안을 했다. "생활비와 학비는 걱정하지 말고, 자신을 믿고 독일에 남으라"는 것이었다.

나도 머리로는 귀국해야겠다고 생각했지만 마음은 아니었다. 독일에 남아 공부하고 싶은 마음이 너무 컸다. 나는 그 날, 정말 아무런 준비도 없이 비행기에 타지 않았다. 로즈마리 부인과 아스트리트는 자신들과 아무 관계도 아닌 동양인인 나에게 손을 내밀었고, 나는 염치없지만 그 손을 잡았다. 그렇게 나는 다시 로즈마리 부인의 집으로 돌아왔다. 돌아오는 내내 어머니와 형제들 생각이 나서 눈물이 멈추지 않았다.

그 후 로즈마리 부인은 나의 의식주를 해결해 주었고, 내 마음까지 세심하게 돌보아주었다. 부인이 친어머니처럼 챙겨주신 덕에 나는 제2의 독일 생활을 시작할 수 있었다. 나는 로즈마리 부인에게 감사하면서도 한편으로는 그들이 잘 이해가 되지 않았다.

'어떻게 하면 아무 관계도 없는 나를 위해 이렇게 헌신할 수 있을까? 이렇게 아무런 조건 없이 타인을 도와주는 것이 가능한 일인가?' 부인의 지원을 받으면서도 믿기지 않았다. 내 상식으로는 결코 이해할 수 없는 일이기 때문이었다.

하지만 로즈마리 부인의 아낌없는 지원과 배려는, 나로 하여금 평생 다른 사람을 돕고 나누고 봉사하며 살아야겠다는 마음이 생기게 했다. 나도 로즈마리 부인에게 받은 사랑과 나눔 정신을 누군가에게 베풀며 살아야겠다고 다짐했다. 현재 국제후원단체에서 봉사하는 이유에는 그 때 로즈마리 부인에게 보은하는 의미도 있다.

09 동물원의 원숭이 같은 대학 생활

일단 독일에 남기로 결정은 했지만, 대학에 입학하는 것은 쉽지 않았다. 나는 신분이 보장되지 않은 외국인이었고 독일 체류 비자도 얼마 남지 않았으며, 돈도 없었다. 하지만 독일은 나에게 기회의 땅이었다. 로즈마리 부인은 교사가 되고 싶은 나의 꿈을 알고는, 국립 사범 대학인 아헨교원대학의 학장에게 전화를 걸어 내가 대학에 갈 수 있게 기회를 만들어주었다.

며칠 뒤 우리는 푀겔러 학장을 만나 상담을 했다. 상담 결과는 부정적이었다. 독일 사범 대학은 우리나라처럼 국립대학이기 때문에 독일인만 입학이 가능한 곳이었다. 또한 독일 사범 대학을 졸업하면 독일의 학교에서 근무를 하는 것이 의무이기 때문이었다. 그런데 푀겔러 학장은 내가 간곡히 부탁하며 눈물로 호소하는 모습을 보고, 고심 끝에 특별히 최초로 외국인 입학을 허가했다. 또한 나의 처지를 알고는 대학도서관 아르바이트 자리도 만들어 주고, 장학금까지 지원해주셨다.

'하고자 하는 뜻이 있으면 결국은 이루어진다'고, 나에게도 공부를 할 기회가 주어진 것이다. 뛸 듯이 기뻤다. 나는 어렵게 기회를 얻어 겨우 대학에 입학할 수 있었다. 나는 개교 이래 최초의 외국인 학생으로 아헨교원대학교에 입학했다. 로즈마리 부인과 퇴겔러 학장에게 머리가 땅에 닿을 정도로 감사 인사를 했다. 그리고 나는 이 날, 영원한 나의 스승이자 학문적 아버지인 '퇴겔러' 지도교수를 만났다.

어렵게 대학 입학은 했지만 이번에는 또 다른 문제가 나를 기다리고 있었다. 바로 체류 허가를 받는 일이었다. 독일 체류 허가를 받으려면 다음 세 가지 조건 중에 속해야 했다. 첫 번째, 대학에 입학한 사람, 두 번째, 독일에서 일자리 증명서를 가지고 있는 사람, 세 번째, 독일 사람과 결혼한 사람이다.

이 중 내가 체류 허가를 받을 수 있는 길은 일자리를 구하는 것뿐이었다. 허가가 날 때까지 나와 로즈마리 부인, 부인의 남편까지 합세해 우리는 여기 저기 일자리를 알아보러 다녔다. 몇 개월 동안 백방으로 수소문하며 다녔지만 일자리는 쉽게 구해지지 않았다. 그렇게 시간이 흘러 결국 체류할 수 있는 기간이 며칠 남지 않았다. 나는 허무하게 한국으로 돌아가야 한다는 생각이 들자 깊이 낙심했다.

그런데 그 순간 들리는 로즈마리 부인의 다급한 목소리. 부인의 남편이 일하는 벨기에 피엑스(PX)에 임시 아르바이트 자리가 났다는 것이었다. 부인의 남편은 그 곳에서 군수물자 감독관으로 일했는데, 마침 그 곳에 자리가 난 것이었다. 그 소식을 듣는 순간, 나는 다리가 풀려서 털썩 주저앉고 말았다. 하느님께 감사하고 로즈마리 부인의 은혜에 감사했다. 나는 부인과 함께 오랫동안 감사와 기쁨의 눈물을 흘렸다. 얼마 후 벨기에 피엑스의 '마르셀' 사장의 도움을 받아 나는 무사히 여권 연장을 할 수 있었다. 체류 허가도 받게 되었고, 대학 입학 허가도 받았다. 정말 기적 같은 일들이 일어난 것이다.

'아, 살았다! 역시 하늘이 무너져도 솟아날 구멍이 있구나!'

1968년 벨기에 피엑스 '마르셀' 사장 댁에 초대받았을 때 응접실에서 찍은 사진

나는 로즈마리 부인의 도움과 퇴겔러 교수님의 배려로 독일에서 꿈같은 대학 생활을 시작했다. 하지만 대학 생활의 로망도 잠시, 공부는 마음처럼 되지 않았다. 처음 보는 낯선 동양인을 도와줄 친구는 없었다. 학교에 외국인 학생이 나밖에 없는데다가 옷차림까지 남루해서 마치 동물원의 원숭이가 된 기분이었다. 독일에서의 대학 수업은 한국에서 공부하던 것과는 천지차이였다. 한국에서는 선생님의 수업을 듣고 암기식으로 공부를 했는데, 독일에선 모든 학생들이 토론을 하며 수업을 이끌어

가야 했다. 그동안 내가 공부한 독일어는 생활 대화 수준이었다면, 대학교 수업에서 쓰는 단어들은 생전 처음 보는 전문적인 단어들이었다. 수업을 듣는 것부터 시작해서 토론을 하고, 전공서를 보는 것까지 나에겐 너무 어려운 과정이었다. 수업의 대부분은 알아듣지 못했고, 수업을 이해하지 못하니 과제나 시험은 당연히 엉망이었다. 공부에 자신이 없으니 우울증도 걸렸다. 알아듣지 못하는 귀머거리로 사는 것은 하루하루가 고역이었다.

나는 힘들고 우울하고 배고플 때마다 혼자 학교 화장실에서 시간을 보냈다. 화장실에서는 나를 볼 사람이 아무도 없었고, 독일 화장실은 한국에선 볼 수 없던 수세식 화장실이라 앉아있기도 편했다. 겨울에는 화장실에 난방도 들어와서 따뜻했고, 쪽잠도 잘 수 있었다. 내게는 유일한 피난처가 화장실이었다. 나는 학교 화장실에 앉아서 중, 고등학교 때 나에게 힘이 되어주고 좋아했던 푸시킨의 시 '삶이 그대를 속일지라도'를 마음에 새기면서 힘들고 마음이 무너질 때마다 스스로를 달랬다.

삶이 그대를 속일지라도

알렉산드르 푸시킨

삶이 그대를 속일 지라도 슬퍼하거나 노하지 말라!
힘든 날들을 참고 견디면 믿으라. 기쁨의 날이 오리니

마음은 미래에 사는 것, 현재는 슬픈 것
모든 것은 순간적인 것. 지나가는 것이니
그리고 지나가는 것은 훗날 소중하게 되리니

또한 독일에서도 고학 생활은 계속되었다. 나는 로즈마리 부인에게서 경제적으로 독립하고 싶었다. 그래서 일주일 중 3일은 일하고 4일은 공부하는 생활을 했다. 못 먹고, 못 입는 것은 당연했고 학교에서도 점심은 굶는 날이 더 많았다. 호텔에서 아르바이트를 할 때는 객실에 손님들이 남기고 간 음식을 모아서 싸가는 내 모습을 보고, 다른 직원이 '집에 고양이나 개를 키우냐'고 물어볼 정도였다.

"어머니, 이종이가 꼭 성공해서 돌아가겠습니다."

고향에도 편지를 쓰고 싶었지만 우표 살 돈이 없어서 편지를 부치지 못할 정도였다.

집도 문제였다. 처음에는 로즈마리 부인 댁에서 기차로 통학을 했다. 그런데 30킬로미터 이상 떨어져 있는 학교를 오가는 시간도 아깝고, 로즈마리 부인에게 더 이상 신세지고 싶지 않았다.

그래서 나는 학교 근처로 집을 옮겼다. 처음 몇 개월은 예전 광부 동료로부터 알게 된 '샹크(Schänk)' 씨 댁에서 학교를 다녔다. 샹크 씨 부인은 헝가리인이었다. 독일인 남편과 결혼해서 독일에 살고 있었는데, 외국인인 나의 처지를 누구보다 잘 이해해 주었다. 샹크 씨는 내 사정을 듣더니 선뜻 집에서 지내라고 했다. 그런데 와 보니 이곳도 좋은 환경은 아니었다. 좁은 집에 14살, 23살인 두 명의 딸과 부부가 살고 있었다. 내가 들어오니 작은딸이 자신의 방을 양보했다. 나는 처음에는 작은딸 방에서 지냈고, 나중에는 부엌에서 잤다. 딸들이 옷을 갈아입거나 잠잘 때마다 이리 저리 옮겨 다니는 것을 보니 미안했다. 또한 부인은 식사 때면 항상 내 밥도 챙겨주셨다. 그런데 시간이 지나면서 내가 무리하게 폐를 끼치는 것 같은 생각이 점점 커졌다. '내가 여기 더 있으면 안 되겠구나' 싶었다. 몇 개월 뒤, 나는 그동안의 은혜에 대한 감사 인사를 하고 샹크 씨 댁에서 나왔다.

피엑스에서 일해서 모은 돈으로 학교 근처에 작은 지하방을 하나 얻었다. 온기도, 빛도 들지 않는 춥고 오래된 집이었다. 나는 아내를 만나기 전까지 그 집에 살았다. 경제적인 어려움과 외로움, 고국에 대한 그리움으로 마음이 무너져 내릴 때면 탄광에서 일할 때를 생각하며 마음을 다잡았다. 그 때를 생각하면 못할 일은 하나도 없었다.

독일에서 공부하기가 너무 어렵고 힘들어서 죽고 싶은 생각도 여러 번 가졌었다. 그럴 때마다 퓌겔러 지도교수님을 찾아갔는데, 교수님은 "권 군은 현재 호수 한 가운데 있으니 그대로 빠져 죽을 것인지 살기 위해 헤엄쳐서 밖으로 나올 것인지 스스로 판단하라"는 독일 격언을 말씀해 주시며 조언해 주시고 용기를 주셨다.

10 독일에서 아내를 맞이하다

1년이 넘게 학교를 다니다 보니 나를 도와주는 친구들도 조금씩 생겼다. 스터디 그룹에 참여해 독일식 공부 방법을 익히니 서서히 수업도 따라갈 수 있었다. 나는 서서히 자신감을 되찾았다.

그러던 2학년 어느 날, 함께 강의를 듣던 독일 여학생 '쉐퍼(Schäfer)'가 나에게 말을 걸었다. 한국에 관심이 많았던 쉐퍼는 한국 지리에 관한 논문을 쓰고 있었는데, 혹시 나에게 도와줄 수 있겠냐고 물었다. 나는 그동안 쉐퍼에게 받은 도움을 갚을 수 있는 기회라고 생각했다. 쉐퍼는 한국에서 유학 온 여학생들을 인터뷰하러 갈 건데 약속을 잡기 위한 전화통화를 도와달라고 했다. 쉐퍼에게 받은 번호를 들고 나는 아헨가톨릭대학 사회 사업 대학 여학생 기숙사에 전화를 걸었고, 여학생들과 우리는 다음날 만나기로 했다. 아헨에서 한국인을 만날 생각을 하니 괜히 마음이 설레고 기대가 되었다. 사실 나는 한국 유학생들에 대한 열등의식 때문에 학생회에도 참여하지 않았기에, 아헨에 한국인이 있는지도 몰랐다.

우리는 아헨카톨릭대학 사회 사업 대학의 여학생 기숙사로 찾아갔다. 그 곳에서 한국 여학생 세 명을 만났다. 쉐퍼는 그들과 함께 논문과 관련된 이야기를 했고, 나도 고향 친구를 만난 것처럼 정답고 반갑게 그 여학생들과 이야기를 나누었다.

그런데 그 중에 한 학생이 유독 내 눈에 들어왔다. 알고 보니 나와 동향 출신이었다. 나는 전북 장수에서 태어나 중학생 때부터는 전주에서 학교를 다녔는데, 그 여학생도 전주여고를 다녔다고 했다. 사실 나는 학창시절, 명문 고등학교인 전주여고에 다니는 여학생들의 이름표와 하얀 배지를 보며 '저런 여성들과 결혼하고 싶다'는 꿈을 꾸던 때가 있었다. 그래서인지 여학생들과 헤어진 후에도 유독 그 학생의 얼굴과 이름이 계속 머리에 맴돌았다.

'전주여고 출신 백정신 양. 전주여고 출신 백정신 양.'

그날 이후 나는 백정신 양과 자주 만남을 가졌고, 우리는 점차 가까운 사이가 됐다. 내가 그녀의 기숙사로 자주 놀러갔는데, 그럴 때면 그녀는 나를 위해 전주식 한식을 차려주었다. 그녀와 시간을 보내면서 나는 오랜만에 '행복감'이라는 것을 느꼈다. 같이 밥을 먹고, 함께 길거리를 걷고, 서로의 눈을 바라보며 대화를 나누는 것이 나에게는 큰 위안이자 기쁨이었다. 황홀한 시간은 계속되었다.

우리는 1년 뒤 1970년 크리스마스이브에 약혼을 했다. 그리고 1971년 5월 22일에 아헨의 세바스티안 성당에서 결혼식을 올렸다. 당시 아헨에는 '한국'이라는 나라가 많이 알려지지 않은데다, 한국인 두 명이 아헨에서 만나서 결혼까지 하니 우리의 결혼식은 많은 독일 사람들의 이목을 끌었다. 아헨 지역신문에 우리 결혼식에 대한 기사가 났을 정도였다.

결혼식 사진

결혼식 때 아내와 함께 찍은 사진

나는 아내를 만난 이후, 모든 면에서 안정을 찾았다. 아내는 항상 굶주렸던 나를 배부르게 해주었고, 오랜 타국 생활로 외로웠던 나를 따뜻한 마음으로 품어주었다. 결혼한 뒤, 우리의 사랑은 더욱 깊어졌고 각자의 위치에서 더욱 열심히 공부하고 일에 집중할 수 있었다. 나는 아내를 만난 뒤부터 공부도, 경제도, 배고픔도 해결되었다. 아내를 만났기 때문에 박사 학위도 취득했고, 대학교수도 되었다.

나는 아내와 함께 독일로 온 간호사 출신 처형과도 친하게 지냈는데, 처형 부부도 우리와 비슷한 시기에 결혼을 했다. 처형은 독일인 정형외과 의사인 '하크(Haack)' 씨와 결혼하여 독일에 정착을 했다. 결혼하고 몇 년 뒤, 우리 두 가정은 네덜란드와 벨기에의 국경과 가까운 곳에 집을 한 채 임대하여 함께 살았다. 그 집에서 우리는 많은 추억을 만들었다.

또한, 그 집에서 우리는 아기를 임신하고 딸도 낳았다. 사실 우리는 그 전에, 태어난 지 3개월 된 첫아이를 잃는 아픔을 겪었었다. 나는 공부하고, 아내는 돈을 버느라 보모에게 아기를 맡겼는데 아이가 질식한 것을 보모가 발견하지 못한 것이었다. 독일에서는 정확한 원인을 알기 위해 사체를 부검하여 사망 원인을 알아야 장례를 치를 수 있다고 했다. 그런데 그 어린 아이의 몸에 칼을 댈 수는 없었다. 사정해서 부검은 하지 않았다. 그렇게 허망하게 첫딸을 하늘로 보낸 일이 있다. 그래서 우리는 둘째를 더욱 살뜰히 돌보았다.

11 퇴겔러 지도교수님의 헌신적인 제자 사랑

독일에서는 교사가 되려면, 초등교사는 세 과목, 중등 교사는 두 과목을 전공해야 했다. 나는 초등교사가 되고 싶었기에 교육학, 수학, 물리학 등 세 과목을 전공했다.

교사 자격증을 취득한 직후, 나는 최초로 독일에 '한글학교' 두 군데를 열었다. 독일에 사는 한국 어린이들을 위해 만든 것인데, 독일 학교를 빌려서 주말에만 운영했다. 나는 교장 겸 교사로 봉사했다. 아이들은 한글학교를 다니며 한국의 역사, 문화, 언어를 배울 수 있어서 좋아했고, 주위 사람들의 반응도 좋았다. 사회사업가로 활동하던 아내의 도움이 컸다. 우리는 교재도 직접 개발해서 아이들을 교육했다. 지금은 독일 대도시마다 한글학교가 설립되어 있다.

우리 가족들은 내가 독일에서 대학을 졸업하면 고향으로 돌아오기를 원했지만, 막상 독일에서 공부를 시작하니 이대로 돌아가기에는 아쉬웠다. 또한 학사 졸업장만으로는 한국에서 교사 생활이 어려울 것이라는 생각도 들었다. 아내와 논의하고, 퇴겔러 교수님의 권유에 힘입어 나는 석사 학위와 박사 학위도 독일에서 받기로 결심했다. 전공 분야는 퇴겔러 교수님을 따라 '평생교육학'과 '청소년학'을 공부하기로 정했다.

누군가 나에게 '독일 생활을 하면서 얻은 가장 큰 수확이 무엇이냐'고 묻는다면 첫 번째는 아내와의 만남, 두 번째는 지도

교수와의 만남, 세 번째는 박사 학위를 받은 것이다. 내가 독일에서 대학을 다니고, 박사 학위를 받아 교수가 될 수 있었던 것은 전적으로 푀겔러(Franz Pöggeler) 지도교수님을 만났기에 가능한 일이었다.

푀겔러 교수님은 21세 때 독일 학계에서 최연소로 교육학 박사 학위를 취득하신 분이다. 27세 때는 철학 박사 학위를 받으셨으며, 영어와 불어 등도 자유롭게 구사하셨다. 그 학문적 기반으로 교수님은 전 세계 여러 나라를 다니며 연구를 하셨고, 특강 출장도 많이 다니셨다. 특히 한국에도 큰 도움을 주셨는데, 우리나라의 '평생교육법'과 '청소년 기본법' 제정을 위해 자료를 제공해 주시고 조언도 아끼지 않으셨다.

나는 푀겔러 교수님과의 만남을 통해 학문은 물론, 정서적으로 깊게 교제하는 사제 관계에 대해 배웠다. 한국도 그렇지만 특히 외국에서 공부하는 데에는 지도교수의 역할이 매우 중요하다. 한 예로, 지도교수에게 사고가 발생하면 다른 지도교수를 찾아서 공부를 다시 처음부터 시작해야 한다. 이러한 의미로 독일에서는 지도 교수를 '독터파더(Doktorvater: 박사 아버지)'라고 부른다. '학문의 아버지'라는 뜻으로, 아버지처럼 평생 함께한다는 의미이다.

'내가 공부할 수 있게 기회를 주신 스승, 꿈과 희망과 사랑을 주신 스승, 출세할 수 있게 키워주신 큰 스승.'

나를 낳아주신 분은 부모님이지만, 나를 박사로 만들어주신 분은 푀겔러 교수님이다. 교수님이 세상을 떠나신 지 10년이 됐지만 아직도 너무나 그립고 보고 싶다.

12 광부가 교수로 금의환향하다!

나는 1979년 2월 9일에 박사학위를 취득했다. 나는 한국인으로는 최초로 '독일 순수교육학 박사 학위를 받은 한국인'이 되었다. 박사 학위는 나의 16년 독일 생활의 결실이었다. 탄광에서 목숨을 걸고 일했던 것, 말도 잘 통하지 않는 독일에서 각종 아르바이트를 하면서 돈을 벌던 날들, 힘들게 대학 입학을 한 일, 수업을 따라가지 못해 홀로 속앓이 했던 기억들이 떠올랐다. 내가 해냈지만 믿을 수 없는 일이었다.

박사 논문 심사와 구두시험이 끝나고 스승으로부터 "권 박사 축하합니다"라고, 처음으로 '박사' 호칭을 들은 그 순간의 감정은 말과 글로 다 표현할 수 없이 벅차고 좋았다. 나는 13년간 나를 아들처럼 돌봐주신 스승님의 품에 안겨 감사와 감격의 눈물을 한없이 흘렸다. 가장 먼저 아내와 로즈마리 부부, 샹크 부부에게 전화해 박사 학위 취득 소식을 전했다. 지금도 나는 그 날의 기쁨을 생생하게 기억한다.

나는 교수님 덕에 독일과 유럽의 여러 나라를 순회하며 워크숍에 참여했고, 평생교육과 청소년 시설을 견학하는 기회도 가졌다. 특히 평생교육의 창시 국가인 덴마크에 자주 갈 수 있었던 점도 참 좋았다.

푀겔러 교수님의 제자 사랑은 내가 한국에 돌아온 뒤에도 멈추지 않았다. 나는 한국에서도 스승님의 도움으로 독일 정부와 학술 행사도 여러 차례 개최했고, 우리나라 최초의 '사회교육법'과 '청소년 기본법' 제정 기초 작업도 교수님과 함께 했다. 한국에서 처음으로 '평생교육개론'과 '청소년 교육개론'을 집필하고 출간하게 된 것도 스승님의 영향을 받은 학문적 대물림의 결과였다. 나는 1980년대에 한국에서는 시작도 하지 않은 학문 분야인 평생교육과 청소년 교육 분야를 스승님을 통해서 배우게 되었고, 그것을 바탕으로 우리나라에 평생교육과 청소년교육을 도입하는 데 산파적인 역할을 했다.

퇴겔러 지도교수님의 묘

나는 장장 16년간의 독일 생활을 마치고 드디어 1979년 3월에 고국으로 돌아왔다. 한국에 돌아오는 것도 쉽지는 않았다. 독일에서 오래 살아서 익숙해져서 그런지, 아내는 독일에 계속 있고 싶어 했다. 어쩔 수 없이 내가 어린아이 둘을 데리고 먼저 나왔고, 아내도 모성애로 결국 3개월 후 귀국했다.

독일에 갈 때는 광부의 신분으로 혼자 갔지만 귀국할 때는 교수의 신분으로 돌아왔다. 셋째 딸 가비를 임신 중인 아내와, 첫째 딸 미라, 둘째 딸 린다와 함께, 우리는 말 그대로 금의환향을 했다.

13 한국 교육의 변화를 희망하다

나는 독일에서 학사, 석사, 박사 학위까지 마치고 왔기에 한국에는 학연도 없었고, 도움을 부탁할 인연도 없었다. 스스로 일자리를 찾아 나서는 수밖에는 다른 방법이 없었다. 나는 귀국 후 여러 대학을 직접 찾아다니며 무작정 총장 면담 신청을 했고, 나를 소개하며 교수로 임용해 달라고 부탁했다. 마침 한국에는 내가 전공한 분야의 전문가가 없었기에, 감사하게도 나는 학교를 선택할 수 있는 기회마저 얻게 되었다.

나는 1979년부터 1985년까지 전북대학교 교수로, 1985년부터 2006년까지는 한국교원대학교에서 교수로 계속 교편을 잡았다. 처음에는 한국의 대학에서 독일 수업 방식으로 강의를 진행하는 나를 달갑게 여기지 않는 학생들도 있었지만, 시간이 지나며 차츰 인정을 받기 시작했다. 그렇게 전북대학교에서 1년간 교수 생활을 하던 나는 어느 날 새로운 일에 도전해보고 싶었다.

나는 당시 문교부(현 교육부) 장관이었던 (故)이규호 장관이 독일에서 대학을 다녔다는 이야기를 듣고는 편지를 썼다. 나의 가난했던 어린 시절과 파독 광부로 독일에 간 일, 독일에서 교육학 박사 학위를 취득하고 온 것까지 내 인생의 스토리와 더불어 우리나라 교육에 기여하고 싶다는 내용을 편지에 담았다.

나의 간절함이 그 곳에 닿았을까. 편지를 보낸 이후 몇몇 언론에 '파독 광부 출신의 교육학 박사'라는 타이틀로 내가 소개되었다. 그리고 얼마 후, 교육부 장관실의 평생교육과에서 연락이 왔고, 나는 1980년부터 1983년까지 교육부에서 청소년 분야 상임 자문 위원을 맡게 되었다. 우리나라에 평생교육과 청소년 분야를 전공한 사람이 없었는데, 마침 내가 타이밍이 좋았던 것이다. 독일에서 힘들여 공부한 것을 고국에서 펼칠 수 있게 되었다. 한국 교육에 이바지하는 것은 이전부터 내가 바라던 일이었지만 방법이 없던 터라 아쉬웠는데, 이렇게 기적처럼 꿈이 이루어지니 감개가 무량했다.

그렇게 교육부 상임 자문 위원으로 파견 근무를 하며 이규호 장관을 만나게 되었고, 우리는 3년간 함께 일했다. 나는 독일에서 배운 모든 것을 최대한 우리 교육에 접목시키고자 열심히 일했다. 평생교육과 청소년 교육정책과 관련된 학과를 관련 기관과 대학에 신설했다. 특히 개방대학을 계획하여 설치했고, 한국청소년연맹을 창설, 한국청소년정책개발원 신설에도 기여했다. 또한 교육부에서 일하며 1985년부터 2006년까지 한국교원대학교에서 교수로 일할 기회도 얻었다.

이후 2001년부터는 차관급인 한국청소년정책개발연구원의 원장으로 근무했으며, 대통령자문 새교육공동체위원회 위원,

민주평통 체육청소년분과위원장과 교육과 청소년 자문위원, 중앙 정부의 각종 정책위원직 임무도 수행했다.

또한 나는 1982년 교육부에서 일할 때 '대한민국 사회교육법(현 평생교육법)'을 제정함에 있어 크게 일조했다고 자부한다. 평생교육법을 제정한 것은 대한민국의 모든 국민들이 양질의 교육을 받고 삶의 질이 향상되었으면 하는 것이 목적이었다. 나는 전문가들과 머리를 맞대고 법 제정을 위한 자문 위원의 역할을 충실하게 했다.

3년간 교육부에서 일하는 동안 이규호 장관은 내가 계획한 많은 교육 사업들을 적극 지원해 주셨다. 교육부에서 일할 수 있던 이유들 중에는 내가 독특한 분야의 전공자라는 이유도 있었지만, 나의 굴곡진 인생과 그 역경을 극복하고 성공한 이야기를 이규호 장관이 인상적으로 보았다고 했다. 이규호 장관이 아니었다면 나는 한국 교육을 위한 여러 중차대한 일들을 수행할 수 없었을 뿐더러 각계각층의 많은 사람들과 만나지도 못했을 것이다.

교육부 일이 끝난 후로도 이규호 장관이 돌아가시기 전까지 우리는 좋은 관계를 유지하며 지냈다. 1998년에 출간한 나의 책 『내일에 사는 아이 어제에 사는 어른』의 추천사를 이규호 장관이 써주셨는데, 그 글이 마음에 들어서 서예가에게 부탁해 액자로 만들어 우리 집 현관에 걸어두고 매일 보곤 했다. 돌아가신 이규호 장관의 추천사를 읽으면 그의 한국 교육에 대한 애정과 열정이 지금도 뜨겁게 느껴진다. 그 내용을 아래에 첨부한다.

<추천사>

경제학자가 실물경제를 더 모르고, 철학자들이 인생을 더 모르고, 정치학자들이 정치를 전혀 모르는 것 같다는 느낌이 든다. 미국의 레이건 전 대통령이 자기의 재임 중 경제학자들이 미국 경제에 대해서 예언한 것이 한 번도 맞아본 일이 없었다고 말한 일이 있다.

나는 권이종 박사의 글들을 대할 때마다 이분은 교육학자이면서도 참으로 교육을 아는 분이라는 느낌을 받았다. 특히 청소년들을 머리로써 뿐만 아니라 마음으로 이해하는 분이라는 생각이 들었다.

어린이들의 인성교육은 오늘날의 엄혹한 사회와 인류의 위기 극복을 위해서 대단히 중요한 과제이다. 지금 어려움에 처해 있는 우리나라의 운명도 사실은 우리 어린이들의 인성교육에 달려 있다고 말할 수 있다. 우리 어린이들의 인성교육을 위해서 나는 부모님들과 교사들, 그리고 다음 세대의 주역인 어린이 교육에 관심을 갖는 사람들에게 이 책을 권하고 싶다.

우리는 흔히 어린이들에게 공부에만 열중하라고 권한다. 부모에게는 무조건 복종하기만 하면 속이 시원해진다. 그리고 말을 안 들으면 꾸지람을 하고 때로는 매를 드는 일도 있다. 그러나 우리 어른들은 어린이들의 세계를 이해하려고 하지는 않는다.

부모는 자녀들을 첫째로 사랑하고, 이해하고, 또한 그들과 대화를 해야 한다. 아무리 시간이 없어도 자녀들과 다정하게 이야기를 주고받는 것은 우리나라의 장래를 위한 가장 믿음직한 투자라는 것을 우리는 인식할 필요가 있다. 이러한 가장 확실한 투자를 위해서 나는 이 책을 권하고 싶다.

전 문교부장관 · 한국교원대학교 총장 이규호

제2부

고난의 벽을 넘어 기적의 한강으로

-파독근로자기념관, 대한민국역사박물관을 중심으로

기회가 올 때 받아들일 준비가 되어 있는 것, 그것이 성공의 비결이다.

– 벤자민 디즈레일리

01 역사적인 파독근로자기념관 개관

연합뉴스 TV

[앵커]

지독하게 가난했던 시절, 독일에서 광부와 간호사로 일하며 가족과 조국을 위해 외화벌이에 나섰던 이 땅의 젊은이들을 기억하십니까.

한국인 근로자의 독일 파견 50주년을 맞아 이들을 기리는 기념관이 문을 열었습니다.

"광산 기둥을 붙들고 내가 한국에 살아서 돌아갈 것인지 죽어서 돌아갈 것인지... 매일 울었습니다."

군 제대 후 무작정 독일 행 비행기에 몸을 실었던 23살 청년. 흑백 사진의 주인공인 권이종씨는 이제 백발의 노신사가 됐습니다. 독일 광산에서 일하면 당시 공무원 월급의 열 배 가까운 돈을 벌 수 있다는 말을 듣고 선택한 광부의 길, 피땀 흘려 번 돈은 한강의 기적의 바탕이 됐지만 이역만리 타향살이는 고된 기억이었습니다.[1)]

---

1) 이경태, 「'한강의 기적의 씨앗' 파독근로자 기념관 개관」, 연합뉴스 TV, 2013.05.30, https://news.naver.com/main/read.nhn?mode=LSD&mid=sec&sid1=102&oid=422&aid=0000012583

2013년 5월 21일. '드디어' 파독근로자기념관이 개관했다. 파독근로자기념관 설립은 우리 파독 광부, 간호사, 간호조무사들의 오랜 숙원 사업이었다.

기념관을 개관하기까지는 장장 7년이라는 시간이 걸렸고 기념관 계획, 추진부터 건립까지 파독 광부 · 간호사 · 간호조무사협회는 길고 힘겨운 과정을 거쳤다. 파독근로자기념관 건립이 죽음의 고비에서 살아 돌아온, 혹은 안타까운 사고로 세상을 떠난 모든 파독 근로자들에게 보상이 되지는 못할 것이다. 하지만 기념관이 개관하던 그 날은, 우리의 뼈아팠던 젊은 시절을 조금이나마 위로해주는 날이었음엔 분명했다.

파독 광부 · 간호사 · 간호조무사협회(이하'파독협회')를 조직하고 협회 회장을 지낸 나의 친구 (故)김태우 회장은 이제 세상에 없지만, 우리는 그의 열정과 노고를 기억한다. 김태우 회장이 없었다면 우리는 이 일을 해내지 못했을 것이다.

02 파독 광부 · 간호사 · 간호조무사협회 태동[2)]

2007년 어느 날 김태우 회장의 전화가 왔다. 파독협회를 조직하자는 내용이었다. 나는 당시 서울시청소년지원센터 소장을 맡고 있었고, 국립 대학 교수 출신으로 일을 했기에 협회 비용 문제 때문에 참여가 어려울 것 같다며 거절했다. 그런데 김 회장은

2) 권이종, 『교수가 된 독일 광부 권이종의 인연 백세백인』, 이채, 2017, pp.176-178.

경제적인 문제는 생각하지 말고 참여만 해달라고 요청했다.

"국내외 많은 지인들(대학교수들, 연구자들)과 회원들, 사람들이 본 협회를 결성하여 운영하기 위해서 파독 광부 출신으로서 차관급 기관장을 지내고, 국립대 교수생활을 해온 권이종 교수를 꼭 참여시키라고 요청했다"라고 했다. 여러 차례 요청에도 불구하고 나는 참여하지 않았다.

2007년 7월 무더운 여름날, 갑자기 내 사무실이 있는 을지로 청소년수련관 앞으로 김태우 회장이 직원들을 데리고 왔다. 무조건 함께 가자며 내 사무실 집기를 싣겠다는 것이었다. 창문으로 내려다보니 2톤짜리 용달차가 이미 건물 앞에 와서 대기 중이었다. 거절할 새도 없이 일꾼들과 김 회장이 직접 짐을 실어 옮긴 곳이 충무로 남산 밑 한국의 집 옆 김태우 회장의 신영영화사 사무실 4층이었다. 그곳에서 김 회장과의 파독협회를 만드는 고된 일이 시작되었다.

나는 2007년에 합류했지만, 김태우 회장은 그 전부터 이미 자신의 사무실에서 파독 광부총연합회를 만들려고 서울에 거주하는 동료 20여명과 함께 파독 광부들을 위한 사업을 준비하고 있었다. 특히 파독 광부사업에 관여했던 백영훈 산업개발원장님의 도움이 컸다고 한다. 백영훈 박사는 한국인으로서는 최초로 독일에서 경제학박사학위를 취득한 학자이다. 파독근로자 파견에 결정적인 기여를 했고, 박정희 대통령 독일 방문 시 통역을 맡았다.

기념관 개관 2년 전인 2011년을 기준으로, 파독 광부는 8,968

명, 간호사는 약 1만2천여 명으로, 파독 근로자는 총 2만 1천여 명이었다.(2011년 기사 인용) 당시 이들에 대한 자료가 제대로 정리돼 있지 않았고, 그 때문에 시간이 흐르면서 우리는 잊혀진 존재가 되어 가고 있었다. 파독 광부와 간호사들의 애환이야 말할 것도 없지만 파독근로자사업이 당시 한국에 어떤 영향을 끼쳤는지, 그 영향이 지금 어떤 모습으로 이어지고 있는지 체계적인 연구가 없었다. 자라나는 세대가 모르고 지나칠 단순한 옛 추억이 결코 아닌데, 소홀이 다뤄지는 측면이 있었다.

우리는 이런 문제를 해소하고자 2008년 10월 결성됐다. 나는 파독 광부와 간호사에 대한 백서를 발간하고 다큐멘터리 영화도 제작해 보급했다. 각급 학교 학생과 군부대 장병, 지역주민들을 위한 강연도 진행했다. 국내에 거주하는 파독 광부, 간호사들의 소재를 확인해 정보를 교류하는 역할도 했다.

그렇게 1년여에 걸쳐 일한 끝에 고용노동부 장관으로부터 법인설립 허가통보를 받았고, 법인설립 허가증은 2010년 10월 13일에 접수되었다. 또한, 법인설립 과정에서 고용노동부 허가를 위한 서류 제출을 위해서 법인재산 등록통장이 필요하다고 하여 김 회장이 법인 설립을 위한 경비를 예치했다. 그 이후에도 김 회장은 파독협회 설립과 운영을 위해 하나하나 밝힐 수 없는 많은 경비를 모두 부담했다.

사단법인 조직을 위해서는 회원이 필요했다. 그동안 비공식적으로 서울 지역에서 연락이 닿은 회원 20~30명과 함께 충무로 김 회장 사무실에서 발기인대회를 열었다. 그 후, 고용노동부와 행정안전부를 통해 파독 광부 출신 천여 명의 주소록을 확보했다. 그 명단으로 파독협회 조직의 취지와 필요성을 담은 공문을 발송했는데, 70여 명만 가입 의사를 밝혔다.(2008년 70명, 2009년 150여 명, 2010년 200여 명, 2011년 400여 명, 2012년 450여 명, 2013년 700여 명, 2017년 1,000여 명으로 꾸준히 증가했다.)

고용노동부는 파독 광부 출신들의 연금 잔액을 모든 회원들에게 나누어주는 일에 우리 파독협회가 협조할 것을 요청했다. 고용노동부에서는 국내에 주소지가 있는 회원들에게 많게는 8만원, 적게는 5만원의 적립금 잔액을 돌려주고자 한다는 편지를 보냈다. 하지만 대부분의 회원들이 주소 불명으로 되어 있었으며, 많은 회원들이 독일 광산에서 일을 마칠 때 연금을 모두 수령했다며 필요 없다고 했다. 전 세계에 흩어져 있는 회원들에게 적립금 잔액을 일일이 보내줄 수 없기 때문에 고용노동부에서는 해결 방법으로 법인체가 있는 지역인 한국(새로 조직), 독일, 캐나다, 미국 등에 적립금 잔액을 회원 수에 비례하여 나누어주었다. 이때, 한국 법인체는 적립금 잔액과 정부의 일부 보조금을 합하여 3억 4천 200만 원을 받았다. 주요 예산 집행 내용으로는 2008년 서초동 파독협회 사무실 구입비에 2억 8천여만 원(VAT 포함)을 지출했고, 나머지 잔액은 국가기록원에 넘기는 영화 제작과『파독 광부 45년사 백서』발간비와 행정실 여직원, 아르바이트생 경비로 지출되었다.

2010년에는 1년 내내 고용노동부와 법인체 운영에 관해 협의했다. 고용노동부 장관은 임원진과의 만남에서 협회의 원활한 운영과 발전을 위해 광부 출신뿐 아니라 간호사와 간호조무사 출신도 협회 회원으로 가입하도록 권고했다. 그래서 수소문했더니 이미 독일에 다녀온 간호사와 간호조무사들의 모임이 각각 구성되어 있었다. 우리는 협회의 취지를 설명하고 두 단체에서 참여하도록 제안했다.

03 파독근로자기념관 건립 추진 배경[3)]

1963년 12월 21일 최초로 광부 · 간호사 · 간호조무사가 먼 이국땅 독일로 파견되었다. 파견된 광부와 간호사들은 고난의 벽을 넘어 기적을 이루어낸 라인강 독일로 갔고, 그곳에서 그들이 흘린 땀방울은 한강의 기적을 일구어낸 한국 경제발전의 원동력이 되었다.

하지만 우리는 점점 역사의 뒤안길로 사라지고 있었다. 독일에서 돌아오면 사는 것은 걱정 없게 해주겠다던 국가의 약속은 지켜지지 않았고 파독 근로자들에 대한 평가와 예우도 소홀했다. 파독 광부들은 귀국 후에도 상당수가 곤궁한 생활을 이어갔으며, 직업병으로 평생을 고생하는 사람도 많았다. 가만히 손을 놓고 있을 수만은 없었다. 소중한 역사를 제대로 세워야 했다. 묻힌 역사를 우리가 꺼내서 제대로 세워 놓으면 이후에도 이를 발판 삼아 파독 광부, 간호사의 역사가 후대로 전해지리라 믿었다. 그리고 우리가 남긴 업적이 후손들에게 영원히 기억되도록 하고 싶었다.

---

3) 권이종, 『교수가 된 독일 광부 권이종의 인연 백세백인』, 이채, 2017, pp.178-179.

그런데 실정은 세계 각국에 흩어져 있는 2만여 명의 파독 광부들과 5만여 명의 자손들이 고국을 방문했을 때 따뜻하게 쉴 수 있는 장소 하나 없다는 것이었다. 외국에 살고 있는 파독 광부와 간호사, 간호조무사들은 정년퇴임하고 고국 땅을 그리워하며 말년을 살아가고 있었다. 그들의 아들딸들은 이미 40~50대가 되었고, 부모의 나라를 막연히 동경했으며 고국에 오고 싶어 했다.

독일로 갔던 그들은 고국에서 질곡(桎梏)같은 추억을, 자신들의 삶을, 조상들의 혼을 이야기하고 싶었다. 그들의 이야기를 들을 수 있고, 볼 수 있고, 새길 수 있는 기념관과 유스호스텔이 있다면, 그 곳이 그들의 정체성을 일깨우는 자리가 될 것이었다. 유명한 체육선수나 연예인을 위해서도 수십억 이상의 예산을 들여 공원이나 기념관이 만들어지는데, 파독근로자들을 위한 기념관은 없다는 현실에 마음이 착잡했다.

정부에서 기념관에 대해 공식적으로 언급한 것은 2010년 11월 19일이었다. 당시 국무총리는 고용노동부 장관, 문화관광부 장관, 기획재정부 장관 등이 참석한 예산특별위원회에서 "8천여 명의 광부들과 1만 2천여 명의 간호사들이 피눈물을 흘리면서 번 돈이 송금되었고 그것을 종자돈으로 삼아서 오늘의 풍요가 있다. 그분들을 위한 전시관과 그분들의 자손들이 대한민국을 방문하였을 때 쉬어갈 수 있는 장소하나 마련해주어야 하지 않겠냐"고 말했다.

이후 2010년 12월 21일, 그 날은 광부 · 간호사 · 간호조무사들이 독일로 파견된 지 47년을 맞는 날이었다. 우리는『파독 광부 역사를 회고한다』는 주제로 서울프레스센터에서 '파독 광부 최초 파독 47주년 기념 특별강연회 및 총회'를 열었다. 우리의 잊혀진 47년 역사를 되돌아보면서, 21세기 한민족 시대의 새로운 역사를 창조하는 업적을 알리고 후손들에게도 영원히 기억되도록 하기 위함이었다. 이 날 특별 강연회를 통해 우리의 헌신과 희생으로 국가 경제가 크게 발전했던 역사적 사실이 재조명 받게 되었다.

2011년에는 총리 공관으로 광부와 간호사 출신 20여 명이 오찬에 초대받았다. 우리는 이 자리에서 정부에 파독 광부 간호사 기념관 건립, 공무원 및 학생 등 국민에 대한 강연 및 홍보 지원, 국가유공자에 준하는 예우 등 세 가지 안을 요구했다. 이어 국무총리는 최선을 다해 기념관 건립을 추진할 것을 약속했고, 지속적인 지원약속에 따라 특별강연회 개최, 전시관, 유스호스텔 건립 등을 구체적으로 이야기했다.

또 이후에는 한국 대통령과 독일 대통령의 만찬 자리에 김태우 회장과 내가 초대되었다. 이 자리에서 양국 국가원수들은 먼저 파독 광부와 간호사, 간호조무사들이 양국의 국가 발전에 기여했음을 언급했으며, 대통령 홍보실장을 통해 파독협회 측은 휴식 공간과 보은 차원에서 기념관 건립을 추진할 것을 요청했다. 그 후, 국무총리실 실장과 과장 등 관계 기관들과 예산 신청에 관해 협의했다. 파독협회 임원들이 수차례에 걸쳐 국회를 방문하여 기념관 예산 확보에 관한 협의가 진행되었다.

2011년 5월, 기념관 건립사업 예산안을 고용노동부에 신청했으나 부처 차원에서 어려움이 있다는 의견을 듣고 몇몇 국회의원, 국무총리실과 협의한 결과, 기획예산처나 국회예결위원회에 직접 신청하는 방안이 있다는 정보를 듣게 되었다. 여러 정부 부처와의 상담 결과에 따라, 국회의원을 통해 예결위원회에 예산을 신청했다.

2011년 12월 31일, 국회 예결위원회의 통과 결과, 기념관을 위한 국고 25억 원이 확보되었다. 기념관 예산은 노동부로 배정되었고 한국 산업인력공단으로 하달되어 공단에서 이 사업을 추진하게 되었다.

그리고 2013년 5월 21일, 드디어 역사적인 파독근로자기념관 개관식을 하게 되었다. 그러나 김 회장은 이미 우리 곁을 떠난 뒤였다. 김태우 회장은 기념관 개관 6개월을 앞두고 한 인터뷰에서 "해외에 살고 있는 파독 광부와 간호사들이 고국을 찾을 때 편안히 쉴 수 있는 공간이 됐으면 좋겠다"고 했다.

김 회장은 수많은 파독 근로자들에게 안식처를 만들어 주고, 정작 본인은 그 곳을 한 번도 보지 못하고 세상을 떠났다.

대한민국이 잘 살게 된 데에는 기성세대의 땀방울이 있다. 상상할 수 없을 만큼 가난하고 배고팠던 그 시절, 우리는 악착같이 일했다. 그리고 현재의 대한민국을 만들었다. 어떻게 이룩한 나라인지, 젊은 세대들이 한 번이라도 다시 생각해보는 기회가 됐으면 한다.

04 파독근로자기념관 개관의 기쁨

2013년 5월 21일은 서울 서초구 양재동에 파독근로자기념관이 들어선 날이다. 2013년은 독일에 우리 광부들이 파견된 지 꼭 50년이 되던 해이며(간호사들은 1966년에 파견), 한-독 수교 130주년을 맞이하는 해였기에 파독근로자기념관 개관의 의미가 더욱 컸다. 나는 파독근로자기념관의 초대 관장을 맡게 되었다. 그 날은 유독 김태우 회장의 생각이 많이 났다.

파독근로자기념관 개관 당시 방문객들에게 설명 중인 필자의 모습

파독근로자기념관은 파독 광부 · 간호사 · 간호조무사연합회의 노력과 고용노동부, 한국산업인력공단의 지원으로 결실을 보게 되었다. 기념관은 고용노동부와 한국산업인력공단이 국비 25억 원을 들여 서울 서초구 양재동의 4층짜리 주택을 매입한 뒤 개조했다.

나는 파독 근로자들이 기념관을 부담없이 찾을 수 있도록 기념관 설계부터 세심하게 챙겼다. 독일풍의 인테리어는 물론이고, 기념관 4층에는 파독 근로자들의 모임을 위한 쉼터와, 국내에 연고가 없는 파독 근로자들을 위한 숙소를 마련했다. 지하 1층과 지상 1층에는 전시관을 마련했다. 3층은 사무실로 사용하고 2층 세미나실은 국내 외국인 노동자와 다문화 가정을 위해 활용하려고 계획했다.

파독근로자기념관 개관식 사진/연합뉴스 사진

왼쪽에서 두 번째부터 권이종 파독근로자기념관 관장, 박찬호 전국경제인연합회 전무, 송영중 한국산업인력공단 이사장, 방하남 고용노동부 장관, 롤프 마파엘 주한 독일대사, 권광수 한국파독 광부 · 간호사간호조무사연합회 회장, 김병연 한국파독 광부 · 간호사간호조무사연합회 부회장

나는 정식 개관을 앞두고 한동안 주말도 없이 매일 아침 7시면 기념관에 나가서 일했다. 가장 먼저 한 일은 기념관 개관을 한 달 앞두고 지병으로 세상을 떠난 (故)김태우 회장의 사진을 보고 이야기를 나누는 일이었다. 그리고 전시된 자료들을 꼼꼼히 훑어보고 기념관 개관을 위해 심혈을 기울였다. 김 회장의 공에 보답하는 의미에서 더욱 열심히 했다.

(故)김태우 회장의 생전 모습/연합뉴스 사진

우리는 지하 1층과 1층을 독일 탄광과 병원의 모습으로 꾸몄다. 특히 지하 1층은 당시 독일 탄광 막장의 작업 현장과 최대한 비슷하게 재현했다. 어두침침한 막장의 모습과 시커먼 얼굴의 광부 모형을 구경하던 동료 광부들이 실제로 옛날 독일 광산과 똑같아서 놀랐다고 할 정도였다.

기념관 광산모형 앞에서 필자/연합뉴스 사진

그 옆으로는 광산에서 입었던 작업복과 속옷, 손때가 묻은 편지, 수첩, 코담배 등을 전시했다. 그 중 작업복과 작업 도구들은 독일 정부를 통해 독일 폐광촌에서 기증받았고, 일기장과 편지 등은 개인 물건을 기증받아 전시했다. 간호사와 간호조무사들의 유니폼과 의료 장비들, 활동 모습 당시의 사진도 곳곳에 전시했다.

기념관 개관을 축하해 주기 위해 방문한 주한 독일 대사도 전시관을 둘러본 뒤, 파독 근로자들만큼 독일을 잘 알고 있는 분들도 드물다며 전시관이 마치 '고향'에 온 것 같다고 했다.

나는 기념관 개관에 앞서, 독일을 비롯해 미국, 캐나다 등지에 흩어져 있는 파독 근로자 4,000여 명에게 물품 기증을 위한 편지를 보냈다. 그런데 30여 명에게서만 회신이 왔다. 너무 힘들고 고통스러운 기억이라 대부분 관련된 물품을 버렸다고 했다.

결과적으로, 물건을 아직 가지고 있는 사람들 중 40여 명이 전시 유물을 기증해 주었다. 다행히 내가 독일 광산에서 처음 일할 때부터 꼬박 6년 동안 쓴 일기와 빛바랜 사진들, 향수에 젖을 때면 들었던 〈동백아가씨〉 레코드판, 그리고 지금까지 모아 온 파독 근로자 관련 기사들이 기념관을 만드는 데 큰 역할을 했다.

사실 나는 독일 생활을 할 때, 한국에 돌아가면 꼭 기념관을 만들어 역사의 한 페이지를 후배들에게 보여줘야겠다고 생각했다. 그래서 독일 정부에서 사진을 찍지 못하게 했을 때도 몰래 사진을 찍고, 고생했던 하루를 깨알같이 자세하게 다 기록했었다. 그 때 광산과 병원에서 우리가 흘린 땀과 눈물은 뒤늦게나마 작은 공간에 고스란히 역사로 기록됐다.

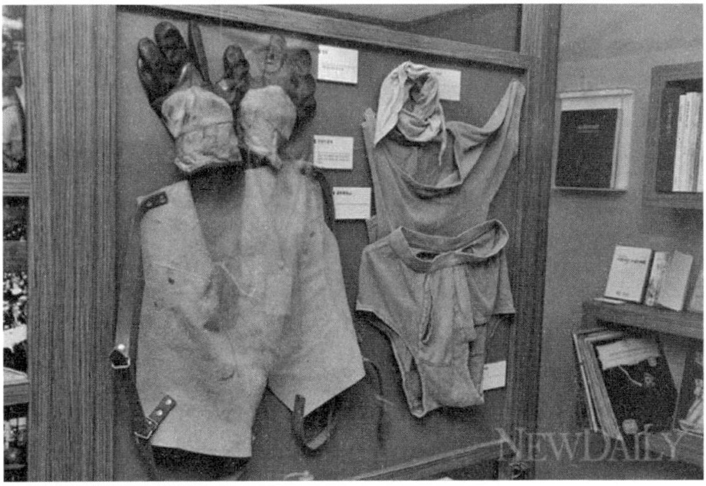

파독근로자기념관에 전시된 광부 엉덩이가죽보호대와 속옷/뉴데일리 사진

개관식에는 약 300여 명의 파독 근로자들이 찾아왔다. 독일로 떠났던 파독 광부와 간호사들은 서로의 손을 붙잡고 안부를 물었다. 20~30대에 독일로 떠났던 처녀, 총각들은 이제 백발의 노인이 됐다. 기념관을 둘러본 그들은 당시를 회상하며 감회에 젖었고, 서로 애환을 나눴다. 많은 파독 근로자들이 독일에 있는 당시 동료들과도 교류의 장이 열렸다며 반가워했다.

개관식에서 50년 전 파독 근로자들의 활동 모습을 담은 기록영화가 상영될 때는 눈물을 흘리는 사람들도 있었다. 한복을 입고 독일 공항에 내리는 영상 속의 간호사들은 눈이 부시게 빛났다. 광부들의 석탄가루 묻은 얼굴은 흑백 영상에서 더욱 까매 보였다. 꽃처럼 아름다웠던 젊은 청년들은 조국을 생각하며 매일 땀과 눈물을 흘렸다. 나라 경제를 위해 젊음을 바쳤던 우리들의 모습을 영화로 보니 새삼 옛 생각이 새록새록 났다.

1966년 최초의 파독 간호사들의 모습. 김포에서 독일행 비행기에
오르기 전 가족들과 작별 인사하는 모습

부모 형제를 떠나 홀로 타지에 도착하던 날의 막막함, 말도 통하지 않던 곳에서의 외로움, 내 눈앞에서 석탄과 돌이 무너질 때의 공포, 바위더미가 내 손을 덮쳐 수차례 대수술을 받던 일들…

모두 고통스러운 기억이다. 1964년, 독일을 방문한 대통령 내외와 광부들이 함보른 광산에서 애국가를 부르며 눈물바다가 됐던 일도 떠올랐다. 영화를 보니 나의 젊은 날들이 주마등처럼 스쳐 지나갔다.

개관식에는 고용노동부 장관, 파독협회 회장, 주한 독일 대사, 청와대 정무수석, 한국산업인력공단 이사장, 서초구청장 등이 참석해 축하의 인사를 건넸다.

개관식 내내 모든 참석자들은 큰 박수로 화답하며 기념관 건립을 기뻐하고 축하했다. 파독근로자기념관 건립은 우리에게도 큰 의미가 있지만, 후손들에게 파독근로자들의 역사와 의미를 알릴 수 있는 기회가 되길 바랐다. 현재의 대한민국이 어떻게 만들어진 나라인지, 왜 우리가 고향을 떠나 그 먼 나라까지 갔는지 후손들이 한 번이라도 되새겨보길 바란다. 그리고 잊지 않았으면 한다.

05 대한민국역사박물관에서 파독의 흔적

대한민국역사박물관 개관식

‘대한민국역사박물관’은 파독근로자기념관보다 5개월 가량 이른 2012년 12월에 개관했다. 파독근로자기념관 개관 준비를 하며 독일 광산 작업복과 작업 도구 등을 전시하고 싶었는데, 그러려면 독일 정부의 지원이 필요했다. 그래서 나는 당시 주한 독일 대사를 만나서 그 내용을 이야기했다. 독일 정부에서는 유물은 기증해줄 수 있으나, 그 운반비용은 우리가 내야 한다고 했다. 그런데 한국 정부도, 우리도 운반비를 내기에는 그 비용이 만만치 않았다.

‘어떻게 해야 한담… 물건은 받을 수 있는데 가져오는 비용이 너무 크니…’

그런데 그 당시 정부가 서울에 대한민국역사박물관 건립을 추진하고 있었는데, 마침 그곳에서도 파독 광부, 간호사의 유물이 필요하다고 했다. 결국 우리는 독일에서 들여오게 될 유물 중 일부를 그곳에 매각하기로 하여 운반비를 해결했다. 나 역시 가지고 있던 내 물건들 중에 여권, 일기장, 사진 등 131점을 대한민국역사박물관을 위해 기증했다.

그렇게 2012년 12월 26일, 서울 광화문에 대한민국역사박물관이 개관했다. 옛 문화체육관광부 건물을 리모델링해서 박물관으로 만들었는데, 대한민국 역사의 태동기부터 산업화와 민주화를 거쳐 현재에 이르기까지 대한민국의 역사를 종합적으로 보여주는 한국 최초의 국립 근현대사박물관이었다. 박물관은 그 당시 대통령이 2008년 광복절 축사에서 현대사박물관 건립을 공표한 이후 4년 만에 완공된 것이다.

개관식에는 대통령을 비롯해 역사를 이끌어온 각계의 대표적인 인사들을 포함해 100여 명이 참석했다. 나도 유물 기증자로 초대를 받았다.

박물관은 8층으로 이루어진 건물이었는데 상설전시실 4개와 기획전시실 2개, 수장고, 세미나실, 강의실, 카페, 문화 상품점 등이 들어서 있었다. 상설전시실은 '대한민국의 태동 1876-1945년'(제1전시실)을 비롯해 '대한민국의 기초 확립 1945-1960년'(제2전시실), '대한민국의 성장과 발전 1961-1987년'(제3전시실), '대한민국의 선진화, 세계로의 도약 1988-'(제4전시실)로 구성됐다.

그 중 독일에서 온 유물들과 파독 광부와 간호사들의 기증품들은 제3전시실에 자리를 잡았다. 작업복을 단단히 챙겨 입고 갱도에 드나들며 동료들과 비장하게 나눈 "글뤽 아우프!" 인사말을 담은 영상을 여기서 보고 있자니 그 때 생각이 나서 울컥했다.

대한민국역사박물관에 전시된 광부엉덩이보호대

작업복, 헤드 랜턴, 엉덩이보호대…

전시되어있는 예전 물건들은 그 시절을 떠올리기에 충분했다. 그 중 광산에서 쓰던 비상용 송수신기를 보니 과거에 느낀 공포가 마치 어제 일같이 생생하게 기억났다.

"비상! 비상이다! 모두 밖으로 대피! 당장 승강기에 올라타. 어서!"

송수신기를 통해 들리던 독일 감독관의 다급한 목소리가 지금도 들리는 듯 했다.

48년 전 나는 지구 반대편 낯선 나라의 가장 깊은 땅 속에서 삽을 든 광부였다. 그런 내가 지금은 대한민국의 심장인 서울의 한복판에, 그것도 '현대사의 한 획을 그은 사람'으로 초대받아 와 있다.

수백 미터 지하에서 나를 보호해준 보호대, 하루하루 끝나지 않을 것 같던 고난의 날들을 기록한 나의 일기장, 다시 꺼내보면 그 시절이 생각나 금세라도 눈물이 쏟아질 것 같은 그 때의 물건들을 여기서 다시 보니 감회가 새로웠다.

독일 광산에서 일하던 시절은 내 생에 가장 고통스러운 시기였고, 저 물건들은 그저 낡은 물건이라고 생각했다. 그런데 내 물건들을 마치 보물처럼 박물관에 전시하고 대접해 주니, 왠지 광부시절의 나의 고단함을 알아주고 보상해주는 듯 마음의 위로도 됐다.

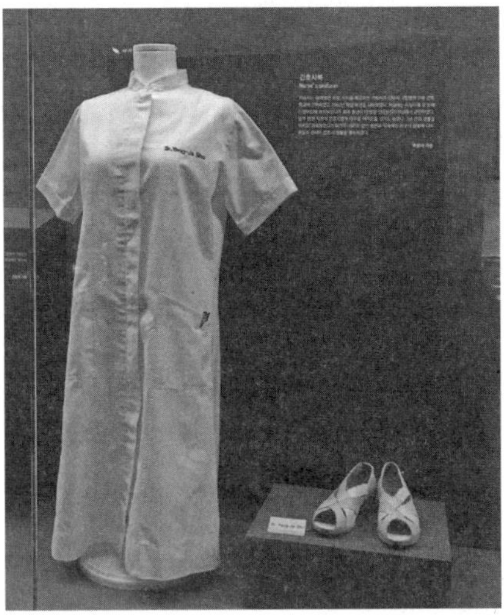

대한민국역사박물관에 전시된 파독 간호사 유니폼

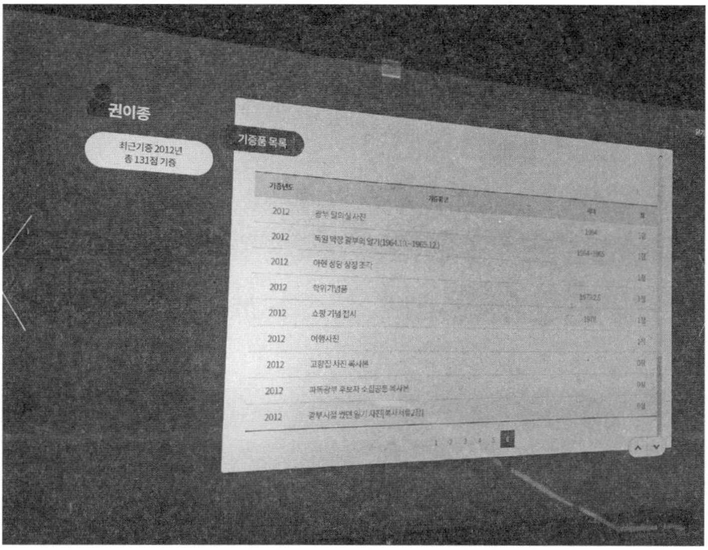

대한민국역사박물관에 기증한 필자의 기증품 목록

역사박물관에는 파독 근로자 유물 외에도 안중근 의사의 유묵, 3.1 독립선언서, 석유풍로, 한국 최초 자동차인 포니 자동차 등 역사적인 유물들이 전시되어 있었다. 박물관은 오늘의 대한민국을 만든 수많은 사람들의 헌신과 희생이 일구어낸 역사의 현장이었다. 경제 선진화를 위해 노력하던 기성세대의 노력이 헛되지 않도록, 우리나라 역사의 증거들이 후세에도 기억되기를 바라는 마음 간절하다.

06 파독근로자기념관과 고마운 인연들

- 김태우 회장[4)]

내가 사회에서 만난 친구 중 일 순위는 (故)김태우 회장이다. 김 회장은 지금 이 세상에 없지만 그와의 이야기는 책 한 권을 써도 모자랄 만큼 많다. 내가 좋아하고 나를 행복하게 해준 친구이다. 김태우 회장을 만났기 때문에 파독 광부 · 간호사 · 간호조무사협회를 창설하고 파독기념관을 건립할 수 있었다.

그뿐 아니라, 김태우 회장과는 잊을 수 없는 추억과 가슴 아픈 일도 함께했다. 파독근로자 영화인 〈2009 고난의 벽을 넘어 기적의 라인강으로〉 제작을 위해 독일 출장을 갔다. 독일인 처형 하크 박사의 집에 머물면서 열흘간 새벽부터 촬영을 위해 강행군을 했다. 경비를 절약하기 위해 장비 이동부터 촬영, 배우, 감독 역할까지 되도록 자체적으로 해결하려고 했다. 김 회장은 감독 겸 촬영을 담당했고 나머지 모든 조수 일은 내가 맡았다. 역시 쉬운 일이 아니었다. 영화판 일을 해본 적이 없는 내가 답답했는지 김 회장과 나는 자주 의견 충돌이 일어났다.

다큐멘터리 영화를 제작하면서 김 회장의 사명감과 집념이 얼마나 무서운지 알게 되었다. 하기야 그는 독일 광산에서도 독일 사람보다, 그리고 한국 광부 중에서 가장 봉급을 많이 받았을 정도로 지독하게 일한 사람이다. 그 결과 건강이 안 좋아 항

---

4) 권이종, 『교수가 된 독일 광부 권이종의 인연 백세백인』, 이채, 2017, pp.179-181.

상 기침을 달고 다녔다. 독일에서 촬영 중에도 기침은 멈추지 않았다. 촬영은 서울에서도 계속 되었다. 같이 다니면서 보니 조금 걷다가 쉬고를 계속했다. 특히 지하철 층계를 올라가기 힘들어했다. 한번은 남해 보리암을 가는데 약간 언덕진 길이 있었다. 너무 힘들어해서 내가 계속 팔짱을 끼고 가다 쉬고 가다 쉬고를 반복했다.

사망 전 고대병원에서 나의 손을 꼭 잡고 "권 교수, 나는 더 이상 살 수 없어. 그러니 협회를 잘 부탁하네" 하며 유언 같은 표현을 했었다. 김 회장은 나에게 모든 것을 베풀고 세상을 떠났다.

김태우 회장은 1960년 고려대 입학, 1962년 군 제대 후 재학 중인 1964년에 독일 광부로 떠났다. 1965년 독일 광부자격증을 취득하고 1968년 귀국 후 영화계에 입문했다. 1969년 신영영화사를 창업하여 국가홍보영화, 서울지하철, 포항제철, 대덕연구단지, 원자력연구소, 선박연구소, 현대조선소 등의 수많은 영화를 제작했다. 1993년에는 이어령 선생과 '달리는 한국인'이라는 엑스포 다큐를 제작하기도 했다. 1997년에 현대장비를 도입하여 '쉬리', '실미도', '신라의 달밤', '집으로', '공공의 적', '왕의 남자', '추적자', '7급 공무원', '우생순' 등 많은 영화에 촬영 장비를 제공했다. 지금도 한국을 대표하는 영화사로, 딸이 물려받아 운영하고 있다. 2008년 김 회장은 고려대를 뒤늦게 졸업하고, 같은 해 서울시대문화상과 대중예술상을 받았다. 파독협회를 조직하고 양재동 기념관을 개관하는 데 여생을 보냈다. 그가 없었으면 협회와 기념관 건립은 불가능했다.

처음 만나서 세상을 떠나기 전까지 김 회장은 나와 가장 많은 시간을 보냈다. 그가 떠난 후로 나는 김 회장의 사진을 이곳 저곳에 두고 보고 또 본다. 김태우 회장을 아는 사람은 모두 그를 좋은 사람이라고 이야기 한다. 그런 사람이 내 가장 친한 친구였다니 나는 참 행복한 사람이다. 김태우 회장과 나는 하늘을 우러러 한 점 부끄럼 없이 파독협회에 봉사로 일했음을 분명이 밝히고, 파독협회는 김태우와 권이종의 작품이었다고 나는 자신 있게 이야기할 수 있다.

- 마파엘 주한 독일 대사와 대사들[5)]

독일은 나에게 일자리를 주었고, 돈을 벌게 하여 가난의 굴레에서 벗어나게 했다. 또한 대학을 다닐 수 있게 해준 기회의 땅이다. 내가 태어나서 자란 곳이 첫 고향이라면 두 번째 고향은 독일이다. 청춘 시절 희비애락을 고스란히 겪었던 나라이다. 독일 생활에 대하여 글로 쓰려면 끝이 없다. 그래서 나는『막장 광부 교수가 되다』라는 에세이를 써서 세상에 알렸고, 문영숙 작가는『글뤽 아우프』라는 나에 대한 소설을 출간했다.

한국 경제 발전의 원동력을 언급할 때는 모든 연구자들이 파독 근로자 이야기로 시작하고 나에 대한 언급도 빼놓지 않는다. 그래서 텔레비전, 중앙일간지, 라디오 등 모든 매체들이 내 이

---

5) 권이종,『교수가 된 독일 광부 권이종의 인연 백세백인』, 이채, 2017, pp.183-185.

야기를 주요 뉴스로 다루기도 했다. 한국 근로자들은 성실하며 독일 경제 발전에도 기여한 공이 크다고 긍정적으로 평가한다. 광부와 간호사 출신들이 근로계약이 끝난 후 공부해서 박사학위도 받아 세계 여러 나라에서 활동하고 있다고 소개했다. 특히 미국과 캐나다에서 기업인으로 성공한 동료들이 많다.

독일이라는 나라는 자국에서 공부한 사람들에 대하여 계속적인 관심과 지원을 아끼지 않는다. 내가 공부하고 귀국한 뒤에도 독일 대사관과 문화원에서는 관계를 유지하고 주요 행사에 초대하기도 했다. 특히 대사관저로 초대를 많이 받았다. 행사 때마다 독일 광부와 간호사에 대한 언급을 인사에 포함시키기도 했다. 나는 독일로 간 광부와 간호사들의 근로계약 후의 생활 현황에 대하여 여러 차례 이야기했다. 독일문화원에서 추진하는 다양한 행사에도 적극 참여했다. 독일 정부의 정치인들이 한국에 오면, 대통령과 함께 어김없이 파독 광부, 간호사와 간호조무사를 초대하여 독일 경제 발전에 기여한 점을 극찬했다. 특히 최초로 한국 정부의 지원을 받아 묄렌도르프의 일대기 책을 만들었는데, 기억에 남은 큰 업적이라고 자부하고 싶다. 또한 나는 주한 독일 대사들과도 각별한 유대관계를 유지하여 역대 대사들의 오찬 등에 초대받기도 했다.

특히 롤프 마파엘(Rolf Mafael) 대사를 잊을 수 없다. 내가 정년퇴임 후 우리 후세들에게 보여줄 교육장으로서 파독 광부간호사기념관을 준비하는 데 독일 정부의 지원이 절실히 필요했는데, 마파엘 독일 대사와 독일 정부가 적극적으로 협조해준 덕분에 독일 폐광촌에 있는 각종 장비가 우리에게 도착했다. 유물은 대한민국역사박물관과 양재동 우리 기념관, 그리고 남해 독일 마을 등 세 군데로 나뉘어 전시되었다. 독일 정부의 도움과 관심 덕분에 세 곳 모두 어엿한 구색을 갖추게 되었다. 마파엘 대사의 도움과 관심으로, 불가능했던 일들이 이루어진 것이다. 그는 자신이 할 수 있는 데까지 최선을 다해 우리를 도와주었다. 우리 단체의 창립총회와 각종 행사 때마다 참여하여 격려해주곤 하셨다.

마파엘 대사를 비롯하여 많은 도움을 주신 여러 독일 대사와 독일 문화원장님들에게 감사하다. 특히 독일 정부에도 감사 인사를 전하고 싶다. 독일에서 여러 가지 도움을 많이 받았지만 가장 가치 있는 것은 '독일 국민정신'이다. 나는 독일에서 배운 그 정신으로 오늘도, 내일도 살아간다. 독일은 나의 제 2의 고향이다.

- 학생 '소은'

'소은'은 파독근로자기념관을 준비할 때 큰 도움을 준 학생이다. 소은은 어린 시절과 중학생 시절 독일에 살아서 독일어에 능통한 학생이었다. 소은 학생은 파독근로자기념관의 독일어 텍스트 번역 봉사를 해주었다. 우리와 처음 만났을 때는 한국에서 고등학교를 다니고 있었다.

이 학생이 파독근로자기념관 봉사에 참여하게 된 데에는 계기가 있었다. 독일 베를린에서 학창 시절을 보낼 때, 음악 연주 활동을 하며 파독 간호사들을 만났고, 처음으로 '파독 근로자들'에 대해 알게 되었다고 한다. 소은은 그들을 통해 알게 된 과거 파독 근로자들의 이야기에 큰 감동을 받았다. 또한 함께 연주 활동을 하던 파독 간호사들에게 독일 생활에 관련된 도움을 많이 받아서, 그들을 도와드리고 싶다는 생각을 했었다. 그런데 몇 년 뒤, 파독근로자기념관이 개관을 했다는 소식을 접했고, 곧바로 봉사를 신청한 것이다.

소은은 기념관에 영어와 독일어로 번역된 글이 있으면 외국인들, 특히 독일 사람들에게 파독 근로자에 대해 더 자세히 알려줄 수 있을 것이라며 박물관 내의 텍스트 번역을 매우 적극적으로 해주었다.

또한 기념관이 유물을 관리하는 데에 어려움이 있다고 보고, 환경 개선에 조금이나마 도움을 주고 싶다며 혼자 모금 활동을 하여 백여 만 원을 파독근로자기념관에 기부해 주었다.

소은은 그 외에도 다문화 가정 과외 봉사, 기부단체 편지 번역 봉사 등 재능 기부도 하는, 봉사가 생활화 된 학생이었다. 평생 남을 도우며 살고 싶다는 학생의 예쁜 마음이 기특했다. 이 글을 통해 소은에게도 다시 한 번 고맙다는 말을 하고 싶다.

이 외에도, 파독근로자기념관 건립을 위해 국고에서 예산을 지원받을 수 있도록 도움을 준 국회의원, 유물을 기꺼이 기증해 준 많은 광부 동료들과 간호사들에게도 매우 감사하다. 특히 파독협회 참여 제안을 받아준 파독간호우정회, 파독간호조무사위원회 회장단과 회원들에게도 거듭 감사의 인사를 하고 싶다.

07 〈국제시장〉 영화와 나

영화 〈국제시장〉 포스터/ 네이버 영화 사진

2014년 12월 어느 날이었다. 주말 새벽에 갑자기 손녀가 왔다.

"할아버지, 오늘 우리 좋은 영화 보러 가요."

들뜬 손녀를 따라 영화관에 갔다. 영화의 제목은 〈국제시장〉이었다. 1950년대 한국전쟁 이후부터 현재에 이르기까지, 격변의 시대를 살아온 주인공의 파란만장한 일대기를 그린 영화였다. 주인공은 내 나이쯤 됐는데, 젊을 때 동생의 대학 학자금 마련을 위해 서독에서 광부 생활을 하고, 이후에는 여동생의 결혼자금 마련을 위해 베트남으로 파병을 간다.

〈국제시장〉은 실제 파독 광부였던 나의 스토리를 모델로 만든 영화였다. 영화가 인기가 많은지 조조시간 말고는 자리가 없었다. 나중에 들으니, 영화는 개봉하고 한 달도 채 되지 않아 천만 관객을 돌파하며 대성공했다고 한다.

가히 그럴만했다. 영화가 그 시대를 얼마나 잘 표현했는지 특히 주인공이 독일 광산에서 시커먼 얼굴을 하고 동료들과 둘러앉아 찐 감자를 먹는 장면에서는 나도 함께 그 자리에 앉아있는 것 같았다.

"글뤽 아우프!"를 외치며 광부들이 광산에 들어가는 장면에서는, 독일 광산을 정말 완벽하게 담아내서 신기할 정도였다. 광산에서의 에피소드들을 볼 때는 고됐던 광부 시절 생각이 많이 나서, 눈물이 앞을 가려 영화를 제대로 못 봤다.

옆에 앉은 내 또래의 나이든 관람객도, 건너편의 젊은 커플들도 눈물을 훔치고 있었다. 영화는 기성세대에게는 추억을, 젊은 사람들에게는 한국 역사를 알려주는 역할을 하고 있었다.

영화가 개봉하고 얼마쯤 뒤에 〈국제시장〉 감독의 인터뷰 기사를 읽을 기회가 있었다. 지하 천 미터 깊이의 광산에 내려가서 촬영을 했는데, 한두 시간 내려가 있었는데도 나올 때는 코안이 새까매져서 나왔다고 한다. 이런 곳에서 하루에 여덟 시간이 넘게 일했던 실제 파독 광부들을 생각하면 마음이 짠하다고 하는 기사를 봤다.

나는 영화에서 유독 인상 깊은 장면이 있었다. 고향을 떠나 이역만리 독일에서 한국 간호사에게 한 눈에 반해 자전거에서 넘어지는 주인공의 모습이다. 깔깔대며 그 장면을 보다가 우리 부부가 독일에서 연애하던 때가 떠올랐다. 어느 무더운 여름날, 나는 아내가 보고 싶어서 수십 킬로미터를 자전거를 타고 아내에게 갔는데, 가자마자 의식을 잃고 쓰러졌다가 깨어난 일이 있었다. 꿈 많고 빛나던 우리 부부의 젊을 적이 생각나서 기쁘고 설레는 마음에 울고 웃었다. 꽃같이 젊은 시절, 우리는 비엔나에 여행간 적이 있었다. 가는 도중 들른 독일의 여러 도시들과 오스트리아 잘츠부르크, 알프스 등지를 우리는 하루에 일천 킬로미터 이상 교대로 운전하며 여행했었다. 아내와 함께 유럽 여행을 하던 그 때가 내 인생에서 가장 아름다운 추억으로 남아있다. 그 때는 마치 우리가 로맨틱한 영화 속의 주인공이 된 것 같은 기분이었다. 그런데 이렇게 실제로 나를 주인공으로 한 영화가 나오리라고는 상상도 못했었다.

"할아버지, 진짜로 저런 광산에서 일하셨어요? 정말 50킬로그램짜리 모래 가마니를 들었어요?"

영화가 끝나고 눈물이 그렁그렁한 손녀 앞에서 나도 눈물을 참느라 혼났다. 딸은 말없이 나를 꼭 안아주었다. 손녀는 집에 가는 내내 나의 손을 잡고 놓지 않았다. 20대의 나는 매시간 매초 삶과 죽음의 갈림길에 있었다. 그런데 지금은 손녀의 손을 잡고, 그 예쁜 눈을 바라보고 있으니 나는 마치 이 순간을 만나기 위해서 지금까지 살아온 것 같았다. 막장에서의 어두운 과거는 마치 없었던 일처럼 아득하고 멀게 느껴졌다.

"이종아, 오늘 영화 보면서 네 생각이 많이 났다. 너 진짜 고생 많았다."

영화가 개봉한 이후 오랫동안 연락이 끊겼던 친구들과 친지들, 지인들이 안부 전화를 걸어왔다. TV와 라디오, 언론사로부터는 출연 요청이 쇄도했다. 독일문화원과 독일 TV 다큐멘터리도 나의 에세이를 중심으로 제작되었다. 일본, 동남아, 독일, 스위스 등 여러 나라에서도 동영상이 만들어졌다. 특히 동남아 국가 출장 중에는 그 나라마다 내 인생 여정에 대한 인터뷰 요청과 보도 요청이 많았다.

08 파독 광부 · 간호사 예우 입법 공청회

영화 〈국제시장〉의 흥행으로 파독 광부와 간호사에 대한 관심이 커지면서, 2015년에는 파독 근로자들을 지원하기 위한 법률 제정이 추진됐다.

2015년 2월 26일, 한 국회의원은 '파독 광부 · 간호사 예우와 지원에 관한 입법 공청회'를 열고 해당 법률안 초안을 공개했다. 입법 공청회에는 30여명의 여야 의원과 영화 〈국제시장〉의 감독을 비롯해, 파독협회 회장과 회원들까지 약 200명이 참석했다.

초안의 내용은 '생존자 가운데 심의를 거쳐 지원 대상자로 등록되면, 한국이나 거주국에서 생활에 필요한 정보와 한국 정착에 필요한 교육 등의 지원을 받을 수 있고, 정부가 5년마다 파독 근로자들의 실태를 조사해 지원 정책 수립에 활용한다'는 것이었다. 또한 '파독 광부 · 간호사의 날'을 제정하고 기념사업에 대한 지원도 하며, 건강검진 등의 지원도 한다는 내용을 담는다고 했다.

나도 토론자로 참석해 “전쟁터와 같은 독일 막장에서 일한 광부, 병원에서 헌신한 간호사들의 공로를 인정하려면 이들을 특별공로자로 예우하는 방안이 필요하다”고 주장했다. 공청회를 개최한 국회의원은 공청회에서 나온 의견을 수렴해 ‘파독 광부 · 간호사에 대한 예우와 지원에 관한 법률안’을 확정한 뒤 발의했다.

이후 우리 파독 광부와 간호사들은 국회 환경노동위원회에 상정된 ‘파독 광부 · 간호사에 대한 예우와 지원에 관한 법률안’이 조속히 통과되기를 바란다는 내용의 국민 청원도 냈다. 그러나 오랜 시간이 지난 지금까지 명확한 결과가 없어 매우 아쉽다. 파독 근로자들의 노고와 희생을 기념하고, 국가경제 발전에 기여한 이들의 공로에 걸맞는 기념사업 및 지원이 빠른 시일 내에 이루어졌으면 하는 바람이다.

09 소설의 주인공이 되다[6)]

2014년, ADRF 사무실로 전화가 왔다.

“아동청소년을 위한 역사소설 작가인데요. 권이종 선생님이신가요? 한번 만나 뵙고 싶습니다.”

그렇게 날짜를 정해서 용산 사무실에서 문영숙 작가를 만났

---

6) 권이종, 『교수가 된 독일 광부 권이종의 인연 백세백인』, 이채, 2017, pp.170-171.

다. 『꽃제비영대』, 『독립운동가 최재형』, 『검은 바다』 등을 쓴 문영숙 작가는, 우리 민족의 역사를 소재로 청소년 역사소설들을 꾸준히 발표해 왔다.

책 글뤽아우프/인터파크 사진

그는 독일로 간 광부와 간호사에 대한 소설을 쓰고 싶다고 했다. 그런데 이미 나에 대해 여러 정보를 들었다며 특별히 나를 소재로 소설을 쓰겠다는 것이다. 그래서 나는 도움이 필요하면 적극 도와주기로 했다. 그 후 자료를 최대한 모아서 전달했고, 출판사 사장과 관계 직원들과 만나 소설 집필에 착수했다.

그리고 2015년, 파독 광부와 간호사의 이야기를 다룬 최초의 청소년 소설 『글뤽아우프, 독일로 간 광부』가 출간됐다. 폐에 쌓인 석탄분진을 빼내기 위해 광부들이 사용하는 코담배, 돌덩어리와 석탄 파편을 맞아 생긴 상처 위에 석탄가루가 달라붙어 생기는 석탄문신, 탄광 내 갖가지 사고 등 막장생활에 대한 생생한 묘사는 나의 경험담이 반영된 것이다.

문 작가와의 만남은 우연이라기보다는 운명이라고 말하고 싶다. 내가 소속한 단체가 효창동에 있고 문 작가도 효창동에 살고 있어 자주 만나 허심탄회하게 대화를 나누었다. 필연과도 같은 이 만남을 계기로 나의 실제 삶을 바탕으로 한 소설이 탄생했다. 이 세상에 없는 귀한 책을 써주셔서 참으로 감사하다.

제3부

나눔과 봉사의 꿈

-ADRF(아프리카아시아난민교육후원회)를 중심으로

우리는 일함으로 생계를 유지하지만 나눔으로 인생을 만들어 간다.

– 윈스턴 처칠

01 이제는 나눔의 길을 걷고 싶다

독일에서 귀국 후 전북대학교 교수직을 거쳐 한국교원대 교수로 재직하면서 '교육의 힘'을 절감했던 나는, 은퇴 후에도 교육을 통해 또 다른 기적을 만들고 싶었다. 정년까지는 개인과 가족의 생계를 위한 현실적인 삶을 살았다면, 정년 이후부터는 사회를 위하여 베푸는 '나눔과 봉사의 꿈'을 향해 가고 싶었다.

사회의 그늘진 곳들마다 도움의 손길이 필요함을 알지만, 그래도 가장 내 마음이 끌리는 곳은 역시 '교육'이었다. 교육학 박사로, 평생 교단에서 학생들을 가르치며 살아왔기에 나는 여전히 학생들을 생각하면 가슴 한 구석이 뜨거워진다. 나이가 들어 신체적으로는 늙어도, 지적 · 정신적 열정마저 늙는 것은 아닌가 보다.

나는 교육의 기회가 닿지 않는 소외된 어린이들에게 교육 기회를 주어서, 그들도 꿈과 희망을 가지고 살 수 있도록 교육 지원을 하고 싶었다. 굶주리고 고통스러웠던 나의 어린 시절을 생각하며 아이들이 배고프지 않게, 공부할 수 있게 도와주고 싶었다. 그런데 그 꿈이 ADRF(아프리카아시아난민교육후원회)를 만나면서 이루어졌다. 그 시작은 반가운 선물처럼 찾아왔다.

02 10년 전 명함 한 장으로 다시 만난 인연

2013년 여름 어느 날, 예전부터 알고 지내던 이두수 씨로부터 전화가 왔다. 그는 ADRF(아프리카아시아난민교육후원회)라는 구호 단체의 사무국장으로 일하고 있었다. 우리는 전화로 담소를 나누다가 더 많은 대화를 하고 싶은 마음에 내가 ADRF 사무실로 찾아가기로 했다. 이두수 국장은 2000년대 초 일본 국제 세미나에서 딱 1분 정도 만나서 명함을 교환한 적이 있었다. 이 국장은 그 명함을 보고 먼저 한국교원대학교로 연락한 후 내 휴대전화 번호를 물어서 연락했다고 한다.

얼마 후 이두수 국장을 만나러 용산에 위치한 ADRF 사무실에 방문했다. 사무실에 들어서니 이두수 국장을 포함한 ADRF의 직원들이 열심히 일하는 모습이 매우 인상 깊었다. ADRF는 아프리카와 아시아 지역 어린이들에게 '교육'을 통해 꿈과 희망을 심어주는 외교통상부 산하의 NGO 단체였다. 빈곤이 대물림되는 원인을 교육의 부재라고 인식하고, 빈곤 아동들을 위한 교육을 지원하고 있었다.

그런데 그 날 이두수 국장이 대뜸 나에게 ADRF의 회장직을 제안했다. 이두수 국장은 내가 적임자인 것 같다며 고려해보라고 했다. 갑작스럽긴 했지만, 그 제안을 들으니 조금 설레는 마음도 있었다. 사실 나도 예전부터 나의 삶이 누군가를 위해 나누고 봉사하는 삶이길 바랐다. 또한 학창시절과 군 생활을 할 때, 독일 생활을 할 때도 나는 틈틈이 봉사활동을 해왔다.

특히나 ADRF 단체의 설립 이념이나 활동내용이 매우 훌륭했고, 빈곤 국가의 소외계층 아이들의 교육을 위한 일이라고 하니 더욱 마음이 갔다.

그렇게 나는 2013년 12월 13일, ADRF 회장에 취임했다.

03 봉사는 곧 내 삶이다

나는 가난한 시골에서 태어나 끼니도 제대로 먹지 못하며, 매우 어려운 학창시절을 보냈다. 그래서 나처럼 학비가 없어 학교에 다니지 못하는 아이들을 보면 늘 안타까웠다. 그리고 '어떻게 이 문제를 해결할 수 있을지'에 대해 늘 고민하면서 살아왔다. 어려운 사람들을 위한 나눔을 머리로만 생각하는 것이 아니라 가슴으로 느끼고, 실천에 옮기는 사람이 되고 싶었다.

그 실천이 처음 시작된 날은 1959년, 사라호 태풍이 우리나라 전 국토를 휩쓸었을 때였다. 고등학생이었던 나는 의류를 모아서 전북일보 신문사에 위탁하여 수해 지역을 도왔고, 길거리에서 모금 운동을 했다. 나의 아이디어와 주관(기획, 예산 집행 등)으로, 전주 지역 중 · 고등학생들을 대상으로 학예회를 개최했다. 나는 학예회를 통해 모은 돈으로, 피해를 입은 도서산간 지역의 학생들을 위해 학용품을 사서 (現)선유도 초등학생들에게 나눠주었다.

신문을 배달하며 가난한 자취 생활을 할 때에도 봉사는 멈추지 않았다. 방학이 되면, 학교에 다니지 못하는 농어촌 어린이들을 대상으로 한글 계몽운동을 하고, 적십자 봉사활동을 하며 불우이웃을 도왔다. 그 때 전북지역 적십자 학생 봉사자 대표로 표창을 받기도 했다.

군 생활을 할 때도 교회에 나가 아이들에게 한글을 가르쳤다. 독일에서 유학을 할 때는 독일 최초로 한글학교 2개교를 창립하여 교포 2세들을 위해 운영했다. 아내는 사회사업가 활동을 했기에, 우리의 나눔은 더욱 활발해질 수밖에 없었다. '다문화 가정' 담당이었던 아내와 함께 외국인 노동자를 위하여 상담활동을 했다.

한국에 돌아와서는 교원대학교의 교수로 지내면서 조치원에 야간학교를 설립하여 교장으로 일했다. 청소년개발원장 시절에는 탈북 청소년들을 위해 한국 적응 프로그램을 개발하여 보급했다. 은퇴 후에는 문경대안학교 이사장, 포천대안학교장을 역임했다. 그 이후로도 내 삶은 끝없는 나눔의 연속이었다. 평생 나눔과 베풂 그리고 봉사정신을 마음에 담고 살아왔기에 ADRF의 나눔이야말로 내가 마땅히 해야 할 일이라고 느껴졌다.

04 교육이 희망이다

ADRF 인도네시아 해외 봉사 중 아이들과 찍은 사진

나는 가난한 어린 시절을 보내고 파독 광부에서 교수가 되기까지 험난한 과정을 거치며 내 삶에서 '교육'이 얼마나 중요한 것인지 뼈저리게 느꼈다.

유학 시절을 거쳐 교직생활을 할 때도, '참교육'과 '교육 기회 균등'이라는 과제를 안고 평생 무거운 마음으로 교육현장에서 일했다. 특히 빈곤 때문에 교육의 혜택을 받지 못해서 가난, 계층, 사회참여 등의 수준이 운명적으로 대물림되는 것이 매우 안타까웠다. 사회에서만 경제적 부익부 빈익빈이 존재하는 것이 아니다. 교육현장 구석구석에도 교육의 부익부 빈익빈 현상이 아직 존재하고 있다. 국민이나 정치가들은 교육의 기회균등을 강조하고 있지만, 실제 현장과는 너무나 거리가 먼 이야기이다.

ADRF는 빈곤의 근본적인 원인이 대물림되는 교육 부재에서 비롯된 것임을 인식하고, 빈곤 아동을 위한 학교교육과 인성교육 지원에 최선을 다하고 있다. 아이들에게 교육을 통해 꿈과 희망을 전해주는 것이 나와 ADRF의 지향점과 일치한다고 생각했다.

처음에 ADRF에 초빙됐을 때는 설립취지나 이념 자체를 잘 알지 못했다. 그래서 ADRF의 지난 20년간의 스토리와 업적, 사업내용 등을 공부하고, 설립이념 등에 대하여 설립자와 자주 대화를 나누었다. ADRF 설립자도 자신의 어려웠던 시절을 생각해서 이 일을 시작했다고 했다. 교육자 출신인 나도 못하는 일을 설립자가 20년 가까이 해오고 있는 것을 보니 존경스러웠다. 어려운 복지환경에도 불구하고 헌신적으로 일하는 직원들의 모습을 보면서도 많이 배웠다. 특히, ADRF 후원자들의 뜨거운 열정에 감동을 받아 나 또한 이 활동에 적극적으로 참여하게 되었다. 그리고 시간이 흐를수록 이 단체에서 최선을 다해 나누고 봉사하고 싶다는 뜨거운 마음이 가슴 속에서 점점 일고 있었다.

ADRF(Africa-asia Development Relief Foundation: 아프리카아시아난민교육후원회)는 1994년 아프리카 라이베리아 구호활동에서 시작됐다. 오랜 내전으로 삶과 마음까지 피폐해진 난민들을 위한 구호를 시작으로 한국에서 태동한 비영리민간단체이다.

HOPE=EDUCATION, 즉 "교육이 희망이다"라는 슬로건을 가지고, 아프리카와 아시아의 빈곤 아동들이 교육을 통해, 악순환 되는 빈곤의 굴레에서 벗어나 올바른 세계시민으로 성장하도록 돕는 단체이다. 스스로 살아갈 수 있는 자립심을 아이들에게 심어주는 것이다.

ADRF는 1994년 라이베리아를 시작으로 현재 14개국에서 26여개의 희망교실이 각국의 상황에 맞춰 운영되고 있다. 수혜 아동은 1만 5천여 명 정도 되며 라이베리아를 비롯해 케냐, 에티오피아, 세네갈, 탄자니아, 팔레스타인, 몽골, 네팔, 필리핀, 말레이시아, 캄보디아, 미얀마, 인도네시아, 라오스에 희망교실을 운영하고 있다.

교육의 혜택을 받지 못하는 아동과 청소년들이 ADRF의 교육 지원을 통해 미래에 대한 꿈을 갖고, 우리는 그 꿈의 실현을 도와주고 있다.

05 ADRF의 국내 사업

ADRF의 사업은 크게 국내 사업 부문과 해외 사업 부문으로 나눌 수 있다.

국내 사업에는 여러 가지가 있지만, 그 중 동화책 번역동아리 봉사활동인 '희망드림'과, 전래동화를 번역, 감수하여 해외에 보내주는 '드림딜리버'는 학생들의 봉사로 이루어지고 있는 사업이다. 또한 정기적으로 '해외 봉사단'을 파견하며, 세계 각국의 희망교실 학생을 선발하여 한국에서 공부할 수 있는 기회를 제공해 주기도 한다. '홍보대사 위촉'과 '해외 결연 사업'도 이루어지고 있다. 홍보대사들과 일반인들을 대상으로 '희망교육 포럼'을 열기도 하며, '청소년 발명품 기부 프로그램', '세계시민교육' 강의 등도 진행한다. 후원자들을 초청하여 ADRF 사업의 비전을 공유, 국내외 활동을 보고하는 '후원자의 날'도 일 년에 한 번 개최되고 있다.

동화책 번역 동아리 봉사활동인 '희망드림'은 우리의 주력 사업인데, 국내의 중 · 고 · 대학생이 최소 4명에서 최대 6명으로 팀을 꾸려 활동하고 있다.

희망드림에서 동화책을 영어로 번역해 현지에 보내면, 현지 ADRF 자원봉사자들은 그 나라 언어로 한 번 더 번역한다. 아이들은 3개 국어를 동시에 배울 수 있는 기회를 갖게 된다. 꼼꼼한 번역과 감수 작업을 거쳐 번역된 동화책은 ADRF 해외 14개국 희망교실을 통해 희망교실 도서관에 비치된다.

희망드림은 매년 1회 모집 및 선발로 이루어지며, 활동 기간은 1년 단위로 장기봉사활동이다. 매년 높은 경쟁률로 최종 선정된 동아리는 자체적으로 번역, 감수, 모금활동 등을 진행한다. 중학생부터 대학생까지 약 3-4천 명 정도의 학생들이 약 570개 동아리에 소속되어 활동하고 있으며, 2020년도에는 희망드림 9기가 활동했다. 그동안 희망드림이 제작한 동화책만 해도 5만여 권이 넘고, 1만 5천여 명이 넘는 각 나라 빈곤 아이들에게 전달되었으며, 지금도 희망드림의 번역은 계속 진행 중이다.

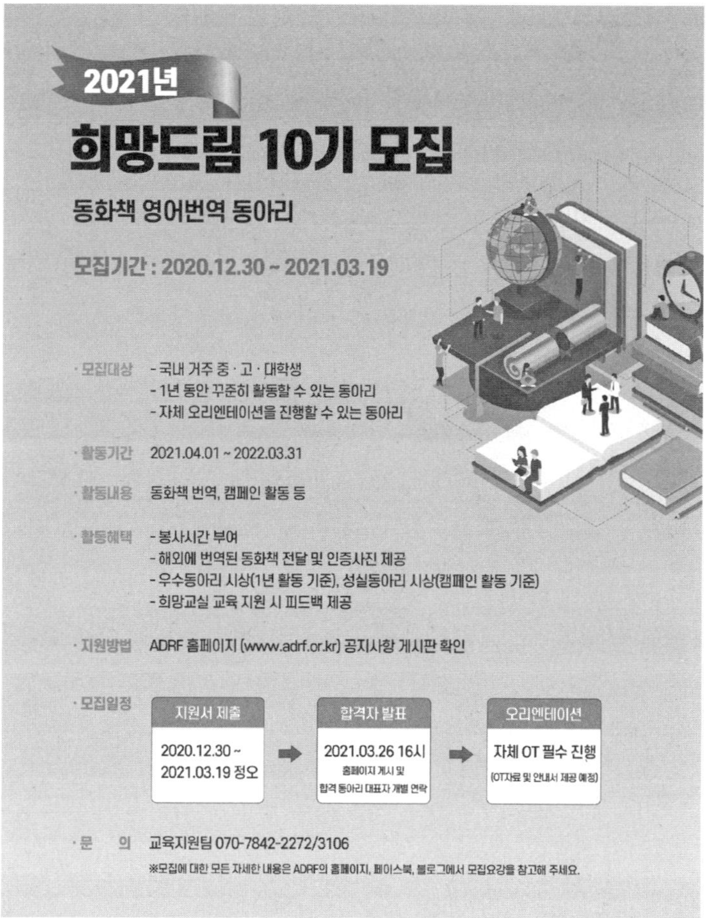

ADRF 아프리카아시아 난민교육후원회

ADRF 희망드림 모집 포스터

동화책은 주로 교훈이 담긴 한국 전래동화와 협동, 질서, 우정 등 기본 생활습관에 대해 알려주는 동화이다. 번역된 동화책들은 아프리카와 아시아의 해외 아동들에게 인성교육을 중심으로 사용되고 있다. 현지 교사가 아동들에게 동화책을 읽어주거나 보조 자료로 활용하며, 희망교실 도서관을 통해 아동들이 마음껏 책을 볼 수 있도록 지원하고 있다.

양질의 동화책이 부족한 현지의 아이들은 한국의 봉사자들이 번역하여 전달한 동화책을 통해 다채로운 꿈을 꾸고 있다. 한국의 K-POP이 전 세계 사람들에게 영향을 주었듯, 희망드림 역시 한국 문화와 한글을 전 세계에 보급함으로 장기적으로는 한국을 알리는 계기를 만드는 큰 그림을 가진 프로그램이다.

또한 희망드림은 동화책 번역뿐 아니라 기관에서 제시한 주제에 맞춰 1년에 두 차례 캠페인 활동도 하고 있으며, 신청자에 한해서는 해외 봉사 활동의 기회를 주고, 희망교실 결연을 통해 해외 빈민 아동들의 교육을 지원하고 있다. 한 사례로, 중학교 1학년 학생의 아이디어로 〈옷장에서 시작되는 나눔〉이라는 캠페인이 만들어져, 전교생이 수백 킬로그램의 헌옷을 모아 재활용업체에 팔아 아프리카 케냐 아동 1천 명에게 식사를 제공하는 활동을 한 적이 있다.

2019년 ADRF 희망드림 8기 오리엔테이션

희망드림에서 번역한 동화책

희망드림에서 번역한 동화책을 현지 아이들에게 전달한 모습

06 ADRF의 해외 사업

ADRF의 해외 사업 중 가장 중요한 일은 각 나라에 '희망교실'을 세우는 일이다. 또한 교사들의 봉사 모임인 '드림하이' 팀은 희망교실을 위해 활발하게 봉사활동을 하고 있다.

'희망교실'은 현지 대학생 자원봉사자들과 함께하는 방과 후 학교이다. 전쟁과 가난 등으로 교육의 기회를 갖지 못한 아이들에게 영어, 수학 등의 기초과목 보충지도와 미술, 음악, 한국어 등의 교육과 함께 인성교육, 나눔교육을 지원한다. 현지 결식아동들을 위한 급식과 학습 기자재, 학용품 등도 지원하고 있다. 희망교실을 통해 아이들이 가난과 절망을 극복하고 누군가의 도움으로 힘을 얻어 세상을 보다 긍정적으로 바라보게 하고, 후원을 받은 아이들이 자라서 그 나라를 더 나은 나라로 변화시키게 하는 것이 희망교실의 취지이다.

또한 '드림하이'는 서울시 소재 현직 교사들을 중심으로 자발적으로 참여하는 봉사 모임이다. ADRF 교육 자문을 담당하고 있으며, 개발도상국 교사들의 교수 역량 강화를 위해 활동하고 있다. '아프리카 · 아시아 아이들의 더 높은 꿈을 위해 함께 하는 사람들'이라는 뜻의 드림하이는, 2013년부터 지금까지 봉사를 이어가고 있다.

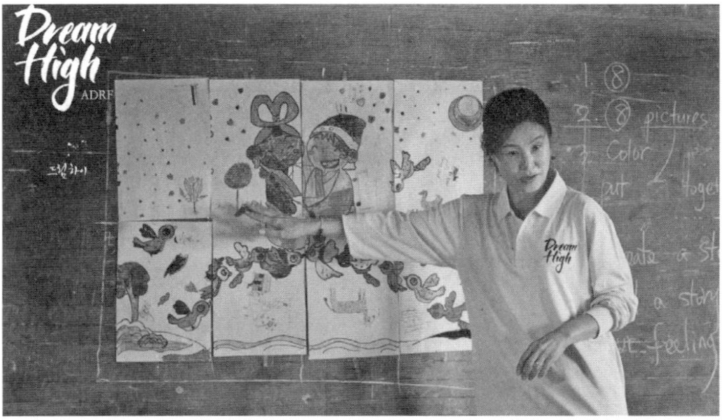

ADRF 희망교실에서 봉사 중인 드림하이 팀의 모습

드림하이 팀은 교육의 질적 향상을 위해 희망교실에서 사용될 교안을 제작한다. 뿐만 아니라 현지 ADRF 희망교실에 방문해서 자원봉사자 역량 강화에도 많은 도움을 주고 있다. 방학 때마다 자비로 해외에 나가 희망교실을 열고 교과별 교육 봉사를 한다. 필요한 교육과정을 해외 봉사 몇 개월 전부터 연구하고 준비한다. 수도 시설이나 화장실과 같이 희망교실에 필요한 시설을 만들어 주기도 한다. 드림하이는 아동결연은 물론 물질적인 지원도 하고 있다.

이 외에도 ADRF는 해외 학교와 학생들을 대상으로 기본적인 위생 환경과 영양지원 사업도 한다. 희망교실을 졸업한 청소년들의 자립을 돕는 직업 교육도 이루어지고 있으며, 지역사회가 기본적인 식생활을 할 수 있도록 식량 지원, 소방차와 구급차를 양여하는 사업도 진행하고 있다.

인도네시아에 소방차를 양여하는 모습

⌘ 2020 네팔 타망 마을의 변화

2020년, ADRF 국제개발협력 2팀은 재단법인 '바보의 나눔(스스로를 '바보'라 부른 김수환 추기경님의 사랑과 나눔 정신을 이어 가기 위해 추기경님 선종 후 1년 후인 2010년 2월 설립된 순수 민간 모금 및 배분 전문 단체)'과 함께 네팔 타망마을을 대상으로 에어비앤비(Airbnb)사업을 진행했다.

네팔 타망 마을 주민들은 네팔 지진 피해 트라우마로 한참동안 전통 가옥에 거주하지 않고 있었다. 우리는 그 유휴 공간을 리모델링하여 에어비앤비에 등록하고 관광객들을 유치하기로 했다. 관광객들의 방문을 통한 마을의 소득 증대, 주민 참여로 인한 일자리 창출, 마을 상품의 가치 상승으로 점차 마을을 활성화하고, 궁극적으로는 타망족 모두 안전한 집과 위생적인 화장실을 갖게 하는 것이 우리 사업의 목표였다.

타망 마을 주민들은 안정적인 직업이 없어 소일거리나 일당으로 수입을 챙기고 있었다. 전문가는 이번 공사의 전반적인 과정에 주민들을 참여시켜, 직업이 없는 주민들에게 일할 기회를 만들어 주었다.

주민들과 함께 공사 중인 타망마을

주민들은 공사를 위해 집의 공간을 정리하고 적극적으로 자재를 운반했다. 리모델링에 선정된 두 집은 깨끗하게 치워지고 전문가의 손길이 닿아 새로운 공간으로 변했다.

안타깝게도 코로나19의 대유행으로 공사가 마무리 될 때쯤 전문가는 한국으로 귀국하게 되었다. 하지만 ADRF네팔의 현장 직원과 매일 연락하고 수시로 공사 상황을 공유하며 무사히 공사를 마무리했다.

관광객을 위한 숙소로 새롭게 꾸며진 타망마을의 전통 가옥

네팔에서도 코로나19로 많은 사람이 일자리를 잃었다. 우리는 굶주림에 직면한 아이들을 위해서 희망교실 아이들 가정에 15kg의 쌀과 1kg의 달(네팔의 주식인 콩), 비누를 선물하였고 식사와 더불어 코로나19 예방을 위한 위생용품도 함께 전달했다. 사회적 거리 두기와 마스크 착용, 손 소독제를 사용함으로 철저하게 코로나19 예방 수칙을 지켜가며 많은 가정에 필요한 물품들을 전달할 수 있었다.

코로나19 상황 속에서, 새롭게 불어온 변화의 물결은 마을 주민들에게 희망을 심어주었다. 하루빨리 코로나19가 종식되어 많은 관광객들이 방문해, 생기가 되살아날 타망 마을이 되길 소망한다.

07 ADRF 후원 천사들

매년 연말이 되면 여러 기부 단체가 모금 활동을 한다. 단체들마다 꽤 많은 기부금이 모이는 것을 보며, 우리나라에도 예전보다 기부자들이 많아졌고 기부 문화 또한 자리 잡았다는 것을 알게 됐다. 특히 ADRF에 들어와 업무를 추진하는 과정에서 우리나라에 좋은 분들이 정말 많다는 것을 몸소 체험했다.

우리 단체의 후원자들은 학생, 남녀노소, 개인과 단체, 기업인 등 매우 다양하다. 나는 후원금의 많고 적음을 떠나서, 우리 사회에 베풀고 나누는 분위기가 형성됐다는 것이 매우 기뻤다. ADRF는 그리 큰 규모의 단체가 아님에도 불구하고, 나눔과 봉사에 참여하는 사람들이 대단히 많다. 그러니 우리나라의 모든 기부 단체를 합하면 참으로 많은 국민들이 나눔에 참여하고 있다는 것을 알 수 있다.

ADRF는 시작부터 지금까지 정부의 지원 없이 순수한 개미 후원자들에 의하여 운영되고 있다. 그 중에는 어린이집, 유치원, 초등학교에서 모금함을 통해 후원해 주는 어린 후원자들도 있다. 고사리손의 아이들이 소중한 자기의 과자 값을 모아 모금함에 넣는 모습을 상상하면 미소가 절로 번진다. 자신의 것을 나누는 기쁨을, 그 아이들은 평생 잊지 못하리라.

학교들의 후원도 많은 편이다. 학생, 교사, 학교장, 개인 등에 의해 수십만 원에서 수백만 원이 후원되고 있다.

전국의 많은 지자체에서도 도움을 주고 있다. 각종 의류와 신발, 가방, 학용품 등을 후원해 주며, 공공기관과 사회적 기업으로부터는 컴퓨터 등을 후원받고 있다.

2016년 12월 ADRF가 후원하는 난민 아동들을 위한 ABC마트의 신발 기부

또한 우리 후원자들 중에는 기초생활수급자, 요양원 운영자, 교도소 수감자들도 있어서 감동을 주고 있다.

내가 ADRF의 후원자들을 만나면서 깨달은 사실은, 누구나 입으로는 나눔과 베풂을 말할 수 있지만, 그 말이 마음까지 내려와서 실천한다는 것은 천사의 마음이 아니고는 쉽지 않다는 것이다. 그래서 나는 후원자들을 감히 '천사'라고 부른다.

후원자들이 결코 상황과 형편이 여유로운 것은 아닐 것이다. 사람은 누구나 나름대로의 사연이 있다. 그럼에도 불구하고 자신의 것을 기꺼이 내주고, 나누는 그 마음은 우리가 헤아릴 수 없을 만큼 따뜻하고 깊다. 여기서 ADRF의 후원자들을 다 소개할 수는 없으나 그 중에서도 마음 깊은 곳까지 울림을 준 몇 사례를 소개하고자 한다.

❀ 잊지 못할 후원자들

1. 교도소에서 온 편지

2014년 11월 중순, ADRF 사무국으로 편지 한 통이 도착했다. 정갈한 글씨로 한 자 한 자 써 내려간 편지에는 자신을 교도소에 수감 중인 수감자로 소개하며 시작하는 긴 글이 적혀 있었다.

자신은 죄를 짓고 죗값을 치르는 처지이며, 이렇게 안 좋은 상황이 되고 보니 다른 사람을 돕는 것이 얼마나 행복한 일인지 깨닫게 되었다고 담담히 고백했다. 이 후원자는, 교도소에서 폐지를 모은 돈으로 어려운 아동을 도우며 보람과 삶의 의미를 찾고 싶다고 하였다. 또한 "교육은 희망입니다."라는 ADRF 슬로건에 크게 공감하였다며 후원 참여 의사 또한 전해왔다.

이 후원자와의 소통은 다른 여타 후원자와 같지 않았다. 통상 결연후원의 원활한 진행을 위해서는 후원자와 직접 통화하여 진행하는 것이 기본이지만, 이 후원자와는 통화도, 문자도 할 수 없었고 오로지 편지를 통한 소통방법이 유일했다. 후원에 대한 의사가 적힌 편지를 받고, '우체국사서함'이라고 적힌 주소로 ADRF 단체소개서와, 후원방법이 담긴 편지를 우편으로 발송하였다. 후원자와 사무국 간에 몇 번의 편지가 오간 후 후원자와 아동의 결연후원이 이루어졌고, 후원자에게는 아동이, 아동에게는 후원자가 서로를 소개하는 편지를 사무국으로 보내와 번역하여 각자에게 전달하였다.

후원자와 결연이 된 아동은 소작농을 하는 부모님과 남매 6명을 가족으로 둔 아동이었다. 어려운 가정 형편 때문에 이 아동의 형제들은 단 한 번도 학교를 다닌 적이 없었는데, 이 아동은 ADRF 희망교실에서 공부를 시작하였고, 또 학비도 지원받게 되었다. 경찰관이 꿈인 아동은 희망을 갖게 되었고, 그 꿈을 포기하지 않을 것이란 약속을 했다.

아동의 첫 편지를 받은 후원자는 많이 기쁘면서도 결연아동의 가족 중 2명의 눈 건강이 좋지 않다는 소식에 자신의 일처럼 마음 아파했다. 결연아동 국가에서는 자국의 언어와 영어를 함께 사용하기 때문에 아동이 후원자에게 보내는 편지에는 많은 영어가 쓰여 있었는데, 후원자는 한국 사무국에서 번역본을 함께 전달하지만, 아동과 더 많은 직접적인 소통을 하기 위해 영어 공부도 열심히 하겠노라고 다짐하였다.

현재 어떤 후원자보다도 결연아동에게 많은 관심과, 그리고 따뜻한 사랑을 보내주고 있는 이 후원자는 편지를 보내올 때에는 꼭 2통씩 보내온다. 아동에게 보내는 편지 1통과 ADRF 직원들에게 보내는 편지 1통이 그것이다. 직원들에게 보내는 편지에는 항상 따뜻한 안부인사와 함께 자신도 아이들을 위해 다방면으로 노력하겠다는 다짐이 담겨있다. 이러한 후원자의 편지를 받을 때마다 사무국 직원들은 더욱 힘을 얻고 일을 해 나갈 수 있었다.

언젠가 보내온 편지에는 사무국 직원들에게 하고 싶은 한마디가 아래와 같이 바른 글씨로 적혀 있었다.

"심장이 있으면 손발은 자연스럽게 모인다. 지향하는 바가 신성하면 선한 의지들이 모이게 된다는 말이다." - 정희재 작가의 책 『당신의 행운을 빕니다.』 중에서 -

2. '기초 생활 수급자'의 후원금

어느 날 팔순이 된 할아버지 한 분이 손자손녀를 앞세우고 우리 단체 사무실을 찾아오셨다. 건강도 썩 좋지 않고 기초 생활 수급자로 살림이 넉넉하지 않으셨지만, 세 손주들에게 모범을 보이기 위해 후원금을 내기로 작정하셨다는 것이다. 진정한 나눔과 봉사는 자신이 여유가 있어서 하는 것만은 아니라는 것을 알려주고 싶으셨다고 한다. 할아버지는 내가 살아온 삶에 대해 손주들에게 알려주고 싶었고, 직접 후원기관을 보여주며 나눔을 대물림하고 싶었다고 한다. 본인의 생계가 어려운 처지임에도 실천하는 나눔은 감동적이었다.

3. 독일에 사는 아내 친구가 보내온 후원금

2015년 12월 말의 일이다. 내가 ADRF에서 봉사한 지 3년째 되던 해였다. 퇴근 하니까 아내가 "여보 기쁜 소식이야. 독일 친구가 당신이 좋은 일을 한다며, 아주 적은 액수라도 마음을 같이 하겠다고 연락이 왔어요" 하며 좋아했다. 독일에서 전화 온 사람은 아내의 여고 동창이다. 독일에 간호사로 가서, 독일 의사와 결혼한 분이다. 친구가 남편에게, 내가 국제 후원 단체에서 봉사하고 있다는 소식을 전했다. 그 이야기를 들은 남편은 "그럼 금년에는 다른데 기부하지 말고, 한국의 당신 친구 남편의 후원 단체에 보냅시다" 했단다.

독일은 이웃을 도와주는 정신이 투철하다. 독일의 오랜 전통과 종교(기독교)정신을 어릴 때부터 심어준다. 나누고 베풀며 이웃을 사랑하라는 것이다. 독일에서는 학교에서 도덕 과목을 따로 배운다기보다 모든 교과에서 종교 교육을 하고 있다고 말할 수 있다.

독일은 12월이 되면 교회는 물론이고 가정, 학교, 사회, 직장, 백화점, 길거리 등 전부 성탄 분위기이다. 어느 가정이든 성탄 트리가 없는 가정이 없다. 나누고 베풀지 않을 수 없는 환경이다. 독일 사람들에게 나눔은 생활화되어 있는데, 12월은 더욱 그렇다.

아내의 친구 부부는 4,000마르크, 한국 돈으로 약 500만 원 정도의 큰돈을 ADRF로 보내주었다. 우리 단체에서는 최초의 독일 후원자가 되었다. 나는 아내에게 물었다.

"학교 다닐 때 아주 가까운 사이였나요?"

부인은 "그냥 보통 사이였다"고 했다. 그래서 더욱 감동적이었다. 나는 기부의 이유가 궁금했다. 그리고 감사장을 준비하고, 연말 세금 정산서를 발급해주기 위해 아내를 시켜 친구 부부에게 기부하는 이유를 물어봐 달라고 했다. 얼마 뒤, 친구로부터 이렇게 연락이 왔다고 한다.

"내가 특별한 이유가 있어 보낸 건 아니야. 네 남편이 좋은 일 하시니까 조금이라도 도움이 되고 싶었어. 나의 꿈은 남편

분처럼 광범위하지는 않아. 그냥 어려운 아이들에게 교육을 받게 해주고, 따뜻한 빵 배불리 먹이고, 겨울에 따뜻하게 입히고 싶어. 한 번이 아니고 영원히. 그 소원이 이루어진다면 내 삶이 얼마나 행복할까? 특별한 이유는 없단다. 더 할 수 있으면 좋을 텐데 그러지 못해서 아쉬울 뿐. 갖고 싶어 하면 한정이 없다고 하더라. 멈출 줄도 알아야하고 지금 살아있음에 감사하고, 일할 수 있음에 더 감사해야지. 감사패는 정중히 사양할게. 안녕!"

4. 대학교수와 6세 딸

미술이 전공인 대학교수, 국내 기업들이 사옥에 걸어놓는, 고가에 팔리는 유명 그림 작가가 직접 6세 딸과 함께 우리 단체 사무실을 찾아왔다. 후원도 서약하고 6세 딸과 함께 홍보대사 임명장을 받았다. 이 유치원생은 우리 단체의 가장 어린 후원자이다. 부인도 새벽같이 우리 사무실로 와서 바자회 물품을 가져가곤 했다. 중요한 모임이 있을 때는 나를 초대하여 우리 단체를 직접 알리도록 기회를 만들어주었다. 이 가족을 보며 나는 생각했다. '모든 아버지들이 이렇게 살아 있는 가정교육을 한다면 우리 사회가 얼마나 행복하게 바뀔 수 있을까?' 하고 말이다.

5. 의류업체 대표와 고물상

한 의류업체 대표는 우리 단체에 후원하고 난 뒤 회사 매출이 500퍼센트 가량 늘었다고 자랑 아닌 자랑을 했다.

그는 돈을 벌기 위해서라기보다는 의미 있게 돈을 쓰기 위해 일을 한다. 이익을 남기기 위한 것이 아니고 어디를 도와줄 것인가를 생각하며 사업을 한다는 것이다. 그래서 자신이 도와줄 수 있는 단체를 찾던 중 우리 단체를 찾아와서 나를 만나고는 '바로 이 단체구나!' 하고 마음을 굳혔다고 한다. 그리고 우리 단체를 도와주기 위해 교회 실업인 모임에 나를 초대하고 강의를 부탁했다. 우리 단체를 널리 소개하고 싶으니 홍보물도 자주 보내 달라고 했다.

대표는 도시 번화가의 도로변에 있는 고물상에 대한 이야기를 나에게 해주었다. 고층 빌딩이 숲을 이루고 있는 금싸라기 땅에 고물상을 하고 있는 것이 의아해서 왜 땅을 팔지 않느냐고 물었단다. 그랬더니 고물상 주인은, "나로 인해 수십 년간 생계를 유지하는 폐지와 폐철 수집가들이 있는데 나만 잘살겠다고 땅을 팔 수 없다"라고 대답했다. 나만 배불리 먹고 사는 게 아니라 더불어 살아가야 하는 것이 삶의 이치이고, 밥 세 끼만 먹고 살면 된다는 지론을 펼쳤다. 이 얼마나 따뜻한 마음인가. 이러한 사람들이 많을수록 우리 사회는 행복해질 것이다. 이렇게 가슴이 따뜻한 후원자가 있어 단체가 유지되고 행복한 사회로 변한다.

6. 사망선고 받은 난치병 환자의 희망

난치병인 자가면역질환 '베체트병'을 앓고 있는 50대 후원자의 이야기이다. 치료 때문에 경제적으로 어려워서 후원을 중단하고 싶은 생각도 들었지만, 자신이 후원하는 몽골 아이의 얼굴이 아른거려서 도저히 포기할 수 없었다. 벽에 걸어놓은 사진을 보면, 그 아이가 계속 자신을 바라보고 있는 것 같아 마음이 너무 아팠다. "내가 이 세상에 없더라도 내 아들이 대신 돌봐줄 거라고 생각하며 아들 이름으로 계속 후원하고 있다. 우리나라에는 많은 단체들이 있지만 ADRF처럼 아이의 성장과정에 대해 편지와 사진 등으로 자세하게 알려주는 단체는 드물다. 그래서 ADRF를 더 신뢰하여 후원하게 됐다. 여생도 봉사하며 살고 싶다"라고 했다.

이 후원자에게는 7명의 친한 친구들 모임이 있다. 함께 여가 시간을 보내기 위해 다니다 보면, 길거리에서도 어려운 사람들이 내 눈에는 보이는데 다른 친구들에게는 보이지 않는 것이 이상하다고 한다. 그녀는 액자에 넣은 몽골 아이의 사진을 어루만지면서, 가난하고 소외된 아이들의 아픔을 같이하고 돌볼 수 있어서 감사하고 행복하다고 웃음 짓는다.

7. 인사동 장애인의 후원금

우리 단체에서 운영하는 중 · 고등학생, 대학생들의 희망드림 동화책 번역 동아리 회원들이 인사동에서 길거리 모금을 하게 되었다. 인사동에는 하반신에 고무 옷을 입고 기어 다니며 구걸하는 장애인이 있다. 학생들의 모금활동을 본 장애인은, 외국의 어린이들이 공부할 수 있도록 돕는 모금이라는 것을 알고는 자신의 모금함에서 깨끗한 백 원짜리 동전들을 골라 꺼내주었다. 자기보다 더 어려운 아이들을 위해서 어렵게 모은 돈을 선뜻 후원해준 것이다.

또 다른 50대 남성 후원자는, 1988년 교통사고로 생사의 갈림길에서 살아났으나 장애인이 되었다. 어머니를 모시고 살며 넉넉한 형편은 아니지만, 자신보다 더 어려운 사람들을 위해 후원하고 싶다고 했다.

그리고 폐지를 모아 생계를 유지하는 할머니의 사연도 가슴이 찡하다. "폐지 팔면 5천원 받거든. 나도 먹고 살아야 하니까 4천원만 가져가고 천원은 돌려줘"

8. 운동화 3만 켤레 기부한 독지가

맨발의 아프리카 아이들에게 운동화를 3만 켤레 기부한 독지가가 있다. 그 내용을 2016년 7월 4일자 연합뉴스 기사의 일부를 통해 소개한다.

'사회복지공동모금회'에 익명으로 기부

서울에 사는 익명의 사업가가 아프리카의 어린이들에게 보내달라며 운동화 3만 켤레를 내놓았다. 아프리카와 아시아의 빈곤 아동을 돕는 단체인 '아프리카아시아난민교육후원회'는 한 달 전 사회복지공동모금회로부터 전화 한 통을 받았다. 신발을 만드는 한 업체의 사장이 맨발로 다니는 아프리카 아이들을 도와달라며 기부한 운동화 3만 켤레를 후원회에 전달하고 싶다는 내용이었다. 직원들은 후원회가 만들어진 1994년 이래 접수된 가장 큰 기부 규모에 놀랐다고 한다. 지난달 29일 경기도 구리의 한 창고에 신발이 도착하던 날 직원들은 또 한 번 놀랐다. 신발 상자를 가득 실은 25t 트럭 두 대가 도착한 뒤 나머지 신발 10톤을 실은 트럭이 한 대 더 들어오고 나서야 기부 물품을 다 접수할 수 있었다. 운동화 20켤레가 들어있는 신발 상자는 모두 1천500개에 달했다. 익명의 독지가가 아프리카 아이에게 전해달라며 기부한 운동화이다. 25톤 트럭에 신발 상자가 가득 차 있었다.

4일 사회복지공동모금회에 따르면 이 익명의 사업가는 이미 여러 차례 비영리단체에 물품을 기부한 적이 있다고 했다. 이 회사는 "아프리카 아이들을 돕는 데 관심이 많은 회사여서 아프리카 현지를 직접 방문해 아이들을 돕기도 했다"고 전했다. 자신의 업체 홍보를 위해 회사명을 공개할 법도 했지만, 그는 자신의 기부 활동 취지에 맞지 않는다며 한사코 회사명 등을 밝히지 말라고 했다. 후원회는 이 사업가가 기부한 신발을 이달 말 서아프리카의 라이베리아공화국으로 보낼 계획이다.

후원회 회장인 권이종 한국교원대 명예교수는 "1950년대 맨발로 논두렁길을 걸어 초등학교를 다니던 추억들이 파노라마처럼 떠올랐다"며 "감사한 마음에 온몸의 피가 끓어오르는 감동을 받았다"고 말했다.

파독 광부 출신으로 영화 '국제시장'에 등장하는 인물의 실제 모델이기도 한 권 교수는 "지도자의 꿈을 품은 어려운 형편의 아이들을 돕는 데 기부 물품이 쓰일 것"이라며 "교육을 통해 아프리카의 변화를 이끄는 후원회 활동에도 더 힘을 쏟을 것이다"고 말했다.

9. 어린 학생의 재능 기부

어느 날 전화 한 통이 왔다. “안녕하세요. 저는 고등학교를 조기 졸업한 학생입니다. 회장님을 꼭 뵙고 싶습니다” 그리고 말을 이었다. “제 꿈은 대학에 진학해서 글로벌 세계 시민 교육, 그리고 나눔과 봉사를 통해 세상을 바꿀 수 있는 공부를 하고 싶습니다” 어린 학생의 뚜렷한 목표와 당당함에 감동하여 흔쾌히 만남을 약속했다.

학생은 약속한 시간을 정확히 지켜 ADRF 사무실에 도착했고, 자기소개를 했다. 학생이 들려준 봉사활동 내용은 다양하고도 놀라웠다.

탈북민을 위한 영어교육을 하고, 위안부 할머니들께서 해외에 보내는 공문을 영어로 번역하는 봉사활동에도 참여했으며, ADRF에서 진행하고 있는 희망드림의 동아리 대표로 열심히 활동하며 자신의 재능을 필요한 곳에 나누며 봉사를 실천하고 있었다.

특히 봉사 활동 시간을 채우려는 형식적인 봉사활동이 아닌, 도움이 필요한 곳에 진정성을 가지고 참여하는 자세에 큰 감동을 받았다.

나눔과 봉사를 실천하는 아름다운 행동이 우리들의 삶을 더욱 풍성하게 만들 수 있다고 생각한다. 우리 사회가 더불어 사는 행복한 세상에 점점 더 가까워지고 있음을 느낄 수 있는 만남이었다.

08 나의 결연 아동 이야기

1. 인도네시아 – '카이루니삭'의 편지

카이루니삭이 편지와 함께 보내온 사진

후원자님 안녕하세요. 어떻게 지내고 계신가요? 별 일 없이 잘 지내시길 바랍니다. 지금까지 저를 후원해 주시고 힘이 되어

주셔서 정말 감사합니다. 후원자님 덕분에 저는 제 교육에 있어 부모님의 짐을 덜어드릴 수 있었습니다. 저는 의학부나 공중보건학부 진학을 목표로 SNMPTN(주립학교에 진학하기 위한 국가시험)을 열심히 준비하였습니다. 당시 저는 의학부에 진학하고자 하는 마음이 더 컸습니다. 그러나 비용부담이 너무 컸기 때문에 어머니께서는 저에게 공중보건학부에 진학하라고 하셨습니다. 저는 어머니의 말씀을 따라 공중보건학부에 진학했습니다. 공중보건 역시 제가 원했던 학부 중 하나였기에 충분히 만족하고 있습니다. 저는 대학 졸업 후 아픈 사람들을 돕고 싶습니다.

열심히 준비한 시험 결과에 행복해하실 어머니의 모습을 상상하며 저는 SNMPTN를 열심히 공부했습니다. 그러나 어머니께서는 SNMPTN 결과 발표 전에 돌아가셨습니다. 저는 너무 슬펐습니다. 저는 부모님, 특히 어머니를 행복하게 해드리고 싶었습니다. 어머니는 그동안 저를 위해 열심히 일하셨고, 저는 그런 어머니의 고통을 보면서 자랐기 때문입니다. 제 삶에서 가장 소중하고 멋진 어머니를 잃은 것은 큰 슬픔이었습니다.

저는 후원자님께 제가 North Sumatra대학의 공중보건학부에 진학했다는 기쁜 소식을 전해드리고 싶습니다. 이것은 저에게 큰 기쁨입니다. 어머니는 항상 제가 USU(North Sumatra of University)에 진학하는 것을 바라셨고 공중보건학부 역시 저의 어머니가 선택해주신 학과이기 때문입니다. 올해 저는 제가 가장 원했던 Medan의 주립학교에서 공부할 수 있게 되었다는 사실에 감사합니다.

진심을 담아, Khairunnisak

2. 라이베리아 - '다블로 무사'의 이야기가 담긴 결연 카드

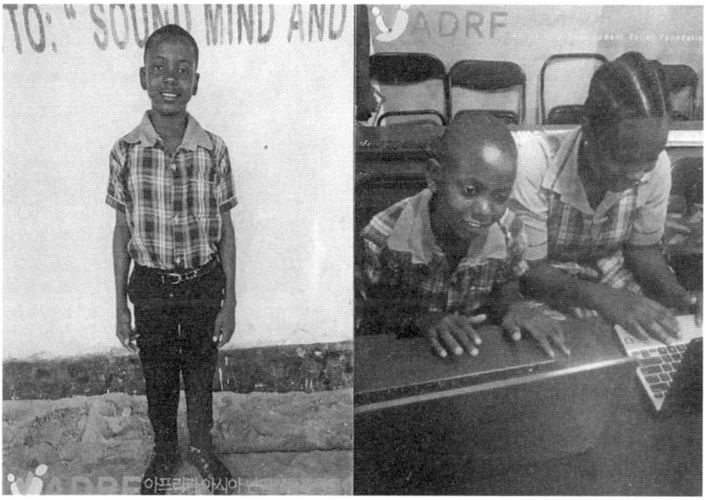

해외아동 결연카드와 함께 온 다블로 무사의 사진

무사는 친구들과 어울려 뛰어놀기를 좋아하고 축구를 좋아하는 활기찬 소년입니다. 가장 좋아하는 과목은 과학이고 특히 동물에 관심이 많습니다. 무사는 엔지니어가 되고 싶은 꿈을 가지고 있으며 친절하고 활발한 성격으로 친구들과 사이가 좋습니다. 하지만 가정형편은 무사의 성격처럼 밝지 못합니다. 아버지는 전염병으로 돌아가시고, 어머니 홀로 가정을 책임지고 계십니다. 매일 아침부터 밤 늦게까지 열심히 일하시지만 하루 소득이 2달러 정도로 11명의 대식구가 먹고 살기에는 턱없이 부족합니다. 훌륭한 엔지니어가 되고 싶은 무사의 꿈에 희망의 날개를 달아주세요!

09 해외 봉사에서 만난 아이들

ADRF를 이끌어 나가기 위해서는 현장에 대해 완벽하게 알아야 했다. 그래서 나는 ADRF에서의 첫 해외 봉사로 인도네시아 현장을 다녀왔다.

처음에 인도네시아에 도착해서 아이들의 생활환경을 보고 크게 놀랐다. 그곳은 차마 눈 뜨고 볼 수 없는 열악한 환경이었다. 위생상태가 엉망이었는데, '1960년대 우리나라가 이랬을까?' 하는 생각이 들 정도였다. 강물에 용변을 보고 그 물에서 목욕하고 빨래하며 백여 가구가 밀집하여 살고 있었다. 식수를 쓸 수 있는 공동 우물 역시 강가에서 얼마 떨어져 있지 않았는데 매우 오염되어 있었다. 농촌 오지 출신인 나도 어려운 환경에서 자랐고, 시골 냇가나 강가도 많이 보았지만 그 때보다 훨씬 안 좋은 환경이었다. 아이들이 생활하는 집의 환경도 말할 나위 없이 열악했다. 이들이 살아가는 것을 보며 아직 세상엔 우리의 도움을 필요로 하는 사람들이 많고, 우리가 이들을 위해 할 일이 많음을 다시 한 번 깨달았다.

인도네시아 ADRF 희망교실로 사용되는 비좁은 방에서는 섭씨 30도를 넘나드는 찜통 같은 더위 속에서 낡은 칠판과 희미한 형광등에 의지하여 수업을 진행하고 있었다. 마치 옛날의 우리 야학과도 같은 모습이었다. 하지만 그 와중에도 희망적인 것은, 그곳에는 한국처럼 다양한 교육시설은 없었지만 아이들의 교육에 대한 열정은 빛이 났다. 똘망똘망하게 선생님을 바라보는 아이들의 빛나는 눈은 세상 그 어떤 보석에 비할 게 아니었다.

방과 후 학교의 교사들은 현지 대학생 자원봉사자로 구성되어 있다. 더 다양하고 수준 높은 교육을 아이들에게 제공하겠다는 열정 하나로 교사들 모두가 한마음이 되어 헌신적으로, 최선을 다하여 수업을 진행하는 모습 또한 감동 그 이상이었다.

ADRF 인도네시아 해외 봉사 중 교사들과 함께

나도 지난 40여 년간 교사 생활을 했지만, 인도네시아 교육봉사를 통하여 진정한 가르침과 배움이 무엇이며 참 스승이란 어떠한 사람이어야 하는지 다시 한 번 생각해 볼 수 있었다. 또한 아이들에게 교육이 어떤 의미이며 이를 얼마나 필요로 하는지에 대하여 깊이 이해하는 계기가 되었다.

나는 대통령 교육 자문 위원과 교육부 자문 위원으로 일할 때와, 한국교원대학교 재직 중에 여러 개발도상국을 방문했고 그 나라들의 교육 환경과 학교 시설도 많이 보아 왔다. 그럼에도 불구하고 처음 인도네시아 희망교실에 방문해서 그 환경을 내 눈으로 처음 본 순간은 말로 표현할 수 없을 정도로 참담했다. 그리고 당황스러웠다.

그런데 어느 정도 시간이 흐른 뒤부터는 그 당황함이 사라졌다. 방문국들이 다 비슷한 교육 환경을 갖추어서일까? ADRF 활동을 시작한 이후, 계속 이런 환경을 접하다 보니 적응이 되고, 내 눈과 마음도 무뎌지는 것 같다. 참 마음 아픈 일이다.

후원국 어린이들을 만날 때마다 느끼는 것은, 우리 단체가 교육운동으로 성공하려면 ADRF 모든 직원들이 외국의 희망교실을 꼭 한 번은 방문해봐야 한다는 것이다. 책상에 앉아서 업무만 보면 현장의 이해도가 떨어질 수밖에 없다. 회의를 하다 보면, 우리가 이 후원 사업을 왜 해야 하는지, 우리의 사업목적이 무엇인지 미처 이해하지 못하는 직원들이 있다. '백문이 불여일견'이라고, 백 번 듣는 것보다 한 번 보는 게 훨씬 더 현장의 상황을 잘 알 수 있다. 직접 보아야 마음이 움직여서 사명감을 가지고 일할 수 있다.

우리는 '왜 우리 단체가 존재하는가?'라는 질문을 품고 일해야 할 것이다. 우리 단체는 아프리카와 아시아 희망교실 아동들에게 교육 지원을 하고, 미래를 꿈꿀 수 있게 돕는 일을 하고 있다. 가난해서 공부를 못하는 아이들에게 우리가 교육의 기회를 만들어 주어야 한다.

좋은 재능을 가지고 태어났지만, 그 재능을 펼치고 공부할 수 있는 환경이 주어지지 않는 아이들이 많다. 교육을 받지 못한 아이는 성인이 되어서 사회 참여를 할 수 없다. 그렇게 빈곤의 대물림이 이어지는 것이다.

ADRF 미얀마 해외 봉사

하지만 교육은 그들의 삶을 바꿀 수 있다. 사람은 모두 평등하게 교육받아야 하며, 국가와 사회를 변화시키는 데 이바지하는 사람이 되어야 한다. 배워야 자신의 권리를 주장하고 누릴 수 있다. 개인의 발전, 사회 발전은 배우는 국민이 많아야 가능하다. 국가 발전은 더욱 그러하다. 한국이 부강한 나라가 되고, 민주주의 국가를 이룩한 것에는 다른 요인도 많지만 교육이 기여한 비중이 절대적이었다고 판단된다. 우리가 후원하는 나라의 아이들도 배우고 깨우쳐 사회 리더가 되어서, 그들이 잘 사는 나라를 만들고 더 많은 사람들이 복지와 혜택을 누릴 수 있게 앞장서야 한다.

ADRF 활동을 하며 주는 것보다 내가 받는 것이 훨씬 많다.

특히 직접 그 나라에 가서 아이들을 보고, 이야기하고 눈을 맞추면서 말할 수 없는 기쁨과 감동이 내 마음에 채워지는 경험을 했다. 많은 희망교실을 다녀왔지만 그 중에서 잊지 못할 몇 아이들의 이야기를 나누고 싶다.

-2014년: 몽골 희망교실

〈'교육이 희망'임을 깨닫게 해준 몽골 해외 봉사〉

ADRF 몽골 해외 봉사

이 단체에 참여한 지 7개월쯤 되니 나도 어느 정도 업무 파악이 되었다. 그리고 이제는 현장에 대해 더 알고 싶어서 7월 24일부터 31일까지, 8일의 일정으로 몽골을 방문하기로 결정했다. 몽골 희망교실이 굉장히 모범적으로 운영되고 있었고 특히 내가 근무하는 ADRF 사무실에 몽골에서 온 유학생들이 봉사를 하고 있었는데, 그들과 자주 대화하며 몽골이라는 나라가 궁금해졌기 때문이다.

"회장님, 몽골에 다녀오시면 우리 단체의 활동 목적과 설립 취지 등을 더 잘 이해하실 수 있습니다."

설립자가 여러 차례 권하기도 했었다.

몽골은 빈익빈 부익부 현상이 극심한 나라다. 수도 울란바토르 중심지에는 고급 승용차와 비싼 아파트가 즐비해 있지만 도시 외곽 곳곳에는 높은 물가에 적응하지 못한 많은 사람들이 교육, 의료 등 기본적인 혜택으로부터 소외되어 하루하루를 힘겹게 살아가고 있다.

ADRF 몽골 희망교실은 두 군데이다. 다르이히(Dari-Ekh) 희망교실과 칭길테(Chingeltei) 희망교실이다.

칭길테(Chingeltei) 지역은 도시외곽의 빈민지역들 중에서도 가장 광범위하게 형성되어 있는 대표적인 빈민촌이다. 칭킬테 희망교실은 2011년에 설립되었고 150명의 학생, 2명의 교사, 그리고 50명의 봉사자로 운영된다. 다르리히(Dari-Ekhe) 희망교실에는 120여명의 학생, 2명의 교사, 60명의 봉사자가 있다.

2018년에는 우리 단체가 칭길테(Chingeltei)도서관을 건립하여 시민들이 이용하고 있다. 몽골의 겨울은 영하 40도 이하로 내려갈 정도로 매우 추운데, 칭길테 지역은 중앙난방이 연결되지 않아 대부분 가정은 석탄으로 겨울을 난다. 석탄 값이 비싸 한 달을 따뜻하게 보내려면 20만 투그릭(약 9만원)이상이 필요하다. 대다수 학부모들은 일 때문에 바빠서 아이들의 생활과 교육에 관심을 기울이기 어려운 상황이다. 희망교실은 아이들에게 교과수업의 예습, 복습을 도와주고 영어, 컴퓨터와 예술 관련 수업, 인성교육을 하고 있다. 학용품과 영양 있는 급식도 지원하고 있다.

출국 전 우리는 희망교실 아이들을 위해, 교재로 쓰는 번역된 동화책, 각종 의류, 신발, 책가방 등 선물을 챙겼다. 선물이 많아서 개인 짐은 가능한 적게 챙겼다. 그런데 울란바토르 공항에 도착해 문제가 생겼다. 선물 개수가 많고 다 새것들이라, 세관 통과가 어렵다고 했다. 세금을 내면 해결되는 문제였지만, 그 과정이 복잡하여 그곳에서 시간이 의외로 많이 걸렸다. 우리의 몽골 방문 목적은 해외 봉사 활동에 대한 이해, 학교 운영에 관한 실태를 파악하고, 우리의 후원금이 어떻게 쓰이는지도 알고 싶었다. 또, 몽골 어린이들이 어떤 교육과정과 교재로 공부하고 있는지, 인성교육은 잘 이루어지고 있는지도 궁금했다.

첫 일정은 희망교실 방문이었다. 도착해 보니, 학교 건물과 급식 등 교육 환경이 상상을 초월할 정도로 빈약했다. 우리는 점심으로 아이들이 먹는 급식을 함께 먹었는데, 반찬이 너무나 부실했다. 나의 고학시절 생각이 났다. 나도 도시락 반찬이 소금 한 가지이던 시절이 있었다. 그 때 나는 깨달았다. 가난해서 학교를 못 다니는 어린이들에게 학비를 지원해준다는 것만으로도, 우리 단체의 활동이 매우 의미 있다는 것을 알게 되었다. 가난의 대물림을 해결해 주는 데 우리는 꽤 중요한 역할을 하고 있던 것이다. 점심식사를 마치고, 나는 아이들과 나의 삶에 대해 함께 나누고 학생들의 진로 지도도 해주었다.

몽골에 머무는 동안 국영TV와 라디오에서 인터뷰 요청도 있었다. ADRF가 설립된 취지와 교육 활동에 대한 질문이 많았다. 특히 TV에서는 내가 독일 광부 출신으로, 독일에서 박사학위까지 받은 과정에 대하여 구체적으로 질문했다. TV와 라디오에 각각 한 시간 이상 출연했다.

또한, 몽골 정부에서 평생교육 정책을 펴 나가고 싶은데 내가 전공자이니, 평생교육 정책을 어떻게 전개해야 하는지 공무원들에게 전해달라고 해서 간담회도 가졌다.

나는 공식 일정을 하나씩 마치면서, 앞으로 이 단체를 위해 열심히 일하고 싶은 의욕이 더 생겼다. 숙소로 돌아오는 길, 창밖을 보니 끝없는 초원의 연속이었다. 초원이 허브로 덮인 곳에서는 차를 멈추고 초원에 누워 허브 꽃향기에 잠시 취해 있었다. 초원에 누우니 밤하늘은 온통 별로 뒤덮여 있었다. 아름다운 풍경이었다. 몽골 아이들도 교육을 통해 이렇게 빛나고, 향기로운 사람으로 자라기를 간절히 바랐다.

ADRF 몽골 해외 봉사 중 초원에서 찍은 사진

– 2017년: 미얀마 봉사활동

〈ADRF 홍보대사들과 함께한 미얀마 해외 봉사〉

ADRF 미얀마 해외 봉사 중 아이들과 찍은 사진

미얀마는 다른 지역에 비해 조금 늦은 2011년도에 희망교실을 시작했다. 그럼에도 불구하고 미얀마는 비교적 우리 교육운동이 빠르게 실현되고 있는 곳이었다. 아마도 공산주의 이념의 국가체제와 신앙심(불교)의 결과인 것으로 보였다.

ADRF 홍보대사들 중에는, 많은 분들이 해외 아동결연을 해주심은 물론이고 고액의 후원자들도 많다. 이번에는 홍보대사 몇 분이 미얀마의 아동결연 학교를 직접 방문해 후원금이 어떻게 쓰이는지 확인도 하고, 결연 아동의 가정도 방문하고 싶어 하셨다. 교육 환경과 운영 실태를 직접 보고자 했다. 함께 떠날 홍보대사 다섯 분이 개인 화물을 최소화 해주셔서, 우리는 학생들을 위해 상당히 많은 책과 선물을 가져갈 수 있었다.

ADRF 홍보대사 미얀마 해외 봉사단과 함께

미얀마는 일 년 내내 더운 나라인데, 학교에 선풍기가 없고 전기 공급 상태가 어려워 학생들 공부에 지장이 많다고 했다. 우리는 학교에 전기 공사비, 선풍기 구매 경비, 학용품을 전달했다. 또한 빈곤 아동 가정을 방문해 쌀을 살 수 있는 지원금도 전달했다.

미얀마 해외 봉사 중 가정방문

학생들이 수업 시간에 우리를 위해 한국 문화를 소개하고, 함께 노래를 부르며 서로 마음을 나눈 것은 훈훈한 기억으로 남아있다.

– 2018년: 케냐 엔케리얀 학교

〈케냐 흙바닥 교실에서 공부해서 미국 예일 대학에 가다〉

2018년 케냐 희망교실에 다녀왔을 때의 일이다. 케냐의 엔케리얀 학교는 우리 희망교실이 있는 곳이며, 2009년부터 우리가 급식을 지원하는 곳이다. 또한 2017년에는 ADRF 후원자들이 이 학교 학생들에게 염소를 한 마리씩 선물했다. 아이들은 염소를 키워 팔아서 학비로 쓴다고 했다. 마치 내가 어릴 적에 들은, 딸을 낳으면 오동나무를 심어 나중에 이 오동나무로 옷장을 만들어서 시집보내고, 사내를 낳으면 송아지를 키워서 팔아 장가보낸다는 스토리와 유사했다.

이곳 학생들은 대부분 산비탈과 들을 지나 두세 시간씩 걸어서 학교에 온다. 그러다보니 여학생들은 등하굣길에 성폭행을 당하거나 짐승들의 습격을 받기도 한다. 그 말을 들은 우리 단체는 여학생 기숙사를 지어주기로 했었다. 엔케리얀 학교에 직접 가보니, 기숙사가 약 70퍼센트 정도 완성되어 있었다. 곧 학생들이 몸과 마음이 편한 상태에서 공부할 수 있겠다고 생각하니 뿌듯했다. 왜 내가 이 단체에서 봉사하는지에 대한 답도 찾고, 일에 대한 보람과 의미도 다시 알게 되었다. 한국에 돌아가면 기숙사 내부 침대 등의 시설을 더 지원해 주기로 했다.

학교는 척박한 오지에 학교 건물만 하나 달랑 있었다. 학교

시설은 내가 다녔던 초등학교와 비교해도 상상할 수 없을 정도로 열악했다. 교장실과 교무실은 시골 헛간 수준이었고, 교실은 흙바닥이었다. 칠판은 글자를 쓸 수 없을 정도로 낡았고 의자와 책상도 그냥 나무라고 칭할 수밖에 없었다. 칠판에 글씨를 써 보았다. 전혀 글씨가 보이지 않았다. 300여명이 사용하는 화장실은 네 칸이 전부였다. 기숙사도 짐승을 기르는 공간처럼 보였다. 다행히 도서관은 우리가 지원해준 후원금으로 새로 건물을 지어서 깔끔했다. 가장 최신 건물이라 했다. 이 도서관은 지역 주민들의 회의 장소로도 사용된다고 했다. 학생들이 마실 물은 빗물을 받아서 사용한다고 했다. 한마디로 300여 명 학생이 공부하는 교육환경이라고 말할 수 없었다.

그런데 이 흙바닥 교실에서 공부해서 미국 명문 예일 대학에 합격한 학생이 있다. 이곳 희망교실 학생인 '센테이얀'이다. 처음에는 듣고도 믿지 못했다. 기적이라고 표현하고 싶다.

ADRF 회장이 가난한 환경에서 자라서 고학으로 공부했다는 것을 알고 있는 센테이얀은 내가 보고 싶어서 많이 기다렸다고 했다. 독일 광부로 갔던 회장이 어떻게 공부하여 대학 교수까지 되었을까 궁금하여, 만나면 질문도 하고 싶었다고 한다.

센테이얀은 만나자마자 반가운 표정으로 나에게 안겼다. 센테이얀을 보니 나의 고학 시절이 생각났다. 우리는 짧은 시간이었지만 손을 잡고 교정을 거닐며 이야기도 했다. 적지만 용돈 몇 달러를 주고 왔다.

ADRF 케냐 엔케리얀 희망교실에서 예일대에 합격한 센테이얀 학생과 함께.
왼쪽부터 엔케리얀 학교 교장, 필자, 센테이얀 학생

센테이얀에 대한 이야기를 좀 더 하고 싶다. 마사이족 남자들은 일부다처제이다. 남자가 재산이 많으면 아내를 여럿 맞을 수도 있다고 한다. 여러 부인과 같이 사는 제도이기에 자녀 수도 많다. 자녀를 양육하기 어렵기 때문에 자녀들을 파는 인신매매가 있다고 한다. 특히 여아들은 돈 많은 남자에게 쉽게 팔려간다고 했다. 예를 들면 양 몇 마리를 받고 딸을 주는 경우도 있다.

센테이얀도 팔려갈 위기가 있었다고 했다. 그런데 이 소식을 들은 외할머니가 센테이얀을 데리고 와서 키웠다. 어느 날 센테이얀이 학교 근처에서 양 몇 마리를 데리고 양을 치고 있었다고 한다. 이 때 엔케리얀 학교의 교사가 그곳을 지나가다가 아이를 발견했고 아이가 학교에 다니지 않는 것을 알게 됐다. 교사는 할머니를 찾아가 아이가 학교에 다닐 수 있도록 간곡히 설득했고 할머니도 손녀의 미래를 위해 센테이얀을 학교에 보내기로 결심했다. 가난한 할머니는 등록금도 한 번도 빠지지 않고 제일 먼저 내주었다고 한다.

센테이얀은 항상 성적이 좋았고, 이 내용을 들은 우리 단체는 센테이얀과 아동 결연을 맺어 학업 전반을 지원해 주었다. 학비는 물론 학용품과 교복 등 학교에 다닐 수 있게 다양한 지원을 했다. 중학교를 졸업하고 고등학교를 지원했는데 최우수 학생으로 전액 장학금을 받으며 고등학교를 다녔다.

2010년에는 우리 단체 직원이 방문해서 센테이얀에게 필요한 것이 무엇이냐고 물어봤고, 공부하는데 전등이 필요하다고 해서 태양광 전등을 사주기도 했다. 이후 성적은 점점 더 좋아졌고 도시에 있는 상급학교에 입학하여 1000명의 학생 중 3등을 했다. 그 결과 미국 예일 대학에 추천되어 입학 허가를 받게 되었다. 센테이얀의 스토리를 알게 된 예일대 측은 장학생으로 선발해 주었다. 내가 만날 때는 미국 대학 허가를 받고, 고등학교 졸업을 기다리고 있을 때였다.

교과서다운 교과서도 없고 흙바닥 교실에서 공부해서 미국의 명문대학에 합격했다니 참으로 기적 같은 사건이다. 케냐도 남성 중심의 교육문화라서 아들을 먼저 학교에 보내고 딸들은 다음 순서라고 했다. 옛날 우리나라도 딸은 학교에 보내지 않던 역사가 있었다.

이 뿐만 아니라 센테이얀은 미국 방문 중에 케냐 마사이족 여학생의 실상을 알려, 22개 단체로부터 케냐 여학생들의 장학금을 이끌어냈다. 이를 통해 더 많은 케냐 여학생들이 미국 유학의 꿈을 가질 수 있게 되었다고 한다.

센테이얀은 ADRF와의 만남이 없었다면 자기에게 이런 영광은 없었을 것이라고 했다. 자라서 어떤 지도자가 될지 매우 궁금하다. 케냐에 얼마나 큰 공헌을 할지도 기대된다. ADRF는 이처럼 여러 나라 아이들을 도와주면서 인재를 발굴하여 공부할 수 있도록 후원하고 있다.

척박한 땅에 씨앗이 뿌려지고 자라서 곡식을 거두는 것과 같이 우리 단체가 지원하여 제 2, 제 3의 센테이얀이 배출될 거라는 희망을 가지고 지원하고 있다. 어려운 환경에서 공부하여 교수가 된 나처럼 이 아이들도 잘 자라서 그 나라의 지도자가 되기를 바란다.

– 2019년: 네팔 발칼리안 희망교실
〈레이가 내게 안겨 운 이유〉

2019년에는 네팔 희망교실에 방문했다. 81년을 살면서 세계 여러 나라를 참 많이 다녔다. 특히 교육부에서 일할 때는 업무로 인한 해외 출장이 많았다. 그렇게 많은 나라들을 다녔지만, 2019년 네팔의 희망교실 방문은 지금까지의 어떤 해외출장보다 의미 있고 배움이 가득한 방문이었다.

나는 지난 50년간 교사로 살아오며 교육은 이론과 실제가 병행되어야 한다고 늘 강조했다. 확실하게 말할 수 있는 것은, 교육이 현장과 연계되지 못하면 그 효과는 없다. 그래서 나는 2013년 우리 단체의 봉사활동을 시작으로 국내외 교육 현장을 꾸준히 방문했다.

네팔은 2016년을 기준으로 1인당 소득(GNI)이 700달러, 한화로 약 78만 원 정도 밖에 되지 않는 세계에서 가장 가난한 나라 중 하나이다. 특히, 2015년에 발생했던 네팔의 대지진으로 전체 경제 활동 시설의 80%가 파괴되어서, 임시로 지은 널빤지와 양철판을 엮은 가건물에서 생활하는 가정도 아직까지 많다.

네팔의 ADRF 희망교실은 세 군데가 있고, 90여명의 아이들이 공부하고 있다. 카트만두 시내의 도시 빈민 지역에 두 개의 희망교실이, 나머지 한 곳은 히말라야 해발 2천 미터 이상 산중에 위치하고 있다.

네팔 희망교실 방문 기간 중 ADRF가 지원하는 학생들의 가정을 방문할 기회가 있었다.

우리가 찾은 곳은 카트만두 시내의 발칼리얀 학교 희망교실에 다니는 어린 학생의 집이었다. 일 년에 한 번 정도 부모를 만난다는 레이(Rei)는 내가 집에 들어가자마자 내 품에 안겨 눈물을 흘렸다. 말은 통하지 않았지만, 왜 우는지 느낌으로 알 수 있었다.

ADRF 네팔 해외 봉사 중 가정방문. 학생 레이와 함께

레이는 어려운 환경에도 공부를 열심히 하는 모범 학생이었다. 레이에게 장래희망을 물어보니 의사가 되어 어려운 사람들을 도우며 살고 싶다고 했다. 아이의 열정과 꿈에 감동받은 나는 레이가 어려운 환경에서도 꿈을 이뤄나갈 수 있도록 계속 지원을 하겠다고 약속했다.

네팔 희망교실 직원들과 이야기를 하며, 그들에게 하고 싶은 말이 있는지 물었는데 한 직원이 이렇게 대답했다. "ADRF의 교육 운동이 널리 퍼져 세상을 바꾸어 나가는데 도움이 되었으면 좋겠고, 저는 그것을 위해 평생 봉사하고 싶습니다."

이렇게 귀한 사람들과 함께 교육의 발전을 위해 일하고 있다는 사실이 기뻤다. 네팔의 희망교실 방문과 학생들의 가정방문을 통해 교육의 의미를 다시 되찾게 되었다. 과연 무엇이 참된 교육일까? 교육 발전을 위해 지금껏 노력해 왔지만 항상 스스로에게 되묻는 질문, '왜 교육을 해야 하는가'에 대하여 다시 한 번 명쾌한 답을 찾는 시간이었다.

– 2019년: 필리핀 봉사활동
〈한국–필리핀 문화 교류의 꿈을 가진 기업가의 후원〉

어느 날, 필리핀의 한 한국인 기업가가 우리 단체와 함께 일을 하고 싶으니 협약식을 맺자고 연락이 왔다. 그 기업가는 필리핀 코리아타운 내에 건물을 지어서, 한국 학생들을 위한 방학 프로그램을 운영하고, 필리핀 사람들을 위한 한국 문화 프로그램을 운영하고 싶다고 했다. 한국과 필리핀 문화 교류의 꿈을 갖고 있는 분이었다. 흥미로운 이야기를 들으니 나도 현장이 궁금해졌고, 일단 방문하여 직접 보고 더 논의하기로 했다. 마침 그 지역은 ADRF가 후원하고 있는 티빅(TIBIG) 초등학교도 있는 곳이었다.

현장은 마닐라에서 60km쯤 떨어져 있는 '따가이따이' 근처의 코리아타운이었다. 도착하여 담당자를 만나 건물을 둘러보았다. 숙소는 50명까지 숙박이 가능하게 만들었고, 건물 주변은 관광하기에도 좋은 장소였다. 따가이따이는 '세상에서 죽기 전에 꼭 가봐야 할 곳 100군데' 안에 선정된 지역이기에 풍경도 매우 아름다웠다.

프로그램 구성도 유익했다. 필리핀 사람들을 위한 한국어 체험을 비롯해 한국 전통놀이, 한국 음식과 문화를 체험할 수 있는 곳도 있었다. 또한, 참가하는 사람들은 전부 ADRF 희망교실에 자발적으로 후원도 하고 있었다.

Region IV - A (CALABARZON)
Division of Cavite
District of Silang
TIBIG ELEMENTARY SCHOOL

Certificate of Appreciation

is hereby awarded to

ADRF PHILIPPINES

for donating school and office supplies to Tibig Elementary School.
Awarded this 16h day of December 2020
at Tibig Elementary School, Tibig, Silang, Cavite, Philippines

ELENITA M. MENDOZA
Principal I

필리핀 기업의 티빅 초등학교 기부 협약서

한국과 필리핀의 문화교류를 위해 기업이 지은 건물

이어서 우리는 티빅초등학교를 방문했다. ADRF는 2019년 8월부터 필리핀 카비테주 실랑 지역의 티빅초등학교와 희망교실을 시작했다. 실랑 지역 빈곤아동 지원을 위해 시 외곽에 있는 티빅초등학교와 논의하여 이곳에서 방과 후 수업인 희망교실을 진행하기로 한 것이다. 희망교실은 활발하게 운영되고 있었다. 수업은 게임을 통한 인성수업, 한국 전래동화를 사용한 한국어 수업 등을 하고 있었다. 나는 준비해간 학용품을 나누어주고 아이들을 위해 강의하는 시간도 가졌다. 빈곤 아이들이 희망교실을 통해 공부하고, 도움을 받아 씩씩하게 지내는 모습을 보며, 다시 한 번 교육의 중요성을 깨달았다. 그런데 한 가지 마음이 쓰이는 것은, 그 학교 교장선생님이 아이들을 위해 컴퓨터를 지원해 달라고 했는데 코로나 관계로 아직까지 해결하지 못하고 있다는 점이다.

ADRF 필리핀 희망교실 아이들과

10 ADRF 해외 봉사단의 이야기

해외 봉사단의 목적은 ADRF가 개발도상국에서 운영하고 있는 희망교실에서 학교에 가지 못하는 어린이들에게 봉사단의 교육봉사를 받을 수 있는 기회를 제공하고, 시설이 열악한 희망교실에는 노력봉사를 제공해 교육환경을 개선해 주는 것이다.

ADRF는 1997년 1월 아프리카 라이베리아에 12명의 해외 봉사단을 파견한 이래, 현재까지 매년 아프리카와 아시아 지역에 정기적으로 해외 봉사단을 파견하고 있다.

해외 봉사 중인 아이들

해외 봉사단은 현지에서 교육을 필요로 하는 빈곤아동들을 대상으로 다양한 내용의 교육봉사를 진행하며 도움이 필요한 지역과 학교에 시설보수와 증축 등의 노력봉사를 진행하고 물품을 기증한다. 또 지역주민들의 건강증진을 위한 의료봉사를 진행하고 문화공연을 펼치며 문화를 교류한다.

ADRF 캄보디아 해외 봉사단

ADRF 해외 봉사단은 현지 빈곤아동과 지역주민을 위해 봉사할 뿐만 아니라 해외봉사단에 참여하는 교육봉사자를 교육함으로써 봉사단원이 나눔을 이해하며 실천하는 글로벌 리더로 성장할 수 있도록 돕는다.

나와 같은 마음으로 봉사하는 해외 봉사단 중 몇 명의 사례를 소개하고자 한다. 몽골 해외 봉사단에 참여했던 중학생의 수기와, 드림하이 활동을 하는 교사의 인도네시아 해외 봉사 수기이다.

1. 2013년 하계 태랑중학교 몽골 해외 봉사단 이은서

몽골 봉사를 가기 전 나는 너무나 두려웠다. '6일밖에 안 되는 시간에, 말도 안통하고 문화도 다른 몽골 친구들이랑 친해질 수 있을까? 아니 같이 웃을 순 있을까? 내가 가서 도움을 줄 수 있을까?' 걱정과 두려움, 부담감을 안고 난 몽골 다르이히 희망교실에 왔다.

그곳의 상황은 내가 생각했던 것보다 더 심각했다. 아이들의 옷은 다 해어졌고, 손과 얼굴은 씻지 못해서 때가 많이 묻어있었다. 나는 가방에서 물티슈를 꺼내 그들의 손과 얼굴을 닦아주었다. 그런데 그 순간 나도 모르게 울컥했다. 그 이유는 아마 내 자신이 미워서였을 것이다. '나는 손에 약간만 더러운 게 묻어도 물티슈를 뽑아 썼는데, 물티슈는 내가 아니라 이 아이들에게 필요했던 거구나'라는 생각이 들었다. 마실 물도 부족한 사람들 앞에서, 그동안 물을 아낌없이 펑펑 쓴 내가 부끄러웠다.

다음날 아이들에게 처음 교육 봉사를 할 때 나는 많이 설렜다. 아이들이 방긋 방긋 웃는 모습이 너무 따뜻했고 그 웃음을 보니 나도 힘이 나며 행복했다. 아이들이 나에게 한국말로 "선생님"이라고 할 때는 가슴이 벅차고 두근두근했고, 크리스마스 선물을 받은 것 마냥 신나서 방방 뛰고 싶었다.

오기 전에 걱정했던 것과 달리 우리는 쉽게 친해질 수 있었다. 봉사하러 왔다는 느낌이 안 들고 새로운 친구를 만나기 위해 여행을 온 것 같은 느낌이 들었다. 아이들이 착하고 순수한 마음으로 나에게 다가와서 나도 마음의 문을 활짝 열 수 있었다. 지금도 그 친구들의 모습이 내 가슴 깊이 남아있다. 헤어질 때는 오래 있어주지 못한 미안함에 눈물이 많이 났다.

내게 아무런 조건 없이 먼저 다가와 줬기에, 쉽게 내 마음에서 아이들을 보내주지 못한 것 같다. 희영, 동광, 수지, 서희,

너밍, 신애, 서현, 다솜, 엠부그 그리고 이름은 모르지만 나에게 환한 미소를 보내줬던 몽골 친구들이 많이 그립고 보고 싶다. 그들은 나에게 정성껏 편지를 써 주었는데, 난 그 편지를 받고 그저 웃어 준 것밖에 해준 게 없다.

마지막 날, 웃으며 보내주지 못하고 눈물 흘리는 모습을 보인 게 너무 미안했다. 바람처럼 왔다가 바람과 함께 사라진 것 같아서 미안했다. 다음에 기회가 한 번 더 있다면 더 많이 웃어주고 가르쳐주며 더 재미있게 놀고 많은 추억을 쌓아야겠다. 죽어서도 이 친구들을 잊을 수 없을 것 같다. 아니 내 뇌가 잊으려 할 때면, 내가 온 힘을 쏟아서 잊지 못하게 할 것이다. 가난하지만 누구보다 행복하고, 그 누구보다 순수한 몽골 아이들이 너무 좋고 사랑스럽다.

2. 드림하이 교사 팀 서울 모 중학교 교사

〈히잡 속에 감춰진 꽃: 인도네시아 해외 봉사〉

기찻길 옆 오막살이~ 아기 아기 잘도 잔다~♪

우리나라 동요인 '기찻길 옆 오막살이'이다. 리듬이 경쾌해서 어렸을 적 많이 불렀던 동요다. 가사를 자세히 보면 가난하고 슬픈 내용인데, '신나는 리듬이 가난을 이겨내게 한 건 아닌가?' 라는 생각이 든다.

인도네시아 메단 ADRF센터 아이들은 기찻길 옆 오막살이를 하며, 생활은 가난하지만 위 동요의 리듬처럼 활기차고 희망찬 웃음을 만들어가며 살아가고 있다.

세상 무엇이든 다 보고 가슴에 담겠다는 듯한 큰 눈과 짙은 눈썹, 매끈한 얼굴은 보는 이로 하여금 빨려 들어가게 할 정도로 매력적이었다. 특히 히잡을 쓴 아이들은 머리카락 한 올도 보이지 않게 꽁꽁 싸매고 긴 팔과 긴 치마를 입고 있어서 더욱 신비스러웠다. 그런 아이들과 나는 '나'를 잊어버리고 함께 했다.

긴 비행시간에 몸은 소금에 절인 배추처럼 처진 상태로 인도네시아 메단 공항에 도착했다. 네팔, 미얀마를 다녀온 경험이 있어서, 숙소나 희망교실 환경을 기대하지 않았다. 그러나 인도네시아 희망교실 센터의 시설은 다른 저개발 국가에 비해 좋은 상태였고 아이들도 비교적 깨끗한 옷과 신발을 신고 있었다. 숙소에서 센터까지는 베짝(인도네시아의 영업용 삼륜 인력거)을 타고 가는데 자동차와 오토바이에서 나오는 매연이 눈과 코를 찔렀다. 손으로 입을 막고 깊은 숨을 들이쉬는 것을 최대한 줄이면서 아침의 일상을 구경하며 센터로 이동했다. 아침 풍경은 여느 동네의 모습과 비슷했다. 눈에 들어오는 것은 개천 같은 강물과 하수구 시설이었다. 수질 검사를 하지 않더라도 한눈에 수질은 '꽝'이라는 것을 알 수 있을 정도로 심각했다. '이곳도 수도시설이 큰 문제구나'라는 생각을 하면서 센터에 도착하니 스태프와 자원봉사자들이 기다리고 있었다.

조금은 긴장한 상태로 인사를 나누고 박장환 선생님의 공릉중학교 시설을 PPT로 설명을 듣고 각자 소개를 하며 오전 시간을 채웠다. 오후 한 시쯤 되니 아이들이 센터로 들어오기 시작했다. 우리는 처음 보는 사이였지만 서로 손을 잡는 순간 낯섦은 사라졌다. 내 손을 아이들 머리에 갖다 대는 인사를 하니,

우리가 이미 예전부터 알고 있기나 한 것처럼 경계심과 어색함은 한방에 녹아 내렸다.

저학년의 수업이 시작되었고 우리는 방문 목적에 걸맞게 눈을 부라리며, 수업하는 스태프와 자원봉사자의 교수법을 일일이 체크하기 시작했다. 쉴 틈 없이 진행되는 일정에 피곤은 쌓여갔지만 우리는 하나라도 더 알려주고 조금이라도 아이들의 순수함을 더 느끼고자 애를 썼다. 인도네시아도 고추를 사용하는 음식이 많아서인지 식사는 우리 입맛에 딱 맞아서 남김없이 주는 대로 먹어 치웠다.

둘째 날은 피자라는 아이의 어머니가 근무하고 계시다는 초등학교 방문 일정이 있었다. 설레는 마음을 가득 안고 자동차를 탔다. 일본문화체험을 가서 스미요시라는 학교를 방문할 때의 느낌과 감동이 떠올라 '이번에는 어떤 감동으로 나를 채울까?' 하는 생각에 사실 들뜨기까지 했다. 작고 평화로워 보이는 학교에 도착하자 아이들이 전통 악기를 들고 아름다운 연주를 시작했다. 뜨거운 태양 아래 콧등에 땀이 송글송글 맺힌 채 연주하는 아이들의 모습을 보니 정말 고마웠다. 어디 가서 이런 대접을 받아 볼 수 있을까? 나의 존재감을 확인하는 순간이며, 나로 하여금 뭔가 해야 된다는 책임감마저 들게 했다.

아이들의 수업태도는 차분했다. 선생님의 지시에 흐트러짐 없이 모든 걸 받아들이는 모습이 인상적이었다. 이런 아이들을 가르칠 수 있다면 못 할 게 없겠다는 생각이 들었다. 부족함 없는 교육환경이 오히려 한국의 아이들을 수동적으로 만드는 것일까?

운동장에 모인 아이들은 노트와 펜을 가져와 우리에게 사인해 달라고 난리였다. 마치 스타가 사람들 속에 둘러싸여 사인을 해 주는 모습과 별반 차이가 없을 정도로, 우리는 그곳 아이들에게는 스타가 된 것이었다.

학교 방문을 마치고 센터로 돌아와 영어, 과학, 인성수업을 우리가 해 보였다. 우리가 하는 수업을 그들이 보면서 다른 점을 활용해 볼 것이다. 가장 중요한 셋째 날 수업을 위해 우리 팀 6명과 현지 스태프와 자원봉사자를 팀별로 나누어 수학, 미술, 인성수업을 진지하게 논의하고 지도안을 완성하였다. 한국에서의 수업지도안도 동학년, 동교과 선생님들이 함께 만든다면 정말 좋을 것 같다는 생각을 하면서 한국에서의 수업도 좀 더 정성을 기울여야겠다는 반성도 해 보았다.

셋째 날 오전에는 교사의 역할 강의와 만다라를 완성하면서 색깔을 통해 '마음 읽어내기'를 했다. 모두가 재밌게 현재의 마음 상태를 읽어내어 마치 잘 맞는 '점'을 보는 듯했다. 오후에는 함께 만들어낸 수업지도안을 실제 수업에 적용시켜 보는 시간이었다. 수학수업, 미술수업, 인성수업도 완벽하게 해낸 스태프와 자원봉사자의 모습을 보면서 함께하면 무엇이든지 할 수 있다는 것을 보여주었다. 또한 교사는 한 시간의 수업을 위해서 많은 시간과 에너지를 투자해야만 자신 있고 당당하게 아이들을 이끌 수 있다는 것을 보여주었다.

모든 수업이 다 끝나고 박장환 선생님이 교육의 중요성에 대해 센터 아이들 학부모님을 대상으로 강의하셨다. 부모라면 아이들이 잘 성장하여 훌륭한 사람이 되기를 원할 것이다. 생각보다 정말 많은 분들이 오신 것을 보고 우리 '드림하이'팀의 메단 방문이 결코 헛되지 않았음을 보여 주었다.

내 손을 먼저 잡아 준 아이들, 수업하기 전과 수업을 마치면서 기도하는 아이들, 이미 교사의 면모를 갖춘 스태프와 자원봉사자들. 아이들 웃음으로 어두운 골목이 밝아지는 그 곳.

인도네시아 메단의 기찻길 옆 오막살이는 지금 희망으로 가득 차 있다. 끝 간 데 모를 기찻길의 선로처럼 아이들의 무한한 능력은 분명 인도네시아의 강물을 맑게 만들어 낼 것이다.

11 『나눔교육과 봉사가 세상을 바꾼다』와 『아프리카 킬리만자로 설렘과 마음의 길』 책 출간

ADRF 활동을 하며 감사하게도 두 권의 책을 출간하게 됐다. 『나눔교육과 봉사가 세상을 바꾼다』와 『아프리카 킬리만자로 설렘과 마음의 길』이다.

책 『나눔교육과 봉사가 세상을 바꾼다』

2015년 나와 선종복 교장, 이두수 국제활동가는 『나눔교육과 봉사가 인생을 바꾼다』를 펴냈다. 우리는 '교육'과 'ADRF'라는 공통분모로 모인 사람들이었다. 우리는 교육 현장에서 나눔과 봉사의 가치에 집중하는 데 착안했다. 그동안 직접 경험하고 체험한 내용을 바탕으로 국내외에서 적용 가능한 프로그램을 책에서 구체적으로 소개했다.

이후 2017년에 출간된『나눔교육과 봉사가 세상을 바꾼다』는 2015년에 펴낸『나눔교육과 봉사가 인생을 바꾼다』에서 모자란 내용은 보태고, 바뀐 것들은 추가하여 새로이 낸 책이다.

『나눔교육과 봉사가 세상을 바꾼다』는 나눔교육과 봉사교육의 필요성 및 목표, 개념, 나눔교육과 봉사교육의 위대한 인물 등의 내용을 담았다. 또한 일본, 독일, 미국, 영국 등 다른 나라의 자원봉사, 기부문화와 기부재단 등에 대해서도 보기 쉽게 정리했다. ADRF의 해외활동과 국내활동도 자세히 기록했으며, 그 실천사례도 수록하여 나눔교육과 교육봉사에 관심이 있는 사람이라면 누구라도 책을 쉽게 읽을 수 있게 구성했다.

책『아프리카 킬리만자로 설렘과 마음의 길』

ADRF는 2017년부터 케냐 국경에 위치한 아루샤 지역의 빈곤 아동을 지원하는 희망교실 프로그램의 지원을 위해 킬리만자로 등반을 기획했다.

『아프리카 킬리만자로 설렘과 마음의 길』은 2018년 8월에 킬리만자로로 떠난, 나를 포함한 9명의 여행자가 동아프리카 케냐와 탄자니아의 두 곳의 희망교실 방문과 킬리만자로 등반 여정을 써 낸 책이다.

ADRF는 2009년부터 케냐의 엔케리얀 학교에 급식 지원을 하며, 탄자니아의 메세라니주 학교에는 2018년부터 급식 지원을 하고 있다. 또한 2017년부터 ADRF는 킬리만자로 인근 케냐 국경에 위치한 아루샤 지역의 빈곤아동을 지원하는 희망교실 프로그램을 시작하였다.

나는 한국교원대학교 교수 시절부터 대학원생들과 매 학기마다 등반을 했다. 계룡산은 100여 번, 속리산 문장대도 50여 차례 등산한 경험이 있다. 유럽 알프스와 일본 후지산 등도 등산하면서 나의 도전정신과 정상 정복 정신으로 도중에 포기하는 경우는 한 번도 없었다. 그래서 이번 킬리만자로 등반도 자신감 있게 출발했다. 정상 등반을 포기한다는 생각은 처음부터 없었다. 하지만 나는 불굴의 도전정신에도 불구하고 고산병과 고산병 합병증들로 인해 생사의 갈림길에서 등반을 포기 할 수밖에 없었다.

킬리만자로 등반 중에 찍은 사진

등반을 포기하고 3일간 혼자서 호텔에 머무는 시간이 지루해서 낙서를 했다. 아무것이나 생각나는 대로 킬리만자로 등반에 관한 내용을 적기 시작했다. 또한 지금까지 살아온 과정과, 낙오자로 호텔에 혼자 머물면서 고독을 달래며 단상들을 풀어놓았다. 낙서 과정에서 '한국에 킬리만자로에 대한 길라잡이 책이 없으면 우리 일행과 함께 정리해서 책을 만들어볼까?' 하는 아이디어도 떠올랐다. 각자 등반에서 느낀 것을 정리해서 책을 발간하고 싶은 욕심도 났다.

킬리만자로 등반을 포기한 것을 오히려 전화위복으로 삼아 아쉬운 마음을 위로해 보고 싶었다. 그렇게 『아프리카 킬리만자로 설렘과 마음의 길』이 탄생하게 됐다. 나는 임도 보고 뽕도 따는 행운을 가졌다. 우리나라에 없는 책을 처음으로 낸다는 데에 큰 의미를 부여하고 싶었다.

우리는 여행 전문가도, 작가도 아니었기에 각자 여행에서 보고 느낀 대로 산문을 쓰기로 했다. 킬리만자로 등반을 계획한 사람들에게 참고 자료가 되기를 바라며 책을 썼다.

당시 79세의 고령으로 등반에 도전했던 나는 나흘 동안 킬리만자로의 산길을 걸으며 내 삶에 대해 많은 질문을 던졌다. 이 끈질긴 질문들이 등정을 하는데 가장 큰 원동력이 됐다.

12 인성 교육 덕목에서 나눔교육과 봉사는 필수

우리가 살아가는 현대사회는 세계화, 다원화, 정보화의 시대로 전 세계가 지구촌을 이루고 있다. 그 안에는 환경, 인권, 기아, 전쟁, 건강, 에너지 문제 등 해결해야 할 문제들이 대단히 많다. 위의 과제들을 해결하기 위해서는 나눔과 봉사, 배려의 가치를 바탕으로 이웃과 공존하며 인류평화를 추구해야 한다.

대부분의 국가는 빈부격차가 매우 심각하며, 사회적 그늘에 가려진 소외계층이 너무나도 많다. 이런 문제를 해결할 수 있는 방법에는 여러 가지가 있겠지만 나눔과 봉사, 배려, 기부, 자선의 역할이 매우 중요하다. 지금은 국제기구뿐 아니라 기업, 대학, 종교단체, 자선단체, 유치원, 초 · 중 · 고등학교까지 나눔교육에 대한 관심이 점점 증가하고 있는 추세다.

나눔과 베품, 봉사활동 정신은 지식교육과 인성교육의 균형과 조화를 통해 이루어져야 한다. 한 사람이 사회의 일원으로서 갖추어야 할 요소는 여러 가지가 있겠지만 특히 오늘날 전인교육의 필요성이 절실해지고 있다. 지(知)·정(情)·의(意)를 모두 갖춘 전인으로 성숙하기 위해서는 지적인 측면뿐만 아니라 정의적인 측면도 중요하다.

우리나라의 교육 현실은 진학과 대학입시에만 지나치게 초점을 맞추고 있기 때문에 아이들의 지성, 덕성, 정의적인 측면이 균형을 이루지 못하고 있다. 생각하지 않는 머리, 차가운 가슴, 행동하지 않는 손을 길러내는 기형적인 교육 현실 속에서 인성교육을 통한 나눔, 베풂, 봉사는 자리를 차지할 틈새가 없다.

인성교육을 강화하기 위한 차원에서 학생들의 나눔과 봉사활동을 적극 권장하고, 참여도를 높여야 한다. 스펙 쌓기를 위한 형식적인 봉사활동보다는 구체적인 나눔과 봉사활동이 필요하다. 과거에는 학력이나 자격증 위주로 진학과 취업의 스펙을 쌓는 사람들이 많았지만, 지금은 대학 졸업장이나 영어 자격증뿐만 아니라 사회에 베풀고 나누어주는 삶을 통한 심성과 인성의 스펙을 쌓는 것이 더 강조되고 있다.

필자는 고등학교 시절부터 다양한 나눔교육과 봉사활동을 통해서 내적인 즐거움과 행복 속에서 살아왔다. 특히 사람 중심의 인성교육을 소중하게 여기며 살아온 것이 내가 경험한 나눔교육과 봉사활동에 큰 힘이 되었다. 또한 모든 교육활동에서 도구적인 관계가 아닌 가슴으로 모든 교육 대상자를 바라보았다. 나눔교육과 봉사, 배려, 사랑을 실천하다보면 관심과 정성이 마음속에서 스스로 우러나온다.

나누고 봉사하는 삶은 건강에도 도움이 된다고 한다. 나눔이 육체 건강에 좋은 영향을 미칠 뿐 아니라 정신 건강에도 큰 도움이 된다는 것이다. 그러므로 나눔, 봉사를 하지 않은 사람보다 나눔교육과 봉사를 한 사람들이 수명이 길고 심신의 활력도 높다는 연구가 있다. 테레사 수녀는 헌신적인 봉사, 섬김, 사랑의 선행을 하면 마음도 선해지고 몸도 건강해지는 효과가 있다고 했다. 무엇보다도 나눔을 실천하면 따뜻한 마음과 행복감을 자기 스스로 느끼게 된다. 왜냐하면 나눔은 머리가 아니라 가슴으로부터 시작해야 하기 때문이다.

나눔교육과 봉사정신은 학교에서 특히 적극적으로 가르쳐야 한다. 국내의 모든 나눔, 봉사, 배려 활동은 학교와 학생을 대상으로 가장 활발하게 펼쳐지고 있다. 이유는 '교육적인 효과성'이다.

21세기는 다원화 시대이다. 다원화 사회에서 중요한 가치는 매우 다양하겠지만, 나눔, 봉사, 배려를 비롯하여 관용, 연대의식 등이 그 안에 포함되어야 한다. 그리고 학교 교실 안에서 환경보호, 인권보호, 지역사회 발전, 정의 실천 등을 체험하고 실천하는 기회를 제공해야 한다. 점점 더 많은 어린이, 청소년들이 학교 밖에서도 활발하게 봉사 활동을 하고 있다. 특히 최근 몇 년 사이에 국내외 나눔교육 및 나눔봉사 프로그램이 다양하게 개발되었다. 과거에는 대학생 중심으로 많이 이뤄졌으나 점차 연령대가 낮아져 중 · 고등학생은 물론 유치원생과 초등학생까지 참여하는 추세다. 최근에는 평생 교육 기관과 학원들도 나눔, 봉사 프로그램을 편성하기도 한다. 나눔교육 활동은 나 자신뿐 아니라 지역사회, 더 나아가서 국가의 장벽을 넘어서 전 세계에 긍정적인 영향을 미친다.

앞으로 우리 사회의 구성원들이 나눔과 베풂, 그리고 봉사의 가치와 의미를 새기고 실천할 수 있도록 교육적 관심과 시민 문화가 더욱 풍부하고 성숙해지기를 기대해 본다.

나눔 문화, 생활 속에 뿌리내리게 하자(2017년 12월 20일 문화일보 기고문)

매년 연말이면 거리에서는 어김없이 구세군 종소리와 자선냄비, 기부를 독려하는 광고물을 쉽게 접할 수 있다. 대통령을 비롯한 정치인들이 옷깃에 빨간 사랑의 열매 배지를 단 모습 또한 다른 때보다 쉽게 볼 수 있다. 각 매스컴에서는 소외계층을 조명하고 기부를 독려하는 특별기획이 넘쳐난다. 신문과 방송 등에서는 따뜻한 선행 보도의 비중이 더욱 높아져 연말의 사회 분위기만 본다면 기부지수가 매우 높은 국가처럼 보일 지경이다.

이러한 전시효과로 12월 한 달 동안 후원 활동도 의미는 있겠지만, 나눔과 봉사의 참여와 실천을 이끄는 사회 분위기 조성은 일 년 내내 계속돼야 바람직하다. 경기침체를 이유로 기부의 어려움을 토로할 수도 있다. 하지만 영국의 자선지원재단(CAF)에서 매년 발표하는 세계기부지수를 보면 세계 1위는 1인당 국내총생산(GDP) 세계 147위인 개발도상국 미얀마였다. 모두가 가난하지만 목마른 이들을 위해 거리에 물항아리를 채워두고 배고픈 새들을 위해 볏짚에 낟알을 남겨 나무에 걸어두는 이들의 나눔 문화는 경이롭기까지 하다. 국교인 불교의 가르침을 어릴 때부터 체득해온 그들의 특별한 문화 덕분이지만, 사회의 성향과 교육의 중요성을 말하지 않을 수 없다.

세월호 침몰 사고, 포항 지진 피해 등 특별한 사건이 생길 때만 후원 활동이 대폭 증가하는 우리는 평상시 그늘진 곳에서 살아가는 어려운 이웃들에게 후원의 손길을 외면하고 있지 않은지에 대해 생각해볼 필요가 있다. 올바른 기부문화는 한시적인 기부가 아니라, 전체 국민이 기부에 일상적으로 참여하고 열과 성을 다해 나누는 이들의 정신을 높여 칭찬하고 마땅히 그래야 한다고 말하는 사회의 역할과 교육이 필요하다.

나눔과 기부문화는 가정교육에서부터 시작돼야 한다. 나누고 봉사하는 따뜻한 마음은 선천적인 게 아니라, 후천적으로 교육과 환경에 의해 길러지는 것이므로 나눔과 후원이 행해지는 가장 기본적인 습관은 따뜻한 마음을 가지도록 이끄는 가정에서의 인성교육이 바탕이 돼야 한다. 이러한 인성교육 강화 측면에서 점수 따기 위한 시간 때우기 봉사가 아니라, 학생들이 학교 안팎의 다양하고 지속적인 활동을 펼칠 수 있는 자원봉사처를 마련해주고, 진심으로 가슴에서 우러나는 나눔과 후원 운동에 적극 참여할 수 있도록 경험의 장을 함께 열어준다면 당장은 아니더라도 미래를 기대해볼 수 있지 않을까?

또한, 한시적이 아닌 생애주기별 지속적인 평생교육 활동을 통해서도 참여하고 동참할 수 있는 나눔과 봉사의 기회를 늘려야만 한다. 새로운 세대에만 기대할 게 아니라, 사회를 구성하고 있는 이를 위해 제도적인 사회교육 제도를 통해서 평생교육 기관에서 다양한 봉사와 나눔과 후원 교육을 할 수 있도록 프로그램을 개발해 누군가의 희생이나 양보가 전제되는 것이 아니라 모두가 참여하는 방향을 함께 찾는 것 또한 중요하다.

우리나라는 국제 원조를 받던 수원국(受援國)에서 원조를 전하는 공여국(供與國)으로 성장한 세계 유일의 국가다. 그 바탕에는 멀고 먼 이국에서 전해진 구호물품들이 있었음을 잊어선 안 된다. 폐허 속에 버려진 고아들을 위해, 상처 입고 배고픔에 지친 이들을 위해 자신의 것을 나눠준 다른 나라 후원자들에게 우리는 기적의 상징이다. 6·25전쟁 이후 처참하게 파괴돼 스스로 일어설 수 없는 위기에서 다른 나라의 원조를 통해 당당히 일어섰고 이제는 돌려줄 수 있는 위치에 섰다. 연말을 맞아 한껏 끌어올려진 기부 문화가 오래 지속되기를 기원하며, 모두가 작은 나눔을 실천하는 연말연시가 되기를 기대한다.

13 ADRF, 미래를 향한 그림

나는 국가 정책을 통해 나의 전공인 '평생교육'과 '청소년 교육' 분야의 일을 충분히 해 왔고 많은 성과를 이루었다. 그 성과를 뒤로하고 은퇴를 한지도 16년의 세월이 지났다. 현재 내 나이 81세, 신체는 허약하지만 건강한 지적 활동과 교육 정신을 향한 열정과 떨리는 가슴은 여전하다.

ADRF 사무실에서

평생을 통해서 배운 정신적 경험과 성숙을 살려, 나의 평생 꿈인 독일과 덴마크의 교육 모델을 기반으로 '국민을 위한 평생교육'과 '청소년 운동'으로 행복한 사회를 만들기 위해 봉사하며 살고 싶다. 나보다는 '우리'를 위한 삶을 살기 위해 앞으로도 왕성한 활동을 이어가고 싶다. 아래는 내가 앞으로 이루어 나갈 나눔교육과 봉사교육의 계획이다.

1. 희망교실 운영: ADRF 해외 희망 교실 학생들의 급식과 교육 콘텐츠를 업그레이드 하여 양질의 자원으로 운영한다.

2. 유학생 유치: 우리 단체의 후원을 통해 성장한 해외 초, 중, 고등학생들을 국내 대학 또는 외국 명문 대학에 유학을 보내 학위 취득 후 각자 나라의 리더로 성장시켜 ADRF의 정신뿐만 아니라 한국 문화가 전 세계로 확장해 갈 수 있도록 한다.

3. 나눔의 선순환: 25년 역사의 ADRF의 지원으로, 자립하여 성장하게 된 나라들이 이제는 더 어려운 나라를 도와주는 '나눔의 선순환'을 위한 방향으로 단체를 운영할 계획이다.

4. 재단 법인: 현재 사단법인 ADRF의 후원자 중심의 운영방식에서 벗어나 재단법인으로 재조직하여 재정 자립도를 높여 나간다.

5. 교육 포럼 운영: 풍부한 경험과 다양한 분야의 지식과 노하우를 겸비한 정년퇴임 한 초, 중, 고등학교 교사, 대학 교수를 중심으로, 가칭 '글로벌 평생 교육 포럼'을 전국적으로 조직하고자 한다. 양질의 교육 콘텐츠를 개발하여 온, 오프라인으로 국내외 어린이들뿐만 아니라 배움을 원하는 모든 이들에게 아낌없이 보급한다.

6. 유튜브 채널 개설: 가칭 '권이종 평생 교육 포럼' 유튜브 채널을 개설하여 온라인 콘텐츠 개발을 통해 국내외 청소년에게 보급한다.

7. 강사 뱅크운영: 교육계 중심의 다양한 콘텐츠를 보유한 강사들과 감성 콘텐츠 중심의 예술인(첼로, 피아노 등)과 함께 하는 융합콘텐츠를 개발한다. 20대부터 80대까지 구성된 강사의 듀엣 강연은 세대 간의 갈등 해소를 위한 매우 효과적인 교육 콘텐츠이다. 이러한 강의는 전국 초, 중, 고등학생을 대상으로 실시하며 특별히 이러한 인문학과 예술을 통한 교육활동으로 청소년들의 세대 간의 갈등 폭을 좁혀주는 탁월한 역할을 할 것이다.

우리 삶의 진정한 행복은, 물질이든 정신이든 내가 가진 것을 다른 이들과 나눔으로써 따뜻한 가슴으로 채워지는 심리적 만족감이라 할 수 있을 것 같다. 사랑은 받는 사람보다 주는 사람이 더 행복하며, 때로 그 사랑은 몇 배의 더 큰 행복으로 언젠가 내게 되돌아오는 부메랑 효과가 있다고 한다.

우리 삶의 행복 요소인 사랑, 나눔, 봉사와 기부 문화는 우리 삶과 사회에서 자연스럽게 정착되어야 할 것이다. 그러기 위해서는 가정, 학교는 물론이고 사회적 차원의 나눔도 중요하다. 특별히 사회적 기업들이 자발적으로 참여하고 실천하는 솔선수범의 모습이 필요하다고 생각한다. 이는 기업을 발전시키는 숨어 있는 힘이 될 것이며, 국민 모두의 행복과, 아름다운 사회 및 국가 발전을 위한 밑거름이 될 것이다.

우리의 교육 목표는 지식과 부의 축적보다는, 나눔과 베풂을 강화하는 인성 교육이 되어야 한다. 독일에서는 학생들에게 지식을 쌓기에 앞서, 나눔과 봉사활동을 통해 이타심과 긍정적인 마인드를 형성할 수 있도록 교육하고 있다. 이러한 나눔 문화가 빠른 시일 내에 우리 사회에도 정착하기를 바란다. 그리하여 모든 국민들이 나눔과 베풂에 자부심을 갖고 참여했으면 좋겠다. 또한 ADRF는 빈곤 아동과 청소년들을 위한 교육에 더욱 힘써서, 나눔 교육을 대표하는 기관으로 성장하길 바라는 마음이다.

이제 나에게 가장 큰 바람이 하나 있다. 그것은 그동안 쌓아온 모든 경험과 지식을 국가와 사회발전은 물론, 교육으로부터 소외되고 있는 국내외 열악한 환경의 어린이들에게 꿈을 꾸게 하는 교육운동의 디딤돌이 되는 것이다. 이에 본 단체의 교육이념과 설립 취지에 동감하고 참여하고 싶은 의지가 있으신 분은 누구나 환영하며, 보람찬 교육의 길을 끝까지 나란히 함께 걷고 싶다.

지금 나는 교직생활을 할 때보다 더 열심히 일하고 있다. 지인과 가족들이 나이를 생각해 쉬라고 하지만 나는 이 일을 하고 있을 때 행복하고, 즐겁고, 건강하고, 의미와 보람을 느끼기에, 여전히 열정적으로 임무를 수행하고 있다. 앞으로의 여생도 나눔과 베풂을 위하여 최선을 다하는 데 바칠 것이다.

나눔과 봉사와 관련된 나의 생각과 격언

지금까지 세상으로부터 받은 것들을 나누는 삶을 살고 싶다.

내가 받은 그 이상을 돌려줄 수 있는 기회가 있을 것이라고 나는 본다.

내가 먼저 베풀면 그의 몇 배가 나에게 돌아오는 부메랑과 산울림 효과가 있다.

나눔과 봉사를 해보지 않은 사람은 인생의 참 행복을 모른다.

나눔과 봉사는 훈훈한 세상으로 바꾸는 꽃길을 만드는 과정이다.

지금까지 세상으로부터 받은 것들을 81세 나이에 사회 환원하며 살고 싶다.

나눔도, 봉사도 주는 삶, 베푸는 것도 기쁜 좋은 삶 그런 일을 하며 살고 싶다.

작은 물이 모여 큰 강을 이루듯 나 한사람의 교육운동이 一波萬波가 될 수 있다.

누구나 인생은 한번쯤은 터닝 포인트가 찾아온다. 그것이 나에게는 나눔과 봉사이다.

정말 행복한 사람은 어떻게 나누고 봉사할지 찾고 발견한 사람이다.

-슈바이처

공허한 마음을 채우고 나의 마음을 행복으로 채우는 유일한 길은 나눔과 봉사라고 생각한다.

-전 하버드대 총장

자선(나눔과 봉사)은 아무리 베풀어도 지나치지 않는다.

-프랜시스 베이컨

나와 다른 사람의 행복을 바란다면 나눔과 봉사를 행하라.

-달라이 라마

머리와 입으로 하는 사랑에는 향기가 없다. 진정한 사랑은 이해, 포용, 자기 낮춤이 선행되어야 한다. 사랑이 머리에서 가슴으로 내려오는데 70년이 걸렸다.

-(故)김수환 추기경

베풂은 승리자이고, 빼앗는 사람은 패자가 되며, 부드러운 것이 강한 것 을 이기고 기쁨이 슬픔을 이기고 희망이 좌절을 이기고 베풂이 욕심을 이긴다.

-소설가 김홍신

마윈과 빌게이츠는 돈이 많고 부자의 불행을 토로하며 '고통을 덜기 위해 자선과 기부에 앞장서겠다'고 했다.

김형석 교수와 정범모 교수는 '선행으로 하는 나눔과 봉사가 인생의 행복이고 의미 있는 삶'이라 했다.

제4부

꿈을 향한 멈추지 않는 열정

-개인 활동을 중심으로 한 정년 후 활동

자신이 좋아하는 일을 하라. 그러면 성공은 자연히 이루어진다.

– 워런 버핏

01 '한국청소년건강재단'의 선한 영향력

2019년 12월 17일 코카콜라 장학금 수여식. 아랫줄 왼쪽에서 세 번째가 필자

내가 오랫동안 큰 애정을 가지고 활동하는 곳이 있다. '한국코카콜라'와 '코카콜라음료'가 공동 출자해 2004년에 설립한 '한국청소년건강재단'이다. 평소 청소년 건강에 관심이 많았던 한국코카콜라의 '아세 반 벤섬' 사장은 그동안 해오던 청소년 관련 활동을 보다 체계적으로 추진하고 강화하기 위해 2004년에 한국청소년건강재단을 창설하였다.

나 역시 재단이 창설된 2004년부터 지금까지 이사진으로 활동 중이다. 한국청소년건강재단에서 함께 활동하고 있는 이사진에는(現)한국청소년건강재단 이사장인 박형재 이사장, 차범근 축구감독, 김병후 신경정신과 전문의, 박옥식 한국다문화청소년협회이사장, 정기성 감사, 구남주 이사 등이 있다. 이들은 다양한 분야의 전문가들로, 우리는 재단의 프로그램 기획 및 실행에 주도적으로 참여하고 있다.

한국청소년건강재단은 대한민국 청소년의 스포츠 활동과 건강, 영양교육 등도 지원함으로써 건강한 청소년으로 자라날 수 있도록 도움을 주고 있다.

한국청소년건강재단은 활기차고 행복한 청소년의 생활을 위해 다양한 프로그램을 운영하고 있다. 2008년 3월부터 매주 1회 학교에 체육 강사를 파견해 다양한 스포츠를 가르쳐주는 스포츠 교실과 2017년까지 올림픽 종목을 체험하고, 모두 함께 즐길 수 있는 청소년들의 올림픽 축제인 '모두의 올림픽'을 운영해 왔다. 2018년 4월부터는 새롭게 청소년들의 꿈과 미래에 대한 올바른 방향성을 제시해주는 '드림 UP' 프로젝트도 지원하고 있다. 2018년에는 국내 및 다국적 기업의 '여성' 임원들로 구성된 기업과 협업을 시작했다. 전 · 현직 기업 임직원 50여 명이 청소년들의 멘토로 나서 청소년들이 스스로 자신의 가치를 발견할 수 있도록 돕는 일을 하고 있다.

뿐만 아니라 2001년부터 꾸준히 진행하고 있는 환경 교육 프로그램 '코카-콜라 어린이 그린리더십', 대관령 일대와 낙동강 유역 등 수자원 부족을 겪고 있는 지역에 맑고 깨끗한 물을 공급해주는 '통합적 수자원 관리 프로젝트(물 환원 프로젝트)' 등 국내외 NGO 등과 협력해 지역사회에 유의미한 변화를 만들어 가고 지속 가능한 환경을 만들기 위해 노력 중이다.

또한 한국청소년건강재단은 2011년부터 학생들에게 '코카콜라 장학금'을 수여하고 있다. 학업, 자원봉사, 예능, 체육 등 다양한 부문에서 우수한 리더십을 보여준 청소년들을 선발해 매년 장학금을 수여한다. 미래 세대의 주역인 청소년들이 다양한 분야에서 건강한 꿈을 키워갈 수 있도록 지원하고 있다.

지역사회에 긍정적인 변화를 만들기 위해 노력하는 한국청소년건강재단의 이사진으로 활동할 수 있어 행복하다. 기업의 지속가능한 경영이 앞으로도 꾸준히 실천되기를 바라며, 그 선한 영향력이 더 많은 청소년들에게 전해질 수 있도록, 나 역시 앞으로도 계속 지원하고 활동할 것을 다짐한다.

02 글로벌희망교육 포럼이란

최근 활동 중, 정기적으로 진행했던 일중 하나는 '글로벌희망교육 포럼'이다. 글로벌희망교육 포럼은 경쟁위주의 기형적인 교육현장을 변화하고자, 연세대학교 교수이자 창의인성교육연수소장인 이상오 교수, ADRF 이사이자 고등학교 교장 출신의 유기종 교장, 그리고 내가 함께 시작한 교육 활동이다.

처음 포럼을 시작할 때는 청소년, 학생들의 교육을 통해 세상을 변화시키고자 하는 것이 취지였다. 그러나 이후 우리는 교육 목표를 '평생교육'으로 확장했고, 교육 대상자의 범위도 넓혔다. 장기적으로 '누구나' 들을 수 있는 포럼을 만드는 꿈을 가지고 있었기 때문이다.

<세계희망교육 포럼 취지문>

세상은 〈블루오션 리프트〉의 시대로 접어들고 있습니다. 지금까지 치열한 레드오션의 경쟁과 저비용의 패러다임으로 승부하던 시대가 저물고, 대신 상생(相生)의 블루오션과 가치경영의 패러다임이 지배하는 시대를 맞고 있습니다. 따라서 우리의 교육 역시 오프라인(off-line)과 온라인(on-line)의 경계가 흐려지고, 국가 간 교육과정 공유, 국가 간 장벽을 넘어 전 세계를 넘나드는 교육 경쟁 심화, 모든 것이 연결되고 보다 지능적인 사회로 진화되는 시대환경에 맞게 재편성 재구조화되어야할 운명에 처해있습니다. 소비자의 가치기준에 따라서 모든 것이 재편되는 이 시대에, 교육소비자 즉 학습자들이 요구하는 가치경영은 교육현장에서도 피치 못할 운명이 되어버렸습니다. 학습자들이 추구하는 시대적 가치가 과연 무엇인지? 미래사회가 요구하는 인재상은 무엇인지? 지금의 무한경쟁으로 몰아가는 교육은 과연 무한한 잠재가능성의 아이들에게 창의·인성을 기르고 소통과 공감으로 융합능력을 통해 문제해결능력을 기르는 '자기주도의 학습'의 기회를 제공하고 있는 것인지?

현재 세상이 처해 있는 모든 교육적 난제들을 하나 둘 해결하고 명실공히 '교육혁신'을 통한 살기 좋은 사회, 아름다운 세상의 건설을 위해 우리는 오늘 다음과 같은 취지로 〈세계희망교육 포럼〉을 발의하고자 합니다.

이제 모든 교육 공동체들은 한마음 한뜻으로 시대적 요청에 기꺼이 동참할 것을 굳게 믿습니다. 더 이상 교육은 학교만의 문제가 아닙니다. 더 이상 우리가 안고 있는 교육의 문제들을 방관할 것이 아니라 학습자의 학습 경험과 기회 확대, 학습에의 몰입과 참여, 학습의 개인화, 맞춤화를 지원하기 위한 교육으로의 변화시키기 위해 모든 교육공동체는 〈세계희망교육 포럼〉을 이끄는 주도세력이 되어서 교육을 통해 세상을 변화시킬 필요가 있습니다. 이제 세계교육혁신의 허브로서 세워지는 〈세계희망교육 포럼〉의 네트워크는 시대적 소명입니다.

하나. 세상의 모든 교육을 시대환경에 맞게 재편성 재구조화한다.
하나. 세상의 변화에 맞는 교육을 통해 모두가 행복한 세상을 만든다.
하나. 세상의 모든 학생이 개개인의 적성과 재능 그리고 능력에 부합되는 교육을 받을 수 있도록 한다.
하나. 자기 주도 학습을 통해 소통과 공감능력을 가진 융합인재를 기른다.
하나. '우리 교육 이대로는 안 된다'는 질문의 답을 얻고자 한다.

희망교육 포럼공동대표
권이종(한국교원대학교명예교수, ADRF. 회장)
이상오(연세대학교교수, 창의인성교육연수소장)
유기종(전 잠일고등학교교장, ADRF이사)

그렇게 시작된 글로벌희망교육 포럼은 2018년 3월부터 한 달에 한 번 서울에서 열렸다. 우리는 교육, 봉사, 가족, 인간관계 등을 주제로 각 분야의 전문가들을 강연자로 초청해 누구나 편하게 들을 수 있도록 교육 포럼을 시작했다. 대상자는 포럼에 참여하고 싶은 '모든' 사람들이고, 취지에 맞게 어린이부터 나이 지긋한 분들까지 전 세대가 고루 참여했다.

2019년에 개최한 글로벌희망교육 포럼을 중심으로 활동을 소개해 보자면, 2019년의 첫 포럼은 내가 강연자로 나서 "봉사와 함께 하는 삶, 얼마나 행복할까"라는 제목으로 포럼의 문을 열었다.

먼저 간단하게 나(강연자)에 대한 소개로 시작하여, 나눔과 인성교육에 관한 나의 경험과 가치관, 삶을 나눴다. 초근목피의 어린 시절을 보내고 파독 광부 신분으로 독일에 갔다가 박사학위를 마치고 한국에 온 과정, 이후 청소년 전문가로 활동하며 교육부 자문위원과 교수로 재직했던 일들을 이야기했다. 그리고 그 모든 순간마다 내 삶에는 항상 '나눔과 봉사'가 함께 했다는 것을 강조했다. 나는 포럼을 진행할 기회가 있으면 '교육과 나눔봉사'를 주제로 자주 강연을 하는 편이다. 내 삶에서 가장 가치 있는 것이기 때문이다.

2019년 2월에는 이경채 대표가 "인생 레시피"라는 제목으로 포럼을 개최했다. 이경채 대표는 '인생레시피 코칭상담연구소'의 대표이며 가족행복코치와 작가로도 활동하는 분이다. 그 날은 가족과 인생에 대한 이야기를 들을 수 있는 시간이었다. 배우자, 자녀와 함께 시간을 보내는 방법, 가족 행복을 위한 소통법 등을 알려주었다.

2019년 6월에는 성남시 자원봉사 기초교육 강사회 회장이자 생명의전화 상담전문교육강사로 활동하는 권순연 요리연구가를 강연자로 초청해 〈알고 먹는 밥이 보약이다〉라는 주제로 음식과 관련해 포럼을 진행했다. 요리, 건강 등 누구나 접근하기 쉽고 관심 있는 소재로 포럼을 이끌어주셔서 참여자 모두 유익한 정보를 많이 얻었다.

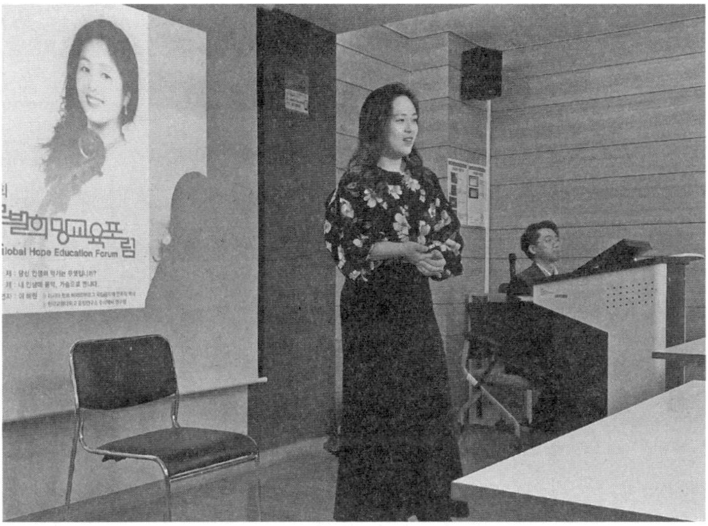

글로벌희망교육 포럼 진행 중인 첼리스트 이혜린 박사(음악 분야 전문가)

이후로도 영화, 음악, 인테리어, 문학 등 여러 분야의 전문가들과 함께 글로벌희망교육 포럼을 진행했다. 그러나 안타깝게도 코로나19로 인해 2020년부터는 포럼을 진행하지 못하고 있는 실정이다. 우리 포럼 활동을 하는 분들 중에는 나이와 상관없이 배움에 대한 열정을 가진 분들이 많다. 또한 자신의 전문 분야와 삶을 나누고, 도움을 주고 싶어 하는 분들도 있다. 속히 코로나 시국이 나아져 글로벌희망교육 포럼도 재개되기를 바라는 바이다.

03 한국 경제 발전을 이끈 17인에 선정

한국개발연구원 휴먼스토리존에 전시된 나의 이야기와 사진들

2019년 3월 6일, 특별한 상을 수상하게 되었다. 대한민국 기획재정부가 주최하고 한국개발연구원(KDI)이 주관한 '휴먼스토리 주인공'에서 공로상을 받게 된 것이다.

'휴먼스토리 주인공'에서는 어려움 속에서도 포기하지 않고 각자의 분야에서 활약한 17명을 선정해 공로상과 감사패를 주었다. 영광스럽게도 나도 대한민국 경제발전에 공로한 17인에 선정되었다.

또한 한국개발연구원 휴먼관의 '휴먼스토리존'에는 선정된 17인의 이야기를 사진과 함께 전시해 주었다. 목적은 국내외 후세대들의 교육을 위한 전시관이다. '교수가 된 파독 광부, 권이종'이라는 제목으로 나의 구역도 마련되어 있었는데, 독일 광부 시절부터 지금까지의 나의 이야기와 사진들이 카드뉴스 형식으로 전시되어 있었다. 손으로 터치해 옆으로 한 장씩 넘겨가며 나의 인생사를 보고 있자니 만감이 교차했다.

젊은 시절에는 파독 광부로 대한민국 경제발전에 공로했지만 앞으로의 나의 생은 교육과 봉사로 사회에 공헌하고, 선한 영향을 줄 수 있는 삶이 되길 바라는 마음이다.

04 재능 기부 봉사활동이란

내가 이루고 싶은 나눔과 봉사의 꿈 중에는 '재능 기부'를 통해, 국내외에 희망교육 운동을 펼쳐나가는 것이 있었다. 늘 마음속으로 그림만 그리다가 어느 날, 어린이와 청소년 그리고 부모 교육에 관심이 많은 지인을 만나게 되었다. 그리고 지인과 이야기하며 내 마음속 그림을 구체화 시키게 되었다. 나는 그 분을 우리 단체의 홍보대사로 위촉했고, 그 덕에 나도 용기가 생겨서 바로 도서벽지 학생을 대상으로 재능 기부 봉사활동을 시작할 수 있었다. 우리는 성공한 삶, 감동 스토리가 있는 사람들로 강사뱅크를 조직하고 재능 기부 봉사활동을 통한 희망교육 운동을 펼쳐나가고자 했다. 교육 대상은 모든 사람들이지만, 우선 자라나는 새싹인 어린이와 청소년을 대상으로 실천하고자 했다.

그렇게 시작된 나의 재능 기부 봉사의 첫 걸음은, 2019년 6월 1일부터 5일까지 전남 완도 '보길도', '노화도'에 있는 초 · 중등학교 학생들을 위한 강의로 시작했다. 나는 2019년 5월에 무작정 이 지역 교장 선생님들에게 편지를 써서 발송하고 각 학교를 찾아갔다.

○○○ 교장선생님

초면에 글을 올리게 됩니다. 저는 ADRF 아프리카아시아난민교육후원회 회장, 한국교원대학교 명예교수 권이종입니다. 국제시장 영화 스토리 주인공이기도 합니다.

저는 "교육이 희망이다"라는 슬로건을 가지고 아프리카 아시아의 빈곤아동들을 위한 교육지원을 하는 국제 후원단체 ADRF에서 교육봉사를 하고 있습니다.

ADRF 국내 활동 중 하나로, 국내 중·고등학생들이 아프리카, 아시아 아이들을 위한 한국 동화책을 영어로 번역하는 봉사를 하고 있습니다. 전국에서 약 4천여 명의 중고생들이 참여하고 있습니다. ADRF가 어떤 단체인지는 인터넷에 'ADRF'나 제 이름 '권이종'을 찾아보시면 검증이 가능하실 것입니다.

다름이 아니오라 제가 낙후지역인 전국 도서벽지 학교 학생을 대상으로 재능 기부 봉사교육 활동을 통해 희망교육(Hope=Education) 운동을 전개하여 학생들에게 꿈과 비전 있는 삶을 제시하고자 합니다.

시범적으로 국내 도서벽지 학생에게 먼저 실시하고 다음으로 외국학생으로 확대 실시하고자 합니다. 장기적으로는 재능 기부 강사 뱅크를 조직하여 운영할 예정입니다.

자세한 말씀은 만나 뵙고 말씀 나누기로 하겠습니다. 이번 6월 3일에서 5일까지 노화도와 보길도에 머물면서 귀 학교 학생들에게 봉사로 강의를 해 주고자 합니다.

제 이력서 참조하시기 바랍니다. 저의 교육운동에 동의해 주신다면 전화로 교장선생님과 일정을 협의 하겠습니다. 감사합니다. 건강하신 가운데 귀교의 무궁한 발전을 기원 합니다.

2019. 5.23 권이종 올림

그리고 허락하는 학교의 학생을 대상으로 재능 기부 강의를 했다.

학생들의 반응은 기대 이상이었다. 내 강의를 듣고 난 후 아이들은 매우 행복해했다. 마치 연예인 대하듯 많은 학생들이 나에게 사진촬영과 사인을 해 달라고 했다. 또한 각 학교장과 선생님들의 헌신과 친절함에 내가 오히려 감동받는 값진 경험도 할 수 있었다. 내가 닷새 동안 머무르며 재능 기부 강의를 할 수 있었던 것은 제자 김종훈의 적극적인 도움이 있었기에 가능했다.

노화도 재능 기부 강의

노화도 재능 기부 강의

이번 경험을 통해 재능 기부 봉사활동을 통한 희망교육 운동이 성공할 수 있다는 자신감을 갖게 되었다. 또한 나의 긍정 마인드와 성장 마인드가 표출되어, 내가 꿈꾸던 목표에 한 걸음 다가섰다고 생각한다. 인생 선배로서 먼저 체득한 많은 경험들을 바탕으로 국내 도서벽지 학생과 국내 빈곤학생, 더 나아가서는 국제 빈곤 학생들에게까지 재능 기부 봉사활동을 통한 희망교육 운동을 전개해 나갈 계획이다. 앞으로 재능 기부 봉사활동을 통한 희망교육 운동이 활화산처럼 확산되기를 꿈꿔본다. 지금은 코로나 관계로 중단되었다.

2019년 예람중학교 재능 기부 강의

05 두 세대의 만남으로 이루어진 뜻깊은 듀엣 강의

2020년 가을의 어느 날, 광주광역시 교육연수원에서 연락이 왔다. 교육공무원을 대상으로 하는 강의에 나를 강의자로 초청하고 싶다고 했다. 나는 나이가 많다고 겉으로는 사양했지만 마음속으로는 하고 싶었기에, 결국 강의를 수락했다.

내가 한국교원대학교 교수직을 내려놓은 뒤였음에도 불구하고 전국의 기관, 단체, 학교 등에서 감사하게도 나를 초청하는 곳들이 많아서 강의를 하러 다녔다. 그런데 2020년에는 코로나 19로 인해 강의도 많이 못했고, 앞으로도 얼마나 더 강의 할 수 있을지 모르는 일이었다. 그래서 나는 불러주는 곳이 있으면 행복하게 생각하고, 나를 필요로 하는 기관이 있다면 무조건 가야 한다고 생각했다.

2020년 11월 27일, 광주에서 열린 강의는 평생 좋은 기억으로 남을 것 같다. 가기 전부터 마음이 행복하고 설레서 며칠간 잠도 설쳤다. 강의 원고도 그 어느 때보다 신경 써서 정리하고, 수정하고, 거울 앞에서 리허설도 여러 번 가졌다. 나는 강의 전에 실무자와 의논을 많이 하는 편이다. 강의를 듣는 교육생들에 대한 분석, 그동안 강의를 진행했던 다른 강사들의 강의 수준과 강의 주제, 강의를 주관하는 기관의 연수 목적에 대해서도 묻는다. 또한 강의장의 규모, 강의장은 몇 층인지, 음향, 냉난방 등의 강의 환경, 강의장이 계단식인지 평형 강의장인지도 미리 알고 가는 것이 좋다. 나는 강의를 할 때마다 위의 항목들을 항상 체크하는데, 그 이유는 내가 아무리 강의를 잘하고 싶어도 환경 때문에 만족하지 못하는 경우가 많았기 때문이다. 특히 이번에는 코로나19 예방과 방역이 철저하게 되었는지도 매우 중요했다. 그래서 미리 사전 조사를 철저히 했다. 광주 강의를 준비하면서 즐겁고 신기한 일도 생겼다. 예전에 나와 함께 '듀엣 강의'를 했던 이혜린 박사를 광주 강의를 일주일 남기고 우연히 만나게 된 것이다.

이혜린 박사는 첼리스트로, 러시아의 명문인 상트페테르부르크 국립음악원을 나온 학자이다. 글로벌교육 포럼에서 나와 함께 활동하며 학생들에게 음악치료와 강의로 봉사하고, 아이들에게 꿈을 심어주는 훌륭한 분이다.

우연히 만나서 이런 저런 이야기를 하다가 내가 일주일 뒤에 광주로 강의를 하러 간다고 했더니, 이 박사가 함께 하자고 하는 것이었다. 나는 마음으로는 고맙고 감사했지만, 고민이 좀 됐다. 첫째는 이 박사에 대한 예우와 초청 기관의 허락을 받아야 했기 때문이었다. 나는 광주 교원연수원에 전화했다. 강의 관계자와 상의하니 그 쪽에서도 아주 좋은 아이디어라고 하며, 흔쾌히 이 박사의 강의료도 해결해 준다고 했다. 그동안 연수원에서는 한 번도 듀엣 강의가 없었는데, 이번 강의가 기대된다며 매우 좋아했다. 우리는 완벽한 강의를 위해 하루 전날 광주에 가서 리허설도 가졌다. 강의는 성공적이었다. 80대와 30대, 두 세대가 함께 강의하는 것만으로도 교육생들에게 흥미를 끌기에는 충분했다. 특히 내가 어린 시절 이야기를 하며 '어머님 은혜' 노래를 부를 때와, 이미자의 '동백아가씨' 노래를 부르며 파독 광부 시절을 추억할 때는 이 박사의 아름다운 첼로 선율이 더해져, 더욱 애틋하고 감성이 충만한 강의가 되었다.

2020년 광주에서 듀엣 강의 중인 필자와 첼리스트 이혜린 박사

강의를 하며 나는 노래를 세 곡 불렀고, 이 박사도 몇 곡을 더 연주했다. 예술이 접목된 이번 강의는 내게 매우 의미 있었다. 80세가 넘은 나이에 이렇게 행복한 감정을 느낀 그 순간이, 내게는 정말 귀한 시간이었다. 이런 감정을 느끼게 해 준 광주광역시 교육연수원과 광주서부교육청 박주정 교육장에게 감사한 마음뿐이다. 박주정 교육장과의 인연도 평생 간직할 소중한 인연이며, 교육장은 항상 나에게 행복을 주는 사람이다. 이번 강의도 교육장이 추천해서 이루어진 일이다. 며칠 후 강의 평가와 관련해 연락이 왔는데 우리 강의가 아주 좋은 평가를 받았다고 했다. 지금 다시 한 번 생각해도 그 날 광주 강의는 내게 최고의 시간으로 남아있다.

06 귤나무 앞에서 내 삶을 돌아보다

"교수님, 안녕하세요. 잘 지내시죠? 저희 남편이 조만간 교수님을 제주도로 꼭 한 번 초대하고 싶다고 해요."

어느 날 제주도에 사는 우리 단체 후원자에게 전화가 왔다. 제주도 출신인 남편과 이야기를 하다가, 나를 포함한 몇몇 지인들을 제주도로 초대하고 싶다는 내용이었다.

전화를 끊고 잠시 후 후원자는 카카오톡으로 비행기 표와 일정을 보내왔다. 너무 황송하고 감사했다. 일정을 보니, '봉사'와 '여행'을 겸한 알찬 일정이었다. 봉사의 내용은 '제주도 감귤 따기 봉사'였다. 아주 즐거운 마음으로 참여했다.

제주도에서 보낸 시간 중에 사람들과의 만남과 관광도 매우 즐거웠지만, 가장 의미 있었고 지금까지 생각나는 일정은 바로 '귤 따기 봉사' 시간이었다. 그래서 그 부분을 중심으로 이야기하고자 한다.

나는 평생 남을 돕고, 나누고, 재능 기부 등의 봉사도 많이 하면서 살았다. 그러나 육체적인 봉사 경험은 적은 편이다. 그런 의미에서 이번 귤 따기 봉사는 내게 아주 흥미로웠다. 처음에는 '내 나이에 몸으로 하는 봉사가 체력적으로나 정신적으로 가능할까?' 고민도 했다. 그러나 결과적으로 몹시 흡족한 체험이었다.

귤 따기에 앞서, 귤나무에 관한 이야기를 들었다. 귤나무는 보통 심고 나서 5년 후부터 귤이 열리기 시작하며, 한 나무 당 길게는 30~40년간 귤을 수확할 수 있다고 한다. 큰 귤나무에서는 10kg짜리 상자로 대략 30~40상자의 귤을 수확하며, 농약은 보통 10번 정도 한다고 한다. 꽃은 따로 솎아주지 않고, 열매가 너무 많이 열리면 솎아주는 경우는 있다고 한다. 이렇게 밭에서 딴 귤은 선별장으로 옮겨져 세척 후, 왁스 코팅을 해서 전국으로 판매한다고 했다. 제주도는 바람이 많은 곳이라고 하던데, 정말 그랬다. 기온은 낮지 않았지만 바람이 아주 세차게 불어서, 작업복 위에 바람을 막는 두꺼운 옷까지 입고 일을 했다. 작업 방법에 대해 간단히 설명을 듣고 시작했는데 일은 매우 단순했다.

문제는 귤나무들이 굉장히 촘촘히 있고 나무마다 귤이 주렁 주렁 많이 달려 있어서, 따야 할 귤의 양이 너무 많았다. 또한 귤잎과 열매에 흰 가루인 칼슘제와 석회고토(비료)가 많아서 그 먼지가 많이 났다. 이 가루들이 일하는 나를 많이 괴롭혔다.

그렇게 귤을 따다보니 옛 생각이 났다. 독일 광산의 석탄과 돌가루 먼지들이 앞이 보이지 않을 정도로 눈을 가렸던 기억이 떠올랐다. 게다가 광산은 숨을 쉴 수 없게 덥기까지 했었다. 광산일과 비교하면 귤 따는 일은 식은 죽 먹기였다. 생명이 위험하지도 않았다. 광산에서 일하던 때를 생각하니 귤 따는 것은 그저 감사할 뿐이었다.

어릴 때 고향에서 농사짓던 생각도 났다. 담배 농사를 지을 때면 담배 니코틴에 취하는 것처럼 니코틴의 독성에 중독이 된다. 어린 나이에 그게 얼마나 괴로웠던지, 지금도 그 냄새가 잊혀지지 않는다.

또한 농사는 다 어렵다는 것도 느꼈다. 내가 나이가 많아서 더 힘들었지만 봉사의 의미를 되새기며, 또 나이 80이 넘어 처음 해보는 종류의 봉사였기에 큰 의미를 부여하며 끝까지 최선을 다했다.

옛날에 귤나무는 '대학 나무'라고 했다고 한다. 귤 농사를 지으면 아이들 대학까지 교육시킬 수 있었기에 자녀 교육에 큰 도움이 됐었다고 한다.

광산 일과 비교하면 쉬웠다는 거지, 귤 따기가 결코 만만한 일은 아니었다. 자녀들을 생각하며 한 개, 한 개 땀과 눈물을 흘리며 귤을 따던 부모들의 마음을 나도 알 것 같아서 어느 순간부터는 내 손도 덩달아 바빠졌다. 이번 제주도 봉사를 통해,

나는 자녀들을 향한 부모의 끝없는 헌신과 사랑, 교육의 중요성에 대해 또 한 번 느끼고 왔다. 나는 그동안 특강이나 세미나, 여행 등을 통해 제주에 다녀올 일이 많았는데, 이번 제주 방문이 가장 행복하고 추억에 남은 시간이었다.

제주도에서 귤따기 봉사 중인 필자

07 ㈜서울경기행정신문의 자문 위원장으로 추대되다

약 25년 전, 교육 봉사활동을 하며 만난 지인 김동영은 항상 나에게 먼저 안부를 묻는 고마운 사람이다. 함께 봉사를 하던 당시에는 자주 보며 지냈지만, 봉사가 끝난 후로는 연락이나 왕래가 적어지게 되었다. 그런데 2021년 2월 26일, 유독 그날따라 카톡 연락이 와서 답장을 보냈다.

"어찌 지내는가? 건강은 좋은가?"

그러자 잠시 후 전화가 왔다. "형님 오랜만입니다. 저는 건강하게 잘 지냅니다. 19년 역사를 가지고 있는 서울경기행정신문 발행인이 되었습니다. 형님께서 쓰신 글이 많으니 원고 하나 보내주세요. 바로 기재 하겠습니다."

충남 예산 출신의 그는 서울 경기고등학교와 서울 법대에서 공부했다. 명문 학교를 나온 그는 매우 똑똑한 사람이다. 능력이 뛰어나 거의 프리랜서로 활동한다. 나는 바로 원고 기고를 했다. 그리고 다음날, 서울경기행정신문 구성원 몇 분을 만나게 되었다. 서울 법대 교수 출신의 구성원을 비롯해 모두 사회에서 알 법한 저명한 사람들이었다. 그들은 지금보다 더 좋은 사회, 행복한 사회를 만들기 위한 사업 계획을 가지고 있었다. 재능 기부를 하고 싶던 나에게 좋은 기회가 되었다. 다양한 직업을 가진 각계각층의 훌륭한 분들과 뜻을 함께 하게 되니 마음이 흡족했다.

이후 나를 자문 위원으로 모시겠다는 이사회 의결이 있었다고 한다. 그리고 2021년 3월 9일, 서울경기행정신문사 김동영 사장 명으로 '자문 위원장' 신분증이 왔다.

내 삶에는 항상 神奇한 일들이 많다. 25년 전 만난 지인에게 왜 그날따라 답을 하고 싶었을까? 그리고 내 나이 81세에 어떻게 이런 부름을 가졌을까? 무엇이든 오래 생각하는 내가 왜 주저하지 않고 그 모임에 참여를 했을까? 질문의 연속이다. 신앙인인 나에게는 결국 모든 것이 하느님의 섭리라고 생각하지 않을 수 없었다.

서울경기행정신문 자문위원장 신분증

다음은 신문 창간사이다.

"서울경기행정신문은 지난 19년간 쌓아온 노하우로 서울행정뉴스로 지방 자치 발전에 기여한 바 짧지 않은 역사를 지니고 있습니다. 이번에 뜻한 바 있어 법인으로 확장하여 '(주)서울경기행정신문'으로 새롭게 출발합니다.

제 4차 산업 혁명 시대를 맞이하며 기술의 혁신적 발전과 사회의 변화가 급격히 이루어지는 시대 속에서 새로운 역할과 사명이 요구되고 있습니다.

이에 따라 새로운 소명과 기능을 담당하고 새 시대에 맞는 역할을 담당하고 서울과 경기도의 시민의 행정에 대한 눈과 귀의 역할을 담당하고자 합니다.

서울 경기의 수도권 소식을 발 빠르게 전달하고 지방 자치 제도가 바르게 정착되어 공정하고 효율적인 행정으로 나라발전과 국민복지 향상에 이바지할 수 있도록 언론 본연의 사명을 다하겠습니다. 또한 우리 사회의 귀감이 되는 사람들을 발굴하여 널리 홍보하고 사람이 살만한 훈훈한 정을 나누는 사회를 만들어 가는 데 일조를 하겠습니다. 특히 행정 각 부서가 새로운 아이디어를 창출하여 보다 생산적이고, 발전적인 행정을 수행할 수 있도록 우수사례를 발표하여 홍보하는 역할을 수행하겠습니다.

뜻을 같이하는 사람들, 서울 경기의 시민들과 함께 한마음 한뜻으로 힘을 모아 정론지의 언론사가 되도록 최선을 다하겠습니다. 진실 보도 양질의 뉴스로 뿌리 깊은 신문이 되도록 임원 모두는 溫故知新의 정신으로 거듭날 것입니다."

08 부산 VSDI 청년 CEO 협회 발대식 축사

'VSDI 청년 CEO 협회' 중앙 이사장인 김효영 교수가 부산 VSDI 청년 CEO 협회 발대식에 나를 초대했다. 2020년과 2021년에는 코로나 관계로 장거리 여행이나 특강을 못했는데, 답답한 가슴과 움츠린 어깨를 펴고자 부산 행사에 기꺼이 참석했다.

김효영 교수와는 2017년에 ADRF 홍보대사 에리카윤 교수를 통해 만나게 되었다. 당시 에리카윤 교수가 '제 1회 한중국제영화제'에 나를 초대해 주었는데, 같은 테이블에 앉은 사람들과 인사를 하게 됐고, 그 때 포항의 김효영 교수를 만나게 된 것이다. 테이블에 앉은 사람들끼리 서로 명함을 주고받았고, 헤어진 후 내가 간단한 인사 문자를 보냈는데 김효영 교수에게서 가장 먼저 답장이 왔다. ADRF에 참여하고 싶고, 우리 단체에 도움을 주고 싶다고 했다. 고마운 일이었다.

김효영 교수는 미용예술을 전공하고 대학에서 학생들을 가르치고 있다. 청년에 대한 사랑이 남다르다. 나 역시 청년을 좋아하기에, 다른 어떤 모임보다 이 모임에 강한 애착심을 갖고 있다. 또한 청장년으로 이루어진 구성원들이 나에게 훈훈한 정을 준다. 물론 내가 단체의 고문 대표이기 때문에 참여의 의무감도 있다. 그리고 VSDI 청년 CEO 협회의 중앙 회장은 '식탁이 있는 삶'의 김재훈 대표이다. 김 대표는 2018년 4월에 '귀농 귀촌 청년 창업 박람회'에서 우수 청년 창업상을 수상했다.

평생 청소년 운동을 해온 나는 '청년'이라는 단어만 보아도 피가 끓고 가슴이 뛴다. 조직을 전국적으로 확장하여 젊은이들에게 꿈과 희망을 줄 원대한 계획을 가지고 있는 두 분이었다. 나는 그 정신과 열정에 한마디로 반해버렸다.

부산은 현직에 있을 때 참 많이 다녀온 곳이다. 부산은 세계적으로 아름다운 도시이며 내가 아끼는 제자들도 있어서 언제 가도 좋다. 또한 과거와 다르게 요즘은 KTX나 SRT를 이용하면 2시간 30분이면 도착할 수 있어서 장거리임에도 부담이 덜하다. 이번 부산 일정은 행사 참여와 더불어 제자들과의 만남도 이루어져서 매우 행복한 1박 2일의 시간이었다.

부산 VSDI 청년 CEO 협회 발대식

이 단체의 소개를 간단히 한다. VSDI의 설립 목적은 V(Value), S(service), D(divide), I(innovation)로 설명할 수 있다.(Value: 가치 있는 삶(재물보다 가치), Service: 봉사(청소년 지킴이+자연 정화 활동+우리 지역 둘러보기 등), Divide: 나눔(기부 문화 확산+어려운 이웃 돕기+재능 기부+노숙인 자활+저소득층 나눔 등), Innovation: 창의(인성 교육+인적+경영+기술 혁신))

지방의 청년들이 수도권으로 이동하고, 지방에는 노년층만 남는 사회적 문제가 대두되고 있다. 정부 및 지자체에서 청년들의 취·창업 지원을 위해 예산을 집중 투입하고 있으나 한시적이며, 창업보(교)육센터를 졸업한 후에도 사업화의 지속률이 낮으며 사후 관리가 어렵다. 그래서 VSDI는 청년 CEO들이 발전할 수 있도록 협력하고 상생하기 위한 교류의 장으로 회원들의 성장 및 발전을 통해 국가 사회 발전에 이바지하고자, 포항시를 기반으로 설립되었다. 경북에 이어 전국적으로 조직을 확대하여 활동함을 목적으로 활동하고 있다.

나 역시 청년들을 위한 비전이 있기에 이 모임에 최선을 다해 참여하며, 젊은이들에게 더 좋은 세상을 남기는 데 일조하고자 한다.

09 훈민정음 탑 건립조직위원회에 고문으로 참여하다

책 편집과 교정 과정에서 개인적인 중요한 활동이 있었다. 어느 지인을 만나 이야기하면서 '훈민정음 탑 조직위원회'에 대해 알게 되었다. 마음이 다가갔다. 외국에서 살아 본 사람은 누구나 애국자가 된다고 한다. 나도 오랫동안 독일 생활을 했기에, 조국과 한글에 대한 사랑이 누구보다 크다. 심지어 독일에 한글학교를 만들어 2세들에게 한글도 가르쳤다. 현재 일하고 있는 후원단체에서도 15개 국가에 한글을 보급하고 있다.

훈민정음탑조직위원회에 큰 관심이 생긴 나는 그 곳을 방문해 보기로 했다. 설립자는 오랜 기간 동안 본인의 사재를 투자하여 조직을 준비했고, 현재 운영하고 있었다. 존경스러운 마음이 샘물처럼 솟아났다. 명예조직위원장은 반기문 전 UN 사무총장이셨다. 나도 이 운동에 동참하고 싶었다. 이것이야말로 애국이고, 교육이며, 청소년 운동이라고 판단되었다. 기꺼이 고문으로 참여하겠다고 했다.

설립 취지와 이사장에 대해 간단히 소개한다.

사단법인 훈민정음기념사업회는 세계의 모든 문자 중에서 유일하게 창제자와 창제연도는 물론, 창제원리를 알 수 있는 독창성으로 세상의 모든 소리를 표현할 수 있는 위대한 훈민정음이 인류 문화유산으로 우뚝 서기를 기원하고, 경천 · 애민 사상을 바탕으로 창제된 훈민정음의 효용성에 대한 국제적인 공감대를 확산시켜 나가고자 『훈민정음 탑』을 건립하기로 하였다. 따라서 사단법인 훈민정음기념사업회는 '훈민정음 탑' 건립의 필요성에 대하여 뜻을 같이하는 각계각층의 지도자들을 중심으로 훈민정음탑건립조직위원회를 발족하고 전국 주요 도시를 비롯하여 초 · 중 · 고등학교 교정에도 훈민정음 탑을 건립함으로써 문자 강국의 자부심을 후손에게 심어줄 수 있도록 범국민 운동으로 전개해 나가기로 하였다.

더불어 완벽한 표음문자인 훈민정음이 문자가 없는 국가에도 보급될 수 있는 계기가 되도록 UN 본부 광장에 훈민정음 탑을 건립하고 조국에 대한 애국심을 고양하는 정신문화를 확산시켜 나가기 위하여 재외동포 주요 거주 지역은 물론 국내외 한민족 모두가 합력하여 평양에도 훈민정음 탑을 건립하기 위한 사업을 추진해 가고자 한다.

훈민정음기념사업회 박재성(호: 夏川 · 鯨山) 이사장은 한문교육학 박사이시며 시인, 서예가, 전각자, 한문학자이시기도 하다. 이 분야에서 국내외 유일한 학자이시다. 부친께서도 교수 출신이시다. KBS 훈민정음 지도사 과정 전임교수도 역임하셨다. 그리고 현 사단법인 훈민정음기념사업회 이사장, 훈민정음 탑건립조직위원회 상임조직위원장이시다.

훈민정음탑조직위원회 박재성 위원장과 함께

한학자이시기도 한 이사장님은 나의 이름을 즉석에서 풀어 주셨다. 그 시간이 매우 신비스럽게 느껴져서 나의 이름 풀이도 이 책에 포함하고 싶었다. 권이종 박사의 이름을 한자로 풀어서 해석하면 아래와 같다고 했다.

▶ 權(권) = 木 + 雚(황새 관) : 자태가 아름다워 기품이 있는 황새(雚)가 나무(木) 위에 올라가 있으니 '위세'가 대단한 '권세'라는 의미.

▶ 彝(이) =(=又 오른손 우) + 米(쌀 미) + 分(나눌 분) + 廾(스물 입) : 오른 손(又)으로 쌀(米)을 나누어(分) 여러 사람(廾)에게 나누어 주듯 베풀며 살아가는 삶을 의미.

▶ 鍾(종) = 金(쇠 금) + 重(무거울 중) : 무거운(重) 쇠(金)로 만든 제후 이상의 권위를 나타내는 대단히 커다란 쇠북을 나타내는 글자로 온누리에 은은하게 울려 퍼지는 종소리처럼 전 인류에 베풀며 살아가는 인품이 현세와 후세에 길이 전해지리라는 의미.

나는 평생 많은 사람들을 만나고 여러 가지 이야기를 나누며 살았는데, 나의 이름 풀이는 이 날 처음 받아보았다. 너무 신기로운 경험이었다.

또한 후손들에게 훈민정음 교육의 중요성과 자긍심과 애국심을 전승하는 데 기여할 것을 다짐하게 된 뜻깊은 날이었다.

10 30년 전 만남이 새 탑을 쌓다

지난 81년간의 내 삶을 되돌아보면 '나는 평생 하느님의 축복을 받으며 살았구나.' 하는 생각이 든다. 다르게 표현하면 나는 늘 천사들의 도움을 받으며 살아 왔다. 그 천사들은 우연히, 그리고 시기적절하게, 기적처럼 나타나 나를 도와주었다. 항상 많은 이들의 도움을 받으며 살았다. 나처럼 행운이 있는 사람도 드물다고 생각한다. 아래 이야기는 나에게 일어난 또 하나의 기적 같은 일이다.

30년 전, 청소년 운동을 하며 만난 고민수, 최성희 부부가 있다. 고민수 사장은 나보다 서른 살 정도 어리다. 고 사장과는 언제 만나도 즐겁고 행복하다. 나는 누구든 나의 도움이 필요한 사람들에게는 최선을 다해서 도와주는데, 이 지인과도 그런 기회를 통해 만나게 되었다. 우리는 만난 이후부터 지금까지 혈연관계 이상으로 가까운 사이를 유지하고 있다. 고 사장은 우리가 처음 만나서부터 30년 동안, 내가 청하는 일에 한 번도 안 된다는 말을 한 적이 없다. 나를 부모처럼 공경한다.

2020년 초, 그는 나에게 기적 같은 제안을 했다.

"사업으로 번 돈을 사회에 환원하며 살고 싶습니다. 우리 가족들도 지금 생활에 만족하고, 저희는 더 큰 재물의 욕심도 없어요."

단지 교육 사업은 꼭 하고 싶다고 했다. 아내와 자녀들도 모두 동의한 일이라고 했다.

"권이종 교수님의 문학관이나 전시관을 만들어 운영하는 것이 꿈입니다."

그는 항상 내가 자신의 인생 멘토이며 성공 모델이라고 했다. 내 삶의 스토리가 매우 인상 깊고, 많은 사람들, 특히 후세대에게 도전과 희망을 주는 대표적 인물이라고 했다.

그리고 혹여나 내가 세상에 없을 때에도 나의 삶의 스토리들이 사라지는 것을 원하지 않고, 후세에 전수하고 싶다고 했다. 나로서는 믿기지 않을 정도로 고마운 사건이었다.

사실 나 역시, 고향 생가에 나의 개인 문학관이나 기념관을 만들어 운영하려고 오래 전부터 구상했고 작게나마 시작도 했었다. 하지만 내가 사망 한 뒤 운영과 관리가 어렵고, 경제적인 문제도 있을 거라 판단해 거의 포기한 상태였다. 그 와중에 참으로 신기하고 감격스러운 제안을 받게 된 것이다.

나는 그동안 국가 정책을 통해 나의 전공인 '평생교육'과 '청소년 교육' 분야의 일을 충분히 해왔고 많은 성과도 이루었다. 예전보다 신체는 허약해졌지만 정신적 · 지적 에너지는 아직도 넘친다. 또한 나이가 들며 더욱 성숙된 나의 경험을 살리고 싶은 것도 사실이다.

독일과 덴마크의 교육 모델을 기반으로 한 '국민을 위한 평생교육'과 '청소년 운동'은 내가 평생을 꿈꿔온 일이다. 앞으로도 나는 그 꿈을 이루기 위해 봉사할 것이며, 봉사의 목적은 순전히 '행복한 사회'를 만들기 위함이다.

빠르면 앞으로 1~2년 안에 '권이종 평생교육원'을 만들고 운영하려 한다. 이 제안을 해준 고민수 사장이 군산에 살고 있어서 나도 군산에서 함께 추진하고자 한다. 이 일을 시작하면 제자와 지인들도 도와줄 것이라 생각하니 용기가 난다.

'권이종 평생교육원'의 목적은 모든 이를 대상으로 하는 '평생교육 운동'이다. 나의 일대기를 담은 사진과 유물들도 전시하고자 한다. 다른 곳과 차별된 나만의 고유한 전시관을 만들어 학생은 물론 모든 사람들의 교육장으로 구성하고자 한다.

또한 다양한 교육 콘텐츠를 개발해 온 · 오프라인 강의도 실시하고자 한다. 특별히 취약계층, 다문화가정, 교도소, 소년원 등의 소외 청소년들을 위해 인문학 강의, 체험 중심의 학교폭력 예방교육, 성교육, 자살예방교육, 진로 교육을 진행할 계획이다.

그 외에 전북을 빛낸 인물 전시관, 글로벌 교육 포럼, 재능기부와 연계한 프로그램, ADRF 운동과도 연계하여 운영하고자 한다.

여전히 내게 꿈이 있고 도전할 수 있는 기회가 생겼다는 것에 매우 감사할 뿐이다.

11 팬데믹 이후의 세상은

1. 글로벌 전문가들의 2021년 전망(**조선일보** 2021. 1. 4 **요약**)

- 베시 마키(전 미 연방 하원의원 콜로라도주 경제 개발 국장): "소비 줄었지만 완전히 사라지지 않았다. 디지털 경제를 바탕으로 새 혁신이 찾아온다."
- 마이클 스펜스(뉴욕대 교수): "세계경제의 무게 중심이 아시아로 넘어온다. 생명과학과 의료기술의 황금기가 찾아올 것이다."
- 에스워스 다모다란(뉴욕대 교수): "코로나로 사라진 산업은 아무것도 없다. 크루즈 산업도 다시 부흥할 수 있다."
- 린다 그레턴(런던비스니스스쿨 교수): "사무실은 사라졌고, 재

택은 일상화됐다. 직장 동료가 아닌 가족의 가치를 재조명하게 된다."

- 마이크 오설리번(크레디트스위스 수석 투자책임자): "기술 기업과 가상 화폐 분야가 급성장하면서 주식시장의 버블을 보게 될 가능성이 있다."
- 다니엘 그로스(유럽정책연구센터 소장): "계층 간, 국가 간 회복의 속도 차는 불가피하다.결국 양극화는 더욱 심해질 것이다."
- 마우로 기엔(팬실베이니아대 교수): "팬데믹은 취약계층에 큰 상처를 남겼다. 한번 사라진 일자리는 쉽게 돌아오지 않을 것이다."
- 에덴 포젠(미 피터슨연구소장): "유럽 선진국이 더 유능하고 덜 부패하다는 환상은 깨졌다. 미국 없이도 글로벌 경제 통합이 진전된다."
- 제롬 김(국제 백신연구소사무총장): "백신으로 세계경제는 회복하겠지만 '백신 국수주의' 로 인한 국가 갈등이 나타날 수 있다."
- 마크 젠디(무디스 수석이코노미스트): "백신 보급에 따라 본격적 회복이 시작된다. 국가의 부에 따라 회복 속도는 다를 수 있다."
- 비백 와드와(카네기멜런대 수석 연구원): "중국이 자국의 이득만 취하는 걸 전 세계가 보았다. 세계는 중국의 대안을 찾고 있고, 한국이 기회로 삼아야 한다."

2. 6가지 키워드로 본 2021년(**조선일보** 2021. 1. 4 **요약**)

① 사무실이 사라진다.

코로나바이러스로 인해 확실히 사라진 게 있다면, '사무실'이다. 출근이 재택근무로 대체됐고, 이제 '어디서든 근무'(work-from-anywhere)로 진화하고 있다. 재택근무로 인한 출퇴근 시간과 출장 비용 절감, 업무 창의성 개선 등 긍정적 효과가 적지 않았다. 기업 입장에서도 근무 환경을 개선하지 않을 수 없게 됐다. 프리스위라지 차우두리 하버드대 교수는 "요즘 인재는 일하기 좋은 환경을 찾아간다"고 말했다. 앤디 셰 전 모건스탠리 수석 이코노미스트는 "직원 모두가 재택 근무를 하면 누가 성과를 내는 핵심 인재인지 더 명확하게 보인다"며 "코로나 종식 이후엔 기업들이 조직 슬림화에 나설 것이다"고 전망했다.

② 기업도 '거리 두기'를 한다.

전문가들은 탈(脫) 도시화 현상이 올해 더 가속화하리라고 전망했다. 그래턴 교수는 "원격 근무가 확산하며 어디서든 일할 수 있는데 굳이 도시에 남아있을 필요가 있겠느냐"며 "도시의 운영자들은 통근이 필요 없는 세상에서 대도시의 역할이 무엇인지에 대해 고민하기 시작할 것"이라고 했다. 탈도시화는 상업용 부동산의 몰락으로 이어질 수 있다. 마이클 스펜스 뉴욕대 교수는 "온라인 교육과 재택근무, 디지털 경제의 확산은 뉴욕 · 런던 · 서울 같은 대도시로의 이동을 감소시키고, 상업용 부동산 가격에도 영향을 미칠 것"이라고 했다. 베시 마키 전 미

하원의원도 "역동적 활동을 위해 설계된 도심이 죽을 수 있다"고 말했다.

③ 높아져만 가는 테크놀로지 의존

코로나 백신은 기존의 다른 백신보다 훨씬 빨리 개발됐다. 가상현실 · 자율주행 · 인공지능 · 로봇 등 '4차 산업' 기술의 질주도 계속된다. 테크 기업의 주가는 천정부로 치솟았다. 기술 발전의 혜택을 누리는 만큼, 기술 없인 살 수 없는 시대가 빨리 온다. 기술 격차로 인한 양극화는 더 가속화할 전망이다.

④ '오프라인 소매업'의 종말

백신이 보급되더라도 오프라인 소매업의 부활은 쉽지 않을 것으로 많은 전문가는 내다봤다. 마키 전 의원은 "새로운 소비 습관이 기존 소매업 시장의 통폐합을 이끌고 있다"고 했다. 반면, 디지털 경제는 더 이상 거스를 수 없는 대세가 됐다.

⑤ 여성 일자리가 사라지고 있다.

세계 각국이 의도치 않게 원격 교육 실험에 참여하면서 교육에 기술을 접목한 '에드테크'(EdTech)가 급격히 성장했다. 전문가들은 그러나 원격 교육이 장기화하면 또 다른 부작용을 낳을 수 있다고 우려했다. 마키 전 의원은 "아동이 건강하게 발달하기 위해선 사회적 상호작용이 반드시 필요하다"고 했다. 여성들의 노동 참여율도 떨어진다. 마키 전 의원은 "원격 수업 장기화로 늘어난 양육 의무를 대부분 여성이 떠맡으면서 성별 간 고용 격차가 확대됐다"며 "이는 인적 다양성을 저해해 경제에 장기적으로 악영향을 미친다"고 했다. 애덤 포젠 미 피터슨연구소장은 "경기 침체에서 빠르게 회복하려면 여성의 노동 참가율을 높여야 한다"고 했다.

⑥ '뉴 뉴 노멀'이 온다.

제프리 프랑켈 하버드대 교수는 "우린 아직 코로나 팬데믹을 과거 시제로 말할 수 없다"고 지적했다. 기존과는 다르지만 정상인 상태. 2010년대 이후 사람들은 그걸 '뉴 노멀'이라고 불렀다. 올해는 뉴 노멀에서 파생된 또 다른 '뉴 노멀'이 올 수 있다. 인류가 코로나 이전으로 되돌아가진 못할 것이란 관점이다.

3. 팬데믹(Pandemic) 이후의 세상은(2020년 『국회방송 저널』 사회논평 기고문)

'코로나 19 바이러스'로 인해 인명피해, 질병의 고통, 경제적 피해가 심각합니다. 그런데 앞으로는 그 이상의 재앙이 올 거라 예측하고 있습니다. 과연 전 세계적으로 전염병이 대유행으로 된 '팬데믹' 이후의 세상은 어떨까요?

먼저, 개인의 건강에 대한 인식이 높아질 것입니다. 따라서 보건 분야의 일자리가 증가할 것입니다. 어떤 사회든 의료진은 꼭 필요하기에, 앞으로 닥칠 질병에 대비하기 위해서라도 의료 전문가는 계속 늘어날 거라 예측합니다.

또한 재택근무가 예상보다 앞당겨졌습니다. 재택근무와 원격근무 하는 인원이 점차 증가하며 그로 인해 사무실 장비 등 기업 운영에 있어서는 관리비가 줄어들 것이고, 에너지 소비 및 탄소 배출도 절감될 것입니다.

여행과 레저 산업에도 큰 변화가 있을 것입니다. '코로나 19' 이후 여행 대신 홈캉스(홈바캉스)라는 이름으로 집에서 쉬며 휴가를 보내는 사람들이 늘었습니다. 사회적 거리두기로 인해 많은 축제, 박람회, 컨퍼런스 등이 취소되고 출장도 줄어들었습니다. 앞으로 여행 문화도 새로 형성될 거라 생각합니다.

무엇보다 '코로나 19' 이후 '팬데믹' 사태로 불확실한 교육의 미래 변화가 클 것입니다. 가장 큰 변화는 언컨텍트(uncontact) 비대면 교육의 증가입니다. 향후 10년 동안 급속히 성장 할 것입니다. 비대면 교육은 교육 환경의 혁명적인 변화가 될 것입니다.

교육과 IT교육이 접목된 에듀테크(Edtech) 투자가 늘어날 것이며 홈스쿨링과 온라인 학습도 늘어나고 있습니다. 교육자는 이러한 변화를 빨리 인식해야 하며, 새로운 방향을 찾지 못하면 도태 되고 말 것입니다. 디지털 환경에 모든 학교가 적응해야 하며, 학교뿐 아니라 가정에서도 부모 역시 온라인 교육에 철저하게 대비해야 합니다. 그리하여, 캠퍼스 없는 대학이 많아질 것입니다. 미국의 대학들은 이미 오래 전 부터 비대면 교육을 시작했습니다. 뉴욕타임스에 "캠퍼스 없는 미국 하버드가 무슨 가치가 있나?"라는 사설이 실리기도 했습니다. 하지만 전 세계 어디서나, 누구나, 언제나, 가정에서 일상생활을 하며 학위를 받을 수 있다면, 대학 캠퍼스 건물은 큰 의미가 없을지도

모릅니다. 그러면 학생들이 비싼 월세와 경제적 부담을 질 필요도 없습니다.

'팬데믹'으로 나라간의 유학도 위기를 맞았습니다. 국내외 모든 대학들이 6개월 이상 비어 있는 상태입니다. 강의실, 도서관, 스포츠, 심포지움, 세미나 등 모이는 행사는 사라지고 장소는 비어있습니다. 컴퓨터 스크린이 학교 캠퍼스가 되었습니다.

교육의 패러다임도 바뀔 것입니다. 평생교육 대상자가 늘어날 것입니다. 미국의 유명 기업 150군데의 직원 중 비학위자가 50%입니다. 모든 이에게 평생교육의 기회가 더 주어질 것입니다. 정규대학의 선호도는 점점 줄어들 것입니다. 하버드 대학교는 이미 1910년부터 평생교육원을 운영했고, 2010년부터는 온라인 교육을 통해 모든 학위를 받을 수 있게 되었습니다.

이렇듯 온라인으로 모든 교육을 해결하고 돈도 벌게 됐습니다. 앞으로는 교사가 필요 없는 시대가 올 것입니다. 여행을 가지 않아도 온라인 체험 프로그램이 다양하게 개발됩니다.

2010년부터 사람 같은 로봇이 개발됐습니다. 한국은 사람이 택배를 배달하지만 미국은 로봇이 합니다. 아마존의 사례만 보아도 알 수 있습니다. 호텔에서는 인공지능 로봇이 요리를 해서 각 방으로 배달합니다. 로봇은 각 나라별로 언어구사도 가능하고 나라별 음식 만들기도 가능합니다. 호텔 채용 인원은 확 줄었습니다. 미국의 어느 대기업은 2025년까지 공장에 있는 것 중, 살아 있을 것은 개 한 마리, 사람 한 명. 이렇게 둘만 남을 것이라고 했습니다. 미국은 이미 많은 것이 로봇화, 인공지능화 되고 있습니다. 인공지능 교과서가 개발되어 아이들을 가르칩니다.

그런데 우리의 교실은 어떠합니까? 대한민국의 아이들은 교실에서 아날로그 교과서로 공부합니다. 우리나라만 변화가 없습니다. 지난 20~30년간 우리 교육은 별로 변한 게 없습니다.

미래에는 6억이 넘는 인구를 구분할 수 있는 인공 지능이 개발될 것입니다. 스마트폰에 인공지능 칩을 넣으면 사람의 얼굴과 감정을 알아볼 것입니다. 얼굴 근육과 표정으로 사람을 구분해, 만개 정도의 표정 중에 3천개는 짧은 시간 내에 분석할 수 있다고 합니다. 표정을 보고 사람의 감정과 거짓말까지 알아챌 것이라고 합니다. 구글이 개발하고 있습니다.

인공지능으로 인해 강의 평가도 몇 초 만에 가능하고, 학생 하나하나의 강의 이해 정도를 반영한 개인 맞춤 교육도 가능하며, 교수 평가 역시 인공지능이 할 것입니다. 사람도 만들 수 있습니다. 머리가 좋으면서 운동도 잘 하는 사람을 만들 수 있습니다. 2045년이 되면 로봇과 사람을 구분하지 못할 것이라고 합니다.

물론 학교는 지식만 습득하는 곳이 아닙니다. 아무리 인공지능 시대라고 해도 과학이 해결할 수 없는 분야가 있습니다. 바로 정서와 감정을 나누는 '인간관계'입니다. 교수, 선후배, 동료들과의 관계 형성은 과학기술로, 온라인으로 할 수 없습니다. 사람은 사회적 동물이기 때문에 다른 사람과 더불어 살아야 성숙된 인간이 될 수 있습니다. 인간관계는 성공의 지름길입니다. 과학기술의 발전으로 지식을 쌓고 부를 축적 할 수는 있을지 몰라도 인간관계라는 재산은 비대면의 형성이 불가능합니다.

하버드 대학교 입학 경쟁률이 14대 1인 반면, 구글 입사 경쟁률이 130대 1이라고 합니다. 박사학위 없는 사회가 도래할 것입니다.

지금 6개월은 과거의 10년과 같이 빠릅니다. 이제는 속도가 돈 입니다. 이제 우리도 빠르게 인식해야 합니다. 그리고 국가는 지체 없이 준비해야 합니다.

제5부

독일을 알면 선진국이 될 수 있다

-키워드로 보는 독일의 이해

희망으로 가득 찬 사람과 교류하라.
창조적이고 낙관적인 사람과 소통하라.
긍정적이고 능동적으로 행동하라.
그리고 그런 사람을 주변에 배치하라.
– 노먼 빈센트 필

키워드 1. 근면, 성실, 절약

독일인들에게 가장 인기 있는 선물은 꽃, 책, 초콜릿이다.
꽃을 가장 많이 선물하고 다음이 책이다.
마음의 양식을 선물하는 것이,
한 번 먹으면 사라지는 육체적 양식을 주는 것보다 더욱 값지다고
생각하기 때문이다.

고등학교를 다닐 때, 독일어 과목 선생님께서는 독일 문화에 관한 이야기를 많이 해주셨다. 그 때 가장 많이 들은 이야기는 독일인들의 '근면, 성실, 절약' 정신이었다. 이후 광부가 되어 독일에 갈 때, 나는 독일 국민들이 실제로 근면, 성실, 절약하는지 꼭 확인해 보고 싶었다. 그리고 16년 동안 독일에서 살면서 보니, 역시 학교에서 배운 대로 세 분야의 실천이 수학 공식처럼 정확했다. 나 역시 독일 땅을 처음 밟을 때부터 귀국할 때까지 독일에서 배운 것 중 일 순위가 근면, 성실, 절약 정신이다. 60년이 지난 지금도 나는 독일인의 3대 정신을 실천하며 살려고 노력한다.

귀국한지 40년이 지난 지금도 우리 부부는 절약 문제로 자주 싸운다. 가장 많이 부딪히는 것은 난방과 냉방 그리고 전기 소등 문제이다. 나는 나이가 들면서부터 추위를 많이 탄다.

"우리가 살면 얼마나 산다고… 아끼지 말고 따뜻하고 시원하게 살자."

그런데 아내의 생각은 다르다. 내가 난방을 켜면 아내는 계속 끈다.

'아, 이럴 때 보면 아내는 완전 독일 여성이다.'

여름 기온이 36도가 넘고 너무 더워서 에어컨을 틀자고 해도 아내는 꿈쩍도 안한다. 작년 여름에는 두 번 정도 에어컨을 켠 것 같다. 그럴 때면 나는 아내에게 우리는 에어컨을 왜 샀는지 반문하기도 한다. 아내가 에어컨을 켤 때는 손자, 손녀, 사위들이 올 때이다. 그럴 때면 남편은 순서에서 밀리는 것 같은 느낌이 든다. 독일에 오래 살면서 우리는 절약정신이 생활화되었다. 독일 가정, 병원, 직장에서 전부 배운 것이다.

우리나라 대부분의 사람들은 10원, 50원 동전에 큰 가치를 두지 않는다. 나도 10원 단위의 거스름돈은 잘 안 받는다. 그래서인지 은행 창구의 잔돈 기부함을 보면 10원과 50원짜리 동전이 많다. 그런데 독일은 아주 작은 단위인 1페니(마르크) 동전을 지금도 돈의 가치로 헤아려 사용한다. 특히 독일 마트에서 많이 사용하는데, 모든 식자재와 물건 값에 우리 돈 1전까지 가격표시가 되어있고, 거스름돈 1페니까지 정확하게 계산한다. 내가 처음 독일에 갔던 1964년부터 지금까지도 계속 사용하고 있다. 물론 지금은 독일도 유로화를 쓴다.

시장에 가면 잔돈 문제로 아내와 자주 싸운다. 내가 작은 돈을 경시한다고 늘 야단친다. 한번은 마트 카트를 사용하고 100원을 회수하지 않았다고 크게 싸운 적이 있다. 똑같이 독일 생활을 했지만, 아내는 독일의 절약법을 나보다 더 철저하게 배운 것 같다.

독일에 갔던 1960년대 초반, 그 때부터 독일은 냉난방 시설을 포함한 모든 전기시설이 자동화되어 있었다. 자동이 아닌 것도, 사용하지 않을 때는 항상 스위치를 껐다. 나 역시 어떤 공간이든 사람이 없는데 전등이 켜져 있으면 습관적으로 가서 끈다. 현재 봉사하고 있는 기관에서도 직원들과 나 사이에는 매일 이런 일이 반복되고 있다. 나는 그동안 일했던 모든 직장에서 늘 절약을 몸소 실천했고 강조하고 반복했다. 그리고 직원들의 변화되는 모습을 보았다.

독일에서는 에너지 절약을 위해 오래 전부터 자동화 시스템을 개발하여 기계가 자동으로 전원을 켜고 끌 수 있게 만들었다. 독일인들은 평소 대화에서도 절약에 관한 이야기가 빠지지 않으며, 절약 이야기만 나오면 앞다투어 그 방법을 놓고 토론한다. 그만큼 독일인들에게 절약은 곧 삶의 철학이다. 생각과 실천이 마치 로봇처럼 자동화되어 있다.

에너지 절약과 환경보호 차원의 좋은 예로, 독일은 자전거 이용이 활발하다. 근거리는 대부분 자전거를 이용한다. 가까운 직장은 자전거로 출퇴근 한다. 주부들은 자전거를 타고 장보러 다니고, 학생들도 자전거로 등하교를 한다. 한국처럼 차로 아이들을 학교에 데려다 주는 경우는 거의 없다. 우리나라도 이제는 자전거 도로가 잘 조성되어있다. 그런데 독일은 이미 오래전부터 모든 도로를 자전거로도 다닐 수 있게 만들었다. 나도 독일 국경과 가까운 벨기에와 네덜란드는 자전거를 타고 여행한 적이 있다.

01 라인강의 기적은 국민정신

대학 다닐 때, 한 교수님의 말씀을 듣고 놀란 적이 있다. 독일의 전쟁 후 모습이 한국의 전후 상황과 비슷했기 때문이었다. 그 전까지는 독일이 원래부터 선진국이라는 인식이 있었는데, 교수님의 말씀을 들으니 독일도 그 시작은 우리나라와 별반 다르지 않았던 것이다. 다음은 교수님이 말씀하신 내용이다.

"2차 세계대전이 끝난 후 독일의 전 국토가 잿더미였다. 우리 대학이 있는 아헨 지역만 해도 전체 건물이 폭격 당해 도시의 70~80퍼센트가 파괴되었으며, 다른 도시들도 다소 차이는 있지만 베를린 같은 대도시는 90퍼센트 이상이 폐허가 되었다. 전쟁 후 독일 국민들의 삶은 참으로 비참했다. 가난과 굶주림이 이어졌다.

1948년 한 신문 기사의 내용을 보면 이렇다. 국민의 20퍼센트가 아침식사를 굶고 일을 나갔다. 루르지방의 라인강 다리 공사현장에서는 노동자를 일찍 집으로 돌려보냈다. 그 이유는 굶주린 노동자가 허기증 때문에 일하다가 넘어져서 강물에 빠져 죽을 수도 있기 때문이었다. 국민들의 영양실조 현상으로 노동시간도 단축했다. 국민들은 어디서 어떻게 시작하고 살아야 할지 막막하고 혼란스러웠다. 국민들은 꿈도 희망도 없는 날들을 살았다. 재기 불가능하다고 삶을 포기했던 국민들이었다. 파괴가 워낙 심해서 도시를 복구하는 데 500년도 더 걸린다고 예측한 전문가들도 있었다.

더욱이 큰 문제는 전쟁에 끌려간 남자들이 대부분 사망하거나 부상자로 돌아온 것이다. 일할 수 있는 사람은 주로 여성이나 미성년자뿐 이었다. 베를린의 경우 전쟁 후 잔해를 치우는데, 작업 도구도 없이 여성과 아이들 6만여 명이 동원되어 정리했다. 물자가 부족하여 벽돌 한 장 한 장 모아서 건물을 짓고, 나무 한 토막까지도 다 수거하여 땔감으로 사용했다. 빈 땅이 있으면 채소와 곡식을 심어 생계를 유지했다. 베를린 현 국회의사당 광장을, 당시에는 밭으로 일구어 곡식을 심었을 정도였다." 이렇게 절망국가를 희망국가로, 라인강의 기적을 이룬 것이 독일 국민이다. 그랬던 나라가 지금은 전 세계에서 다섯 손가락 안에 들어가는 부강한 나라가 되었다. 우리나라도 전쟁 후 독일과 유사한 환경에서 한강의 기적을 이루어 세계 10대 경제대국이 되었다.

정부의 경제 정책과 고급 노동력을 바탕으로 독일은 역사상 전례 없는 신속한 경제 복구를 이루었다. 그것을 가능하게 만든 것은 바로 국민들의 근면, 성실, 절약 정신이었다.

전쟁을 겪은 독일 사람들은 말한다. '전쟁을 겪어보지 않은 세대는 전혀 이해하지 못한다고, 그 어려웠던 시절의 삶을 모른다'고 한다. 그래서 그들은 지금 물 한 방울도 아끼고 또 아끼며 살고 있다. 무서울 정도로 절약한다. 나는 독일의 모든 에너지 시설이 자동화된 이유도 아마 전쟁 후 기성세대의 절약하는 생활이 영향을 미쳤다고 본다. 그 절약 정신이 다음 세대까지 대물림 된 것이다.

처음 막장에서 일할 때, 독일 광부들을 보며 이해가 안 갔던 게 있다. 일하는 것을 감시하는 사람도 없는데, 마치 일에 미친 사람처럼 숨도 고르지 않고 내 일처럼, 주인처럼 부지런히 일을 하는 것이었다.

나도 광부로 일을 하며 주말이면 돈을 더 벌기 위해 과일농장에서 아르바이트를 했었다. 나도 누구 못지않게 부지런하다고 자부하는데, 독일 사람들의 근면 성실함은 따라 갈 수가 없었다.

독일 사람들의 부지런함은 어디서든 볼 수 있었다. 남녀노소 모두가 항상 부지런하게 움직인다. 독일에서는 어떤 주부도 놀거나 쉬는 모습을 좀처럼 볼 수 없었다. 우리가 '유럽의 집'을 떠올리면 색색의 꽃이 핀 아름다운 정원이 떠오르는 것처럼, 독일 가정집 역시 유럽풍 발코니에 꽃이 가득하다. 이 꽃들은 독일 여성들의 부지런함의 상징이기도 하다. 정원이 있는 경우는 주인이 많은 시간을 정원 관리에 투자한다. 발코니와 정원에 계절에 따른 아름다운 꽃이 항상 피어있는 것을 보며, 독일 주부들의 부지런함에 감탄하곤 했다.

독일 사람들의 성실함은 길안내에서도 느낄 수 있다. 독일 사람들은 길안내를 지나치게 꼼꼼하게 해준다. 우리나라에서는 길을 물어보면 짧게 몇 초 안에 알려주는데 독일 사람들은 끝도 없이 길안내를 한다. 같은 말을 하고 또 해서, 답을 듣는 데 5분 이상 걸린 적도 있다. 인간 네비게이션이다. 공부할 때도 독일 친구들에게 질문을 하면 자기가 아는 것을 다 이야기해 준다. 아마도 독일의 토론 문화가 영향을 끼쳤을 것이다. 대답이 너무 길고 친절해서, 더 궁금한 게 있어도 질문을 안 한 경우도 있었다. 더러는 매우 자세한 설명에 지쳐서 질문하고 싶지 않기도 했다. 물론 질문도 아주 구체적으로 묻고 또 묻는다. 독일인의 성실함은 세계 어느 나라보다 뛰어날 것이다.

02 음식을 남기지 않는 독일 국민

사회생활을 오래 했기에 지금도 사람들과 식사할 일이 많은데, 우리 국민들은 음식 투정을 하기도 하고, 음식을 많이 남기기도 한다. 독일의 철학자 포이어바흐(Ludwig Andreas Feuerbach)는 "음식 먹는 것을 보면 그 사람의 됨됨이를 알 수 있다"라고 했다. 많은 우리나라 사람들이 호텔이나 결혼식장 뷔페에서 다 먹지도 못할 음식을 욕심을 부려 태산같이 많이 떠와서는 테이블마다 수북하게 남기는 것을 볼 때마다 나는 마음이 많이 아프다. 독일 친구들이 이 광경을 보고 이상한 국민이라고 했었다. 독일 친구들에게 많이 부끄러웠다.

우리나라 음식물 쓰레기는 하루에 1만 5천여 톤으로, 8톤 트럭으로 치면 1천 8백 대가 넘는 분량이라고 한다. 또한 1년간 음식물 쓰레기 수거 및 처리 비용은 1조 3천억 원이라고 하니 실로 어마어마한 금액이 아닐 수 없다. 우리가 음식 문화를 조금만 개선해도 큰 비용을 절감할 수 있을 텐데 말이다.

독일에 처음 갔을 때, 독일은 음식물 쓰레기를 버리지 않는다는 사실을 알게 되었다. 독일 음식점에서 손님이 간 뒤 접시에 음식이 남은 것을 한 번도 본 적이 없다. 독일에서는 음식을 남기는 것은 상상할 수도 없다. 그러니 음식을 버리는 경우도 거의 없다. 심지어 내가 독일에 살 당시에는 '음식물 쓰레기 분리수거'라는 단어가 존재하지도 않았다.

물론 지금은 독일도 2주에 한 번 음식물 쓰레기 버리는 날이 정해져 있다고 한다. 우리나라가 지역에 따라 매일 혹은 격일로 음식물 쓰레기를 수거하는 것을 보면, 독일은 어느 정도로 음식물 쓰레기가 나오지 않는지 대략 알 수 있다. 독일인들은 과일 껍질을 깎아서 먹지 않는다. 사과도 감도 기타 과일도 껍질째 그냥 먹고, 씨까지 다 먹는다. 쓰레기를 최소화하면 처리 비용도 절감이 되기에, 음식처럼 가장 기본적인 것부터 절약한다. 또한 가정주부들은 음식물 쓰레기를 정원이나 발코니 꽃에 거름을 주는 용도로 재활용 한다.

독일 식당에서는 공짜로 물을 주지 않는다. 사서 마셔야 한다. 지역에 따라 물에 석회가 많아서 건강상 수돗물을 마시지 않는다. 커피포트를 오래 사용하면 바닥에 석회가 굳어 있고, 샤워를 하면 바닥에 석회가 보일 정도이다. 독일은 마시는 물만 돈을 내는 것이 아니다. 몸에서 소변을 배출할 때도 화장실 물 사용료를 내야 한다. 공중화장실, 고속도로 휴게소 화장실, 대부분의 식당 화장실도 사용료를 받는다. 우리나라는 공중화장실이 많고, 전부 무료라서 가끔 '화장실 천국' 같은 느낌이 들기도 한다.

독일에는 과일 나무를 키우는 집들이 많다. 과일이 익으면 보관하며 먹기도 하고, 남는 과일은 잼을 만들어 빵에 곁들여 먹는 것을 쉽게 볼 수 있었다. 잼은 오래 두어도 잘 상하지 않기 때문에 저장도 용이하다. 독일 주부들은 잼 만드는 것이 생활화되어 있다. 누군가의 집에 초대받아 갈 경우에도 직접 만든 잼 선물을 많이 한다. 또한 이런 선물 역시 근검절약에 따른 결과라고 생각하니 더 보기 좋았다.

가난한 독일 유학생 시절, 나는 호텔에서 아르바이트를 하면서 외국 손님들이 먹고 남은 음식을 집에 가져와 먹기도 했다. 독일 손님은 얄밉게도 남기는 음식이 없었다. 그래서 나는 외국 투숙객이 많기를 은근히 바라기도 했다. 더러는 음식이 입맛에 맞지 않는 경우도 있었다. 치즈나 소시지가 그랬다. 독일에는 낯선 향과 맛을 가진 치즈와 소시지가 많다. 그나마 나는 음식을 가리지 않는 편이라, 지금도 어느 나라에 가든 그 나라 음식을 비교적 잘 먹는다. 성장 과정에서 너무 가난한 삶을 살아 왔기에 나는 지금도 무엇이든 먹을 것만 있으면 행복하다. 음식을 보기만 해도 배가 부르다. 살면서 음식으로 불평한 적은 한 번도 없다. 그런데 아내와는 가끔 식재료 문제로 다툰다. 아내는 식자재는 항상 풍부해야 한다고 생각한다. 그래서 우리집 냉동실과 냉장실은 항상 음식으로 가득 차 있다. 더러는 과일이나 음식을 먹지 않아 상해서 버리는 경우도 있다. 그게 아내와 가장 많이 다투는 원인이다. 아내는 부유한 성장 과정을 거쳤고, 나는 가난한 가정에서 자랐기 때문에 생각이 다른 것 같다. 음식을 버리면 나는 얼마나 마음이 쓰리고 아픈지 말로 표현할 수 없다.

나처럼 독일에서 살던 사람들은 음식을 남기지 않는 것이 습관이 되어서, 한국 뷔페에 가도 먹을 만큼의 음식만 가져온다. 우리는 언제쯤이나 음식을 남기지 않는 문화가 형성될지 답답하기만 하다. 음식 남기는 것은 학교급식에서도 많이 볼 수 있다. '음식 안 남기기 운동' 교육을 가정교육부터 다시 시작하고 나아가 학교, 사회의 범국민운동으로 전개해 나갔으면 한다.

03 한국 광부들의 충동구매

한국 광부들은 경제적으로 여유로워지면 사치품들을 사서 모으는 일이 많았다. 전축, LP판, 카세트, 카메라, 롤렉스시계, BMW오토바이, 그리고 자동차까지 구입하는 경우도 있었다. 나처럼 돈을 아끼는 사람도 덩달아 한 가지씩 구입하기도 했다.

과연 이런 구매 충동이 어디서 올까 생각해 보았다. 사람들은 못 먹어본 음식, 못 가져본 물건, 못 해본 경험을 해보고 싶은 인지상정의 심리가 본능적으로 있는 것 같다.

어릴 때 형님이 부잣집에서 일을 하는 날이면 식사시간에 맞춰 그 집에 가서 밥을 얻어먹곤 했다. 한참을 굶었다가 밥을 먹으니 숨도 못 쉴 정도로 배가 터지게 먹었다. 그래서 나는 TV에서 아프리카 어린아이들이 배가 나온 모습을 이해할 수 있다. 그것은 과잉 섭취가 아니고 굶다가 갑자기 많이 먹어서 배가 나오는 것이다. 잘 먹어서가 아니라 못 먹고 자란 것이 원인이다.

이런 면에서 보면 사람의 구매심리도 비슷하다고 생각한다. 꼭 가지고 싶은 물건이 있었는데 돈이 없어 못 사다가 기회가 생기면 어떻게 해서든 그 물건을 구매하는 심리이다. 나의 경우에는 이것저것 많이 사지는 못했어도 다른 동료들을 따라서 베토벤이나 모차르트, 기타 음악인들의 클래식 LP판을 한두 장씩 사서 모았다. 그 수가 거의 백여 장이 되었는데, 지금은 전축이 없으니 들을 수 없어 골동품이 되었다. 당시에는 남들이 사니까 무작정 따라 사는 풍조였다. 남이 시장에 가니까 나도 무의식적으로 장보러 가는 것 같이, 아마 질투심도 있었던 것 같다. 그 때 샀던 전축과 카세트는 이사 다니면서 버렸지만, 카메라는 지금도 여러 개 가지고 있다. 결혼할 때 아내와 함께 산 롤렉스시계도 지금까지 가지고 있다. 하지만 롤렉스시계는 옷장 서랍 속에 먼지와 함께 방치되어 있다. 몇 백 만원을 주고 산 시계는 만원짜리에 밀려 애물단지가 된 지 오래다. 파독 광부가 고급 오토바이와 벤츠 자동차가 왜 필요할까? 당시 우리는 국력도 약했고, 다른 나라 광부들보다 몸집도 훨씬 작았다. 그래서인지 한국 광부들은 돈을 벌면, 비싸고 고급스러운 물건을 샀다. 다른 나라 사람들에게 지고 싶지 않은 마음이 고가품 구매로 이어졌던 것 같다. 독일에서 일하는 한국 여성들도 이태리와 프랑스 핸드백을 유난히 선호했다.

지금도 친구들이나 지인 중에는 고가의 외제차를 가지는 것이 평생소원이라며 일억이 넘는 차를 사는 사람들도 있다. 사실 고급차일수록 세금도 많이 내야하고 유지비도 많이 든다. 그럼에도 불구하고 사람들은 부와 권위를 보여주고 싶은 마음에 고급차를 산다.

또한 차도 자주 바꾼다. 그런데 독일 사람들은 자동차를 사면 보통 10년, 20년을 넘게 탄다. 유지비가 적게 드는 작은 차를 선호하며 고장 나도 수리해서 타고, 차를 바꾸지 않는다. 최대한 실용적이고 절약할 수 있는 방법을 택한다. 독일 사람들은 물건으로 사람을 비교하지 않고, 남을 의식하지도 않는다. 남에게 보여주기가 지나치면 과잉 구매를 하게 된다. '내가 누구인가' 알지 못한 허세의 삶의 결과이다. 남의 눈을 의식하는 것보다, 내게 적합하고 합리적인 구매가 더욱 중요하다는 것을 우리는 깨달을 필요가 있다.

04 견고한 독일 제품

독일에서 산 물건들 중 지금까지도 쓰는 것들이 있다. 결혼할 때 선물 받은 부엌칼, 포크, 탁상시계와 박사 학위 취득을 축하하며 아내가 사준 탁상과 의자 등이 그것이다. 세탁기와 냉장고 역시 40년 넘게 사용했지만 고장나지 않았다. 다만 녹이 슬어서 버린 경우는 있다. 물건을 이렇게 오래 사용할 수 있었던 이유는 독일 제품이 굉장히 견고하게 만들어진 덕분이다.

내가 독일의 견고한 물건을 얼마나 선호했으면 귀국할 때 수세식 변기, 샤워 꼭지, 전기 배선과 이중창 문고리 등 건축 자재를 한국에 가지고 왔다. 귀국하면 집을 지을 요량이었기 때문이다. 그러나 한국에 온 뒤로는 계속 아파트에서 살게 되어, 결국 집은 짓지 못했고 이리저리 이사를 다니며 그 때 가져온 물건들은 하나씩 버려지고 있다. 하지만 귀국한지 40년이 지난 지금도 샤워 꼭지 등의 일부 물건은 보관하고 있다.

독일은 제품뿐 아니라 대부분의 건물과 길 역시도 아주 견고하다. 독일의 많은 도시들에는 중세 시대에 돌 조각으로 깔아놓은 차도와 인도가 아직까지 보존되고 있다. 교회 건물들은 천년이 넘은 곳도 많다. 독일 고속도로 두께가 30cm라면 한국 고속도로 두께는 5~10cm라는 말도 있다. 우리 고속도로와 도로는 마치 헝겊조각으로 만든 밥상보처럼 조각조각 땜질해 놓은 것 같다.

이런 나라에서 살아서 그런지 나는 물건을 구입할 때 가장 중요하게 보는 것이 '견고성'이다. 예를 들면 양복이나 와이셔츠를 사면 단추가 떨어지지 않도록 내가 다시 튼튼하게 달아서 입고 다닌다. 어떤 물건을 사든지 미리 정비하는 게 습관이 되었다. 물론 번거롭고 오래 걸릴 수 있다. 하지만 견고하게 만들면 오래 쓸 수 있고, 결국 그것이 절약의 지름길이다.

또한 그들은 옷을 입는 것에도 사치가 없다. 학생들은 물론이고 대학교수도, 공무원도 검소하게 옷을 입고 다닌다. 운동화를 신고 자율 복장으로 출퇴근한다. 그래서 독일에서는 차림새만으로는 그 사람이 어떤 직업을 가졌는지 구분하기 어렵다. 빈부와 지위 고하를 구분할 수가 없다. 청바지 하나를 일 년 내내 입는 교수들이 허다하다. 물론 음악회나 오페라를 보러 갈 때와 결혼식, 장례식에 참석할 때는 다들 정장을 입는다. 독일에서 박사학위를 받은 모 사립대학의 교수는 귀국한지 수십 년이 지났는데도 청바지만 입고 다닌다. 나 역시 귀국 직후 청바지를 입고 대학 교단에 섰다가 총장과 교수들의 꾸지람으로 다음 날부터 정장을 입은 일이 있었다. 나는 지금도 청바지 입는 것을 매우 즐긴다.

독일 학생들에게는 교복과 두발 통제가 없다. 그래서 필자가 청소년 운동을 한 사람으로서, 교육부 자문위원을 하던 1980년 초 우리나라에 최초로 교복과 두발 자율화를 도입하고 주장한

학자이다. 물론 반발도 심했었기에, 결국 학교장 재량에 따라 교복과 자유복을 선택하게 되었다.

독일 학생들은 옷을 물려 입는 것을 부끄러워하지 않고 신발과 가방도 브랜드 제품 사는 것을 중요하게 생각하지 않는다. 또한 우리나라는 학교에서 학생들의 스마트폰 수거로 학생 지도에 애를 먹는다고 하는데, 독일은 휴대전화를 쓰는 청소년이 많지 않다. 부모도 사주지 않고, 본인도 원하지 않는다고 한다. 우리나라와는 대조적이다.

05 선물과 예식 문화

우리는 선물하는 것에 과하게 신경 쓴다. 명절이나 생일, 각종 기념일만 되면 '무슨 선물을 할까?' 고민한다. 어린이날, 밸런타인데이, 크리스마스 시즌이 되면 백화점과 기업들은 앞다투어 고가의 선물세트를 제작해 판매한다. 그럴듯하게 과대 포장된 선물들이 사람들을 유혹한다. 연인 사이에는 특별한 날이 아닐 때에도 선물을 하는 것이 마치 감각 있는 사람인 양, 기업은 사람들에게 물건을 사게끔 유도한다.

또, 명절이 되면 고위직에 있는 사람의 집 앞에는 태산 같이 선물이 쌓인다. 권력과 지위에 따라 문 앞에 쌓인 선물의 높이가 다르다. 고기, 과일, 술 등 종류도 다양한 선물들이 상자 째로 놓인다. '저 가족들이 다 먹을 수 있을까?' 싶을 정도이다.

하지만 독일은 명절에도 기관장이나 사회 지도자들에게 선물 보내는 문화가 없다. 이것 역시 한국사회에서 하루 빨리 없어져야 할 풍습이라고 생각한다.

물론 독일 사람들도 선물을 주고받는다. 축하할 일이 있다면 검소하고 간단하지만 마음이 담긴 선물을 한다. 그러나 어른이든, 애인이든, 학생이든 분수에 넘치는 선물은 절대 하지 않는다. 가장 인기 있는 선물은 꽃, 책, 초콜릿이다. 이 세 종류가 선물의 주류를 이룬다. 꽃을 가장 많이 선물하고 다음이 책이다. 마음의 양식을 선물하는 것이, 한 번 먹으면 사라지는 육체적 양식을 주는 것보다 더욱 값지다고 생각하기 때문이다. 친구나 친지에게 선물할 때도 이 정도로만 준비한다.

또한, 독일에는 결혼 축의금이 없다. 결혼하기 전에 신랑, 신부가 필요한 물품 목록을 작성하여 아주 가까운 사람들에게 미리 알리면, 초대 받은 사람은 그 목록을 보고 자신의 형편에 따라 목록에서 골라서 선물한다. 결혼식에도 아주 가까운 관계 외에는 초대하지 않는다. 하객이 아무리 많아도 50명이 넘어가는 경우는 거의 없다. 최근 우리나라에서 코로나19 바이러스로 인해 거리두기를 하여 결혼식 인원을 50명으로 제한하고 있는데, 이런 제한은 독일에서는 필요가 없다.

장례식 역시 부의금이 없다. 대부분의 사람들은 꽃을 사가지고 간다. 결혼식이나 장례식이 끝나면 가까운 사람들을 가정으로 초대해 간단한 파티나 식사를 한다. 독일에서 살았던 나는 우리나라의 결혼과 장례 문화도 검소하게 바뀌면 좋겠다고 생각한다.

예식장과 장례식장에 갈 때면, 식장 앞에 일렬로 놓인 화환을 보며 그 의미와 가치를 생각하지 않을 수 없다. 사회적인 직위가 높고 경제적으로 부유할수록 화환은 더 많은 것 같다. 그 많은 화환을 식장 앞에 다 놓을 수도, 처리할 수도 없어서 리본만 떼어서 수백 개씩 걸어 놓은 진풍경을 본 적도 많다.

어느 예식장은 건물 전체가 예식홀로 이루어져서 1시간 간격으로 하루 종일 결혼식이 진행되기도 한다. 그런 모습을 볼 때면 결혼식이 아니라 마치 공장에서 상품을 찍어내는 느낌이 든다. 또, 수많은 축하객이 몰려서 남대문시장이나 모란시장에 온 것처럼 혼돈스러울 때가 있다. 그런 날에는 식당에도 사람이 가득차고 하객들도 너나할 것 없이 다 섞여서 식사도 제대로 못한다. 다음 예식 하객들을 위해 빨리 한 술 뜨고 자리를 비워주어야 한다. 급하게 식사를 하니 내가 식사를 어떻게 했는지, 무엇을 먹었는지 모를 때가 많다. 독일은 짧아도 1~2시간동안 여유롭게 즐기며 식사를 하는데, 우리 예식장에서는 10~20분 이내에 식사를 끝내야만 한다. 한마디로 우리나라의 결혼은 상견례부터 결혼식까지의 과정이 행복한 시간이 아니라 괴로운 과정이다.

코로나19 이후로 사람들이 모이는 일이 많이 줄었다. 앞으로 종교단체, 학교, 결혼, 장례 등 모든 행사의 규모가 자연스럽게 줄어들 것 같다. 나는 이번 기회에 결혼문화와 장례문화가 간소하게 변했으면 하는 바람이 있다.

물론 이런 문화는 정이 많고 베풂의 미덕을 아는 한국인들의 특성과 관계가 깊을 것이다. 하지만 일부는 뿌리 깊은 토착 문화가 부정부패로 연결되어 있다고 판단된다. 한국사회의 부정부패와 청렴하지 못한 사회구조적 결과이다. 이것을 과연 긍정적으로 볼 것인가, 부정적인 관점에서 볼 것인가는 각자가 판단할 몫이다.

06 독일 사람들은 골프를 즐기지 않는다?

대학 다닐 때, 네덜란드와 벨기에의 국경 부근에 살았다. 인근에는 보리밭과 밀밭이 있었는데 고향이 그리울 때마다 나는 보리밭과 밀밭 사이를 거닐며 '어머니의 마음' 노래를 불렀다. 함께 울어주는 종달새와 합창하며 향수도 달랬다.

어머니의 마음

작사 : 양주동
작곡 : 이흥렬

나실 제 괴로움 다 잊으시고
기르실 제 밤낮으로 애쓰는 마음
진자리 마른자리 갈아 뉘시며
손발이 다 닳도록 고생하시네

하늘 아래 그 무엇이 넓다 하리오
어머님의 희생은 가이없어라

어려선 안고 업고 얼러주시고
자라선 문 기대어 기다리는 맘
.
(중략)
.
땅 위에 그 무엇이 높다 하리오
어머님의 정성은 지극하여라
.
(중략)

그러던 어느 날, 먼 들판을 보니 노부부들이 무언가를 끌고 다니고 있었다. 삼삼오오 걷는 모습도 눈에 띄었다. 그것이 무엇인지 그 때는 몰랐다. 그 넓은 들판이 어떤 장소인지도 궁금했다. 몇 년 후 한국에 와서 내가 골프를 배운 뒤에야 그 곳이 골프장이었다는 것을 알았다. 광부와 대학생 신분일 때는 '골프'라는 단어조차 들어 본 적이 없었다.

한국에 오니 많은 동료 교수들이 골프를 쳤는데 나는 아주 늦게 시작했다. 검소하게 살겠다는 나의 생활관이 가장 큰 이유였으며, 실제로 경제적인 여유도 없었다. 해야 할 연구도 많아서 한가하게 골프 칠 시간도 없었다. 물론 내 전공과도 관련이 있다. 나는 가난한 사람을 이해하고 도와주고 싶어서 평생교육과 교육사회학을 전공했는데, 골프를 치는 것은 사치이고 맞지 않는다는 생각이 있었다. 부정적인 나의 가치관이었다. 동료 교수들이 골프를 배우라고 할 때는 '부르주아나 하는 운동'이라고 비아냥거렸었다.

그런데 어느 순간 마음에 변화가 생겼다. "나도 한번 해보자!" 싶은 생각이 들었다. 물론 레슨은 안 받고 독학으로 했다. 나는 지금까지 운동과 취미 활동은 돈을 지불하고 배워본 적이 없다. 그래서 골프도, 테니스도 혼자 가서 곁눈으로 배웠다. 이 분야 지도자들은 나 같은 사람을 만나면 생계가 어려울 것이다.

다행히 골프를 칠 수 있는 여건이 좋았다. 우리 대학이 있던 청주에는 공군사관학교와 공군비행장이 있었는데, 그 안에는 골프장도 있었다. 골프 카트를 자기가 끌고 다니며 돌기 때문에 캐디도 필요 없었다. 아주 저렴하게 운동할 수 있는 환경이었다. 여름에는 새벽 5시부터 골프장 입장이 가능했다. 돈도 시간도 없는 나에게는 절호의 기회였다. 아침형인간인 나는 새벽 4시에 일어나서 5시까지 골프장에 갔다. 혼자 2시간을 치고 학교에 돌아와서 샤워하고 나면 9시 강의를 할 수 있었다. 그 이후로는 더러 동료교수와 야외 골프장에 나간 적도 있고, 사업하는 친구들의 초대로 골프를 치기도 했다. 그러나 한 번도 사치라는 생각을 지운 적은 없었다.

1990년에 한국에서 골프를 배운 이후, 다시 독일 방문 기회가 있어 독일 친구와 내가 살던 지역 골프장에 골프를 치러 갔다. 내가 독일에 살 때 궁금해 했던 바로 그 골프장이었다. 한국 골프장만 생각하고 갔는데, 도착해 보니 여기가 과연 골프장인지 이해가 안 되었다. 평지인데다 각 홀에 경계선도 없었다.

필드는 그린을 제외하고는 관리된 곳이 없었다. 클럽 하우스도 없었다. 그냥 작은 헛간이 관리실이었다. 여기서 나는 또 한 번 독일 사람들의 검소함을 알게 되었다.

독일에는 골프장도 골프인구도 우리나라처럼 많지 않다. 이유가 있다. 먼저 골프는 미국 문화라는 생각과 편견 때문이다. 또 경제적인 이유도 있다. 부유한 사람들이 즐기는 운동이라고 생각하기 때문이다. 그리고 늘 부지런한 독일 사람들은 그 긴 시간을 골프를 치며 한가하게 보낼 수 없다고 생각한다. 독일인의 성실함이 독일에 골프장이 없는 이유 중 하나이다. 또한 우리나라는 평일 낮 시간에도 여성, 남성 구분 없이 골프장마다 사람이 많다. 하지만 일할 시간에 골프를 친다는 것은 독일 문화에서는 상상할 수 없는 일이다. 독일에서 골프 치는 사람들은 거의 정년퇴직한 노부부들이다.

주말이나 주중에도 가족 중심으로 골프를 친다. 독일은 여가와 문화 활동을 가족중심으로 한다. 우리나라처럼 가족들이 따로 즐기는 여가문화는 없다. 가정과 직장 일을 최우선으로 생각하며 검소하게 사는 독일인들에게 골프는 그다지 매력적인 운동은 아닌 듯싶다.

07 침대를 두고 방바닥에서 잤던 사연

독일 사람들은 가구를 잘 버리지 않는다. 대부분의 사람들은 부모가 사용했던 가구들을 대물림 받아 사용한다. 그래서 독일은 어느 가정이나 오래된 가구가 있다. 어느 여름에 푀겔러 지도교수님이 휴가 기간에 자기 집에서 지내며 집을 봐달라고 하셔서, 그 집 손님방에서 잔 적이 있다. 그런데 침대가 얼마나 오래되고 낡았던지 하룻밤 자고나니 허리가 아파서 도저히 그 침대에서 더 잘 수가 없어서 다음날부터는 바닥에서 잤다.

다른 독일 가정도 검소하지만 지도교수의 검소함은 따라갈 수가 없었다. 돈도 많이 벌고 부자인데도 불구하고, 가구나 가전제품, 가사도구들을 보면 수십 년 된 것들이 대부분이었다. 닳고 닳아 고장나서 버리기 직전까지 썼다. 지도교수뿐 아니라 대부분의 독일 사람들은 가구를 포함한 모든 물건을 잘 버리지 않는다.

그래서 나는 지금도 버려진 가구가 보이면 재사용이 가능한지 먼저 확인한다. 쓸 만한 헌 가구는 서재, 침실, 거실, ADRF 사무실에 가져와서 쓰기도 한다. 아내는 제발 헌 가구를 그만 좀 가져오라고 한다. 아내는 전주의 도시에서 태어나 여유 있는 가정에서 자랐기에 헌 가구를 들여오는 것에 대해 아주 부정적이다. 내가 가구 살 돈이 없는 건 아니다. 독일에서 보고 배운 절약 정신이 생활 속에 잠재해 있기 때문이다. 근검절약하며 80년을 살아 왔기에 변하는 게 쉽지 않다.

독일에서 학교 다닐 때는 헌 가죽 옷을 주워서 입으며 여러 해 겨울을 보내기도 했다. 지금 보면 거지 옷처럼 보였겠지만 독일에서는 아무렇지 않았다. 헌 옷을 입고 다니는 사람이 많을 뿐더러, 그들은 다른 사람의 옷차림에 아무런 관심이 없기 때문이다. 요즘 세대는 이해할 수 없겠지만, 언제부턴가 가난은 내 삶의 교훈이 되었다. 그렇다고 내가 젊은 세대를 부정적으로 보는 것은 아니다. 사람은 모두 사정이 다르고 세상은 끊임없이 변화하면서 진화하기 때문이다.

08 독일 정치인들의 간소함과 검소함

한국교원대 교수로 재직하던 시절, 개교 기념행사에 대통령 축사가 있었는데, 행사 몇 주 전부터 경호 준비로 대학 전체가 마비됐다. 주변 야산의 꼭대기마다 곡사포를 설치해 군인들이 미리 와서 보초를 섰다. 대통령이 올라갈 단상은 며칠 전부터 경호원들이 24시간 내내 지키고 있었다. 캠퍼스 곳곳과 하수구, 교수 연구실 천정까지 지뢰 탐지기로 검색했다. 내 책상 서류함 옷장도 검열하고, 폐쇄 딱지를 붙였다. 행사 당일에는 고속도로를 완전 폐쇄하여 일정 시간 자동차 진입금지까지 내려졌다.

독일에 오래 산 한국인 지인이 어느 독일식 결혼식에 다녀왔는데, 결혼식에는 독일 대통령도 초대됐다고 했다. 경호원 두 명과 함께 왔는데 그마저도 먼 곳에 서있어서 하객들 눈에 띄지 않았다고 한다. 경호가 있는 듯 없는 듯 했다고 들었다.

독일은 경호가 엄격하지 않다. 총리가 퇴근 후 장바구니를 들고 시장에 가는 장면을 TV에서 자주 볼 수 있다. 정치인들의 삶도 일반 국민들의 삶과 크게 다르지 않다. 독일은 기업의 사장들과 대학 총장들도 직접 운전을 한다. 장관과 국회의원들이 자전거로 출퇴근 하는 모습도 쉽게 볼 수 있다. 내가 독일에서 공부 할 때 교육부 장관이 대학을 방문한 적이 있었는데, 장관이 온다고 해도 아무런 의전 준비도 없었다. 우리나라는 분단국가이기 때문에 경호가 엄격할 수밖에 없지만 독일과 비교하면 과잉적인 것 같다.

나는 1981년에 프랑스 국제 평생교육 회의에 참여한 일이 있다. 프랑스 대통령이 왔는데 경호원은 한 명만 있었다. 행사장에는 대통령을 위한 좌석도 따로 없어서 대통령은 국제회의 참여자들과 같은 의자에 앉았다. 나는 이 장면이 굉장히 낯설었다. 도저히 이해할 수 없는 경호였다. 몇 년 전 남북정상회담 때 북한 김정은 철벽 경호를 보고 '이 세상에 저런 경호도 있구나' 하는 생각을 가졌다.

어느 날 한 지인에게서 이러한 카카오톡 메시지가 왔다. 독일의 8대 총리인 앙겔라 메르켈 총리가 2021년 총리직에서 사임한 이후 한 러시아인이 SNS에 메르켈 총리에 대해 올린 글이라고 한다. 쓴 사람에 대한 검증은 할 수 없다. 그러나 그 내용은 내가 본 모든 독일 정치인들의 삶의 이야기라고 판단되어 수정 없이 소개한다.

인기 시인, 연주자들 및 기타 시민단체들이 없는 가운데 사람들은 자신의 집 발코니로 나가 6분 동안 따뜻한 박수를 보냈다. 자발적으로 일어난 일이었다. 찬사, 위선, 공연, 북소리는 없었고 아무도 "글로리

메르켈(Glory Merkel)"을 외치지도 않았다.(러시아에는 대통령 찬양 행사가 있다)

"세계의 여인"이라는 별명을 가진 여성이자 6백 만 명의 남성에 해당하는 여인인 앙겔라 메르켈(Angelika Merkel) 총리는 18년을 통치하는 동안 위반과 비리가 없었다. 메르켈 총리는 능력과 수완, 헌신, 성실함으로 8천 만 독일인들을 이끌었다. 그녀는 어리석은 말을 하지 않았고, 영광스러운 지도자인 척 하지 않았다. 사진에 찍히려고 베를린 골목에 나타나지 않았으며, 어떤 친척도 지도부에 임명하지 않았다. 독일은 메르켈이 전 동독 출신이라는 것을 알면서도 하나로 뭉쳤다.

시민들은 부동산, 자동차, 요트 및 개인 제트기를 사지 않은 화학 물리학자인 이 독일 지도자에게 작별을 고하였다. 메르켈은 검소한 정치인이었다. 메르켈은 다른 독일 시민들처럼 평범한 아파트에 살았다. 독일 총리로 선출되기 전에도 이 아파트에 살았고, 그 후에도 그 아파트를 떠나지 않았으며 별장, 하인, 수영장, 정원은 없었다.(푸틴이나 다른 나라 지도자들의 사치에 빗대어 이야기 한 것이다)

메르켈은 수수한 옷차림으로도 유명한 정치인이었다. 다른 여성 정치인들이 명품 브랜드를 고집하는 것과 달리 메르켈 총리는 수수한 옷을 즐겨 입었다. 같은 옷을 10년 넘게 입거나 같은 디자인의 옷을 색상만 다르게 해서 입기도 했으며, 심지어 휴가 때마다 같은 옷을 입고 휴가지에 나타났다. 정치인으로서 패션 감각이 떨어진다는 일부 혹평도 있었지만 알뜰함과 검소함이 메르켈 총리의 이미지를 더 긍정적으로 부각시켰다.

한 기자회견에서 어느 기자가 메르켈 총리가 항상 같은 옷을 입는 것을 두고 "다른 옷이 없나요?" 하고 물은 적이 있었다. 그 때 메르켈은 대답했다. "나는 모델이 아니라 공무원입니다."

이후 다른 기자 회견에서 '가사 도우미가 있냐'는 질문에 가사도우미가 없으며 자신과 남편이 집안일을 직접 한다고 했다. 그러자 다른 기자가 물었다. "누가 옷을 세탁합니까? 당신? 당신의 남편?" 그녀는 대답했다. "나는 옷을 손 보고, 남편이 세탁기를 돌립니다. 대부분 이 일은 무료 전기가 있는 밤에 합니다. 가장 중요한 것은, 우리 아파트와 이웃사이에는 방음벽이 있어서 이웃에 피해를 주지 않지요." 그리고 그녀는 이어서 이렇게 말했다. "나는 당신들이 우리 정부의 일의 성과와 실패에 대해 질문하여 주기를 기대합니다."

메르켈의 남편인 요아힘 자우어는 화학자이자 교수이다. 그는 영부군으로서 총리를 보좌하는 업무가 아닌 자신의 직업인 학자의 길에 매진했으며, 부부 동반모임 등에도 거의 나타나지 않았다. 그는 2005년 있었던 메르켈의 총리 취임식도 TV로 봤다고 했다. 이런 행동은 많은 독일 국민들에게 긍정적인 평가를 받았다.

그녀는 독일의 지도부를 위임 후, 그녀의 자리를 떠났다. 그녀는 떠났고, 그녀의 친척들은 그들이 자기 나라에서 엘리트라고 여기지도 않았다.

❀ 밑창 없는 구두와 나의 삶

2019년 11월 5일의 일이다.

평소와 같이 새벽 5시 30분에 출근길에 나섰다. 작년에 신던 구두를 오랜만에 꺼내 신고 아파트를 나왔다. 어두운 새벽길을 걷고 있는데 구두를 신은 발이 점점 편해지면서 시원한 느낌이 들었다.

'나이가 들어 발이 작아졌나?'

혹시나 하는 생각에 신발을 벗어 구두 상단과 밑창을 꾹 눌러서 단단히 고정했다. 그런데 1킬로미터 정도 걸었는데 발이 점점 시렸다. 그러려니 하고 지하철에 도착했는데 구두를 보니 밑창 앞부분이 절반 정도 떨어져서 덜렁거렸다. 새벽이라 어디서도 슬리퍼나 신발을 구할 길이 없었다. '다시 집으로 돌아갈까?' 하다가 그냥 출근했다. 조심히 역사 층계를 내려가 전철을 탔다. 지하철 안에서는 사람들이 별로 없는 구석에 서있었다. 이제 지하철을 갈아타는 게 문제였다. 도곡역과 약수역에서 갈아타는 길과, 도착지인 효창공원역에 내려서 사무실까지 걸어가는 길이 고민이었다. '최악의 경우 맨발로 가자!' 각오를 했다. 어찌저찌하여 효창공원역에 도착했다. 신발을 질질 끌고 공원을 가로질러 걷는데 이제는 구두 두 짝의 밑창이 완전히 떨어져 나가버렸다. 그래도 '양심을 지키자' 싶어서 떨어진 밑창을 쓰레기통에 버렸다. 바닥이 다 떨어졌지만, 구두 윗부분은 그나마 남아있었다. 밑창 없이 윗부분만 남은 신발에 의지해 공원을 걸었다. 풀밭을 걸을 때는 이슬 때문에 발이 많이 시려웠다. 양말은 이미 한참 전에 다 젖었다. 결국은 맨발로 걸어갔다.

겨우 사무실에 들어왔다. 일단 양말을 벗어서 전기난로에 말렸다. 떨어진 구두를 물끄러미 바라보았다. 그리고 사진에 담았다. 망가진 구두를 보고 있자니 내 평생의 신발과 관계된 일들이 내 머릿속을 스쳐갔다. 컴퓨터를 켜고 신발에 관한 이야기들을 쓰기 시작했다.

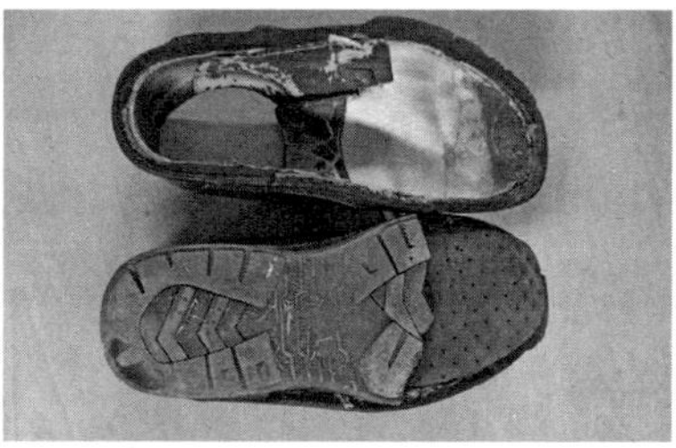

밑창 없는 구두

▷ 초등학교 다닐 때 부모님이 겨울에 베를 짜고, 베를 팔아서 검정 고무신을 사주셨다. 내가 한창 성장하던 시기라 발 크기보다 큰 신발을 사주셨다. 돈이 없으니 부모님께서는 자주 신발을 사줄 수 없었다. 그래서 항상 고무신을 질질 끌고 학교에 다녔다. 뜨거운 여름에는 검정 고무신을 아끼기 위해서 손에 들고 맨발로 학교를 다녔다.

▷ 농사짓거나 산에 나무를 하러 갈 때는 주로 짚신을 신고 다녔다.

▷ 중 · 고등학교 다닐 때는 전주 남문 시장에 가서 헌 군화를 한 켤레 사서 신었다. 군화보다 내 발이 작아서 헌 양말을 몇 켤레씩 겹쳐 신고 6년 동안 살았다. 그 군화를 신고 신문 배달을 하며 학교에 다녔다.

▷ 1964년, 파독 광부 합격이 되었다. 정장에 구두를 신고 비행기를 타라는 공문이 왔다. 나는 구두를 맞출 돈이 없었다. 하는 수 없이 고려대학교에 다니던 친구에게 뒤창이 다 닳은 헌 구두를 얻어 신고 비행기를 탔다. 전체 광부 350명 중에 뒤창이 없는 헌 구두를 신고 비행기에 탄 사람은 나 혼자였다. 요새 사람들에게는 상상도 할 수 없는 일이겠지?

▷ 1980년 초 프랑스 국제 평생교육 회의에 참여해야 했다. 나름 가장 좋은 구두를 골라 신고 갔는데, 파리 시내를 걷다가 뒤창이 떨어져 나갔다. 구두를 벗어서 들고 다니며 상점을 찾았고, 겨우 새 구두를 마련했다.

▷ 2018년 ADRF가 킬리만자로 인근 아루샤 지역의 빈곤 아동의

지원금 마련을 위한 방법 중 하나로 킬리만자로 등반을 하게 됐다. 본격적인 킬리만자로 등반에 앞서, 고도에 적응하는 시간을 갖는 날이 있었다. 정상에 올라가기 전, 몸을 적응시키기 위해 미리 4천 미터 높이의 산에 올라갔다 오는 일정이었다. 그런데 내가 일행들 중 가장 심하게 고산병이 왔다. 몸의 한 곳에 병이 생기면 다른 곳까지 합병증이 생기는 것처럼, 내게 고산증이 생긴 이후 여러 신체 문제가 나타나기 시작했다. 소화 불량이 생겼고, 그로 인해 밤새 화장실을 들락거렸다. 불면증과 두통도 발생했다. 엎친 데 덮친 격으로 하필이면 등산화 앞창이 절반 정도 떨어져나갔다. 앞창이 덜렁거려서 하산을 할 수가 없었다. 자갈 산에서 신발을 벗고 걸을 수도 없었다.
등산화는 한국 유명 등산 브랜드 신발이었다. 출국 전에 새로 등산화를 사려고 등산화 전문점에 갔었다. 그런데 등산 전문가들이 등산화는 어느 정도 신어서 발에 편안하게 맞는 신발을 신어야 한다고, 새 것을 사지 말라고 조언을 했다. 그래서 20여 년 전부터 신던 등산화를 신고 온 것이다. 그게 사고의 원인이었다. 사람도 자동차도 오래되면 고물이 되고 고장이 나는 것처럼, 신발도 그랬다. 아주 난감했다. 고맙게도 일행들이 이해하고 도와주었지만 그들을 불편하게 했다는 생각에 미안한 마음이 들었다. 다행히 일행 중 한 사람이 노란고무줄 두 개를 주었다. 나에게도 고무줄이 두 개 있었다. 고무줄 네 개로 앞창을 고정시키니 겨우 걸을 수 있었다. 나는 마치 패잔병처럼 절룩거리며 서서히 하산 해야만 했다. 나는 일행들보다 약하고, 아프고, 나이가 많았다. 총체적 문제를 다 가지고 있었다. 겨우겨우 산장까지 내려왔다. 고민은 더 깊어만 갔다. 내일 10시간 이상 걸어야 하는데 등산화가 이 모양이니 큰일이었다.

점심 식사 후 가이드에게 이 사실을 보고했다. 다행히 이 산장에 구두 수리공이 있다고 했다. 거짓말 같은 순간이었다. 구두 수리공이 해발 4,000미터 산장에 있다니 그 이상 반가운 일이 또 어디 있을까. 감사한 마음을 금할 수 없었다. 등산화를 수리하기로 했다. 참 행운이었다. 저녁 식사가 끝나니 내 등산화가 수리가 되어 왔다. 다행히 잘 고쳐진 것 같았다. 그런데 내일 걸을 것이 더 걱정이었다. 내일 또 신발창이 떨어지면 맨발로 내려가지도 올라가지도 못하는 신세가 될 것이다. 가이드에게 물어보니 그때는 헬리콥터를 대절해야 한다고 했다. 헬리콥터로 구조를 요청하면 한화 600만 원이라고 했다. 아니면 구조대가 6명이 와서 들 것에 실어서 데리고 간다고 했다. 잠도 못 자면서 많이 고민했다. 많은 사람들에게 더 이상 피해를 줄 수는 없었다. 오랜 고민 끝에 결국 등반을 포기했다.

밑창 떨어진 구두를 보며 이런 저런 생각을 하고 있으니, 출근한 직원이 밑창 없는 구두를 보고 불쌍히 생각하여 발 사이즈를 물어 본다. 하나 사드리고 싶다고 했다.

"마음만 받을게요. 고마워요. 집에 구두가 많이 있어요."

경제적인 여유가 없는 몽골 직원이었다. 그 따뜻한 마음에 나는 울컥했다. 고마움을 마음 깊이 새기며 참았다.

유학생 시절 고학으로 학교 다니면서 집집마다 쓰레기 버리는 날이면 집 앞에 내어 놓은 쓰레기 봉지에서 구두를 찾아 신고 대학을 다녔던 생각도 났다.

아내는 내게 헌 신발 버리라는 말을 자주 한다. 일생동안 떨어져서 못 신게 된 신발을 버린 게 한두 개가 아니다. 부인 말을 미리 들었다면 이런 고생과 사건은 없었을 것이다. 앞으로는 아내 말을 잘 들어야겠다고 생각했다.

나는 독일 사람들에게서 배워서 평생 절약하며 검소한 생활을 했다.

독일 구두는 40~50년이 지나도 멀쩡하다. 그런데 우리나라 신발은 왜 이렇게 잘 망가질까? 그 차이점이 무엇인가? 장인 정신의 대물림, 국민의식, 재료의 차이뿐일까? 1970년에 구입한 독일 구두는 아직도 멀쩡하다. 내가 죽을 때까지 신을 수 있을 정도로 견고하다.

독일에서 오래 살아서 어느 정도 답은 알고 있지만 의문은 여전히 풀리지 않았다.

키워드 2. 교육

독일에는 끊임없는 질문과 대화를 통한 토론 수업이 있다.
상대에게 질문을 던져 스스로 깨닫게 하는 것,
이것이 바로 일명 소크라테스의 방법(Socrates' Method),
테스형 학습법이다.

나는 교육학자이기 때문에 이 분야를 중요하게 집필하였다.

독일은 명문 학교와 비 명문 학교를 구분 짓지 않는다. 학교 평준화가 잘 정착된 나라이다. 또한 초등학교부터 박사 학위를 따는 것까지 무상교육이며, 대학을 나오지 않아도 대수롭지 않게 생각한다. 우리처럼 공부와 입시에 목숨 걸고 매달리지 않는다. 그래서 사교육도 없다. 함께 졸업하는 고등학생 중 약 30퍼센트만이 대학에 입학한다. 유럽 여러 나라들도 대학 입학 비율이 40퍼센트를 넘는 경우가 적다.

예전에는 다른 나라에서 한국의 교육제도를 부러워하고 배우려고 한 적도 있었다. 과거 아날로그 시대에는 그랬을지라도, 앞으로 인공 지능 시대를 이끌어 갈 인재 양성은 대한민국의 암기 위주 교육으로는 절대 성공할 수 없다. 또한 정권이 바뀔 때마다 교육제도를 바꾸는 것도 옳지 않다. 이는 학생, 부모, 교사 모두에게 불행을 가져다준다. 독일은 장관들의 임기가 전체적으로 길다. 정책의 일관성을 강조하기 때문이다. 외무부 장관과 교육부 장관은 10~20년 까지 연임하는 것도 봤다. 특히 외교와 교육정책은 장기적인 제도 추진이 필요하기 때문이라고 한다.

우리가 봉준호 감독이나 스티브 잡스 같은 인재를 키우기 위해서는 인공 지능시대에 맞는 인재 양성을 해야 한다. 지금과는 다른 교육을 해야 한다. 아이들은 무지개 색 이상으로 다양하고 다르게 태어나기 때문이다. 가지고 있는 소질과 재능, 끼는 사람마다 다르다.

01 독일의 교육제도

독일도 우리나라처럼 자원이 많은 나라는 아니다. 수많은 전쟁으로 인해 국토가 초토화 되었는데도 불구하고 세계 4대 경제 대국과 기술 강국으로 독일이 발전할 수 있었던 이유는 바로 교육의 힘이다. 문맹퇴치를 위한 국민교육(Volksschule)은 일찍이 빌헬름 1세(1713~1740)가 독일 전역에 초등학교를 설립해 초등교육을 무상으로 실시한 것에서 시작했다. 우리나라는 1949년에 교육법이 제정됐고, 1950년이나 돼서야 초등교육을 시작했다. 신교육제도만 해도 우리나라가 독일보다 약 200년 늦게 시작한 것이다.

독일 교육제도는 각 주마다 약간씩 차이는 있지만 초등학교, 중등학교, 그리고 대학단계가 있다.

독일의 초등학교는 4년제이며, 독일 초등학생들은 오전 수업만 한다. 중 · 고등학생도 오후 3~4시경이면 모두 귀가한다. 독일 사람들은 좋은 인간관계를 형성하는 것이 성공적인 삶에 영향을 준다고 판단한다. 그래서 독일 학교에서는 사회성을 기르기 위해 친구 사귀는 것을 적극 권장한다.

독일 중등교육 제도의 특징은 초등학교 4년을 마친 이후 학생들의 학업 능력에 따라 진학할 수 있는 학교가 세 분야로 나뉜다는 것이다.

먼저 9년 과정의 일반계 학교인 김나지움(Gymnasium), 6년 과정의 실업학교인 레알슐레(Realschule), 5년 과정의 직업학교인 하우프트슐레(Hauptschule)로 나뉜다. 혹은 통합형 인문 실업 종합학교인 게잠트슐레(Gesamtschule)에 진학할 수도 있다.

학생의 학업 수준에 따라서 상급 학교를 결정하는 것이다. 김나지움은 우리나라 인문계 고등학교에 해당한다. 대학을 가기 위한 준비 학교이다. 레알슐레는 실업계 학교라고 할 수 있다. 김나지움에 비해 기술적인 과목들을 가르치지만 하우프트슐레와는 달리 조금 더 높은 이론적 이해 능력이 요구된다. 하우프트슐레는 인문 교육과 동시에 수공업과 산업체에서의 직업생활에 필요한 기초를 마련할 수 있도록 구체적인 실무 준비 교육을 병행한다. 그리고 게잠트슐레는, 위 3단계 학교 제도는 호환성이 결여되어 학생들의 잘못된 진로선택을 바꾸기 어렵다는 것을 보완하여 진로선택의 기회를 한 번 더 주기위한 방안에서 생겨난 종합학교이다.

여기서 중요한 것은 상급 학교 진학 결정은 교사, 부모, 학교측이 협의하여 정한다는 것이다. 단, 성적이 낮은 자녀임에도 꼭 대학 진학을 목적으로 학교에 보내겠다고 하면 기회는 준다. 그러나 그 학교에 학업 수준을 따라가지 못하면 다시 수준에 맞는 학교로 전학을 해야 한다. 물론 성적이 좋으면 학교 간의 편입도 가능하다. 우리나라 교육제도와는 많이 다르다.

김나지움에 다니는 학생들은 졸업년도에 대학 입학 자격시험인 아비투어(Abitur)시험을 보는데, 합격하면 누구나 대학에 갈 수 있다. 재미있는 것은 이 시험에 합격만 하면 언제든지 본인이 원하는 학과에 입학이 가능하다는 것이다. 만일 첫 해에 경쟁이 심해 못 들어가면 다음 해에 입학할 수 있다. 그럼 누구나 시험을 본 지 3년째 되는 해에는 거의 다 대학에 갈 수 있다고 이해하면 된다. 1년 혹은 2년을 기다리면 대학 입학을 할 수 있는 것이다. 그래서 우리나라와 다르게 입시 경쟁이 없고, 학원과 과외 등의 사교육도 없다. 또한 대학 진학 문제로 고민하거나 스트레스를 받는 학생, 교사, 부모가 없다. 전 세계 어느 나라도 우리나라처럼 시험 때문에 비행기 이착륙을 통제하는 나라는 없다.

독일 대학 입시에서 학교 성적 반영은 약 20퍼센트 정도 밖에 안 된다. 우리에게 좋은 대학이라고 알려진 전통 있는 독일 대학들이 있지만 사실상 서열화 되어 있지는 않다. 부모도, 선생도, 사회도 명문과 비 명문을 구분하지 않는다. 우리처럼 서울 안에 있는 대학과 지방 대학을 차별화하지 않고 자녀들을 대학에 보낸다.

나는 우리나라 대통령 교육 자문 위원을 지내면서 오래 전부터 독일의 교육 정책을 취사선택해서 도입함이 필요하다고 강조했다. 독일 대학 입시 제도를 부분적으로 도입함이 바람직하다고 생각한다.

02 유치원은 노는 곳

유치원(Kindergarten)의 창시자는 프리드리히 프뢰벨이라는 독일 교육자이다. Kindergarten(킨더가르텐)을 직역하면 '어린이들이 노는 뜰'이라는 뜻이다.

프리드리히 프뢰벨은 조기교육을 반대했다. 그는 '아이는 신적 본질을 가지는 존재'로서, 창조 활동을 하도록 해야 한다고 생각했기에, 유치원의 교육은 놀이나 공작을 중심으로 자연 속에서 노는 교육이어야 한다고 주장했다. 그래서 독일은 프뢰벨의 교육철학을 따라 자연활동과 체험 위주의 교육방식을 실천하고 있다.

또한 독일의 유치원에서는 다른 사람과 어울려 살아가는 삶의 기술을 최우선으로 가르친다. 모든 교육 과정을 사회성을 위한 단체 활동 중심으로 편성한다. 그리고 정리 정돈, 절약, 근면 정신을 가르친다. 사회생활에서 가장 많이 사용 하는 단어인 "감사합니다"와 "미안합니다" 등의 언어 예절 교육도 필수이다. 음식을 남기지 않는 것과 편식 하지 않는 것 등 식생활도 철저하게 가르친다.

또한 비판하고 질문하는 교육, 성교육, 환경교육을 어릴 때부터 한다. 이 세 분야의 교육이 독일의 모든 교육기관의 공통적인 교육 목표이다. 독일의 모든 교육 시설에서는 '토론'을 통한 학습과 수업을 중요시 하는데, 유치원부터 시작해 초 · 중등학교와 대학, 대학원까지 모든 문제를 질문과 토론을 통해 해결하는 방법을 배운다. 독일에는 가정이나 학교 등 어디나 사람이 모이는 장소에는 열띤 토론이 있다.

교사의 역할도 한국과는 다르다. 유치원에서 대학원까지 교사나 교수는 조력자, 안내자, 방향 제시자로 수동적으로 있다가 질문할 때와 도움을 필요로 요청할 때 개입한다. 문제를 스스로 풀 수 있게 동기 부여를 하는 것이 독일의 교육방식이다.

03 독일 교육의 장점

1. 경제적 독립을 교육한다.

유치원에서부터 철저한 경제 교육을 한다. 아이들의 경제교육은 용돈 관리부터 시작된다. 한 달 치 용돈을 주고 스스로 돈을 관리하며 반드시 용돈기입장을 쓰게 한다. 중등학교 학생 이상은 방학 때 어떤 형태로든지 아르바이트를 해서 용돈 벌기를 권장한다. 대학생은 대부분 아르바이트를 한다. 부모가 부유해도 자녀들에게는 아르바이트를 권유한다. 땀 흘려 일하는 노동의 중요성을 알게 함은 물론이고, 아르바이트를 하는 것이 적성을 찾고 진로를 탐색하는 데도 영향을 주기 때문이다. 이는 마이스터제도, 병행교육제도(Duales Bildungssystem)와 밀접한 관계가 있다.

병행교육제도란 이론과 실무교육을 함께 하는 이원적 교육이다. 이론 지도자와 현장 지도자는 해당 분야의 마이스터이며 학생들이 이론과 실무가 병행된 교육 과정을 마치면, 특정 분야의 전문인 마이스터 자격증을 취득할 수 있다. 어릴 때부터 아르바이트를 하며 여러 종류의 일을 해보는 것은 아이들이 적성과 진로를 찾는데 큰 도움이 된다.

우리나라는 공부를 하면서 아르바이트까지 할 시간이 없는 교육 환경이다. 학생이라면 다른 것에 신경 쓰지 않고 공부를 해야 하고, 일등을 해야 하며, 좋은 대학만 가면 되기 때문이다. 우리나라는 모든 학생에게 한 줄 서기를 시키며, 붕어빵 교육을 한다. 그것이 우리 교육 현실이다.

2. 발산적 사고를 길러 준다.

생각을 틀에 가두지 않고 자유롭게 발산시켜 생각의 폭을 넓혀준다. 그래서 독일은 아이들에게 '낙서'할 기회를 많이 준다. 마음대로, 하고 싶은 대로 낙서하게 한다. 세계적인 기업인 구글(Google)이 직원들에게 낙서 시간과 낙서 공간을 별도로 마련해 주고 있는 이유가 여기에 있다. 낙서를 통해서 창의적이고 체계적인 사고를 할 수 있게 하는 것이다. 낙서와 비슷한 교육 기법 중에는 '마인드맵(Mind Map)'이라는 것도 있다. 마인드맵이란, 한 가지 동일한 일에 대해 흩어진 생각과 정보들을 다발처럼 연결된 지도로 그리면서 그 해결책을 찾아가는 기법이다. 마인드맵 기법은 '낙서의 원리'와 '단어의 원리'를 통해서 발산적 사고를 할 수 있게 한다.

"아무 말이나 해라, 그 안에 새로운 아이디어가 있다." 애플의 창시자 스티브 잡스의 말이다. 내 안에 있는 새로운 아이디어를 끌어내기 위한 아이디어 산출법으로는, 토론 문화에서 잘 알려진 방법인 '브레인스토밍(Brainstorming: 회의형식을 채택하고, 구성원의 아이디어의 제시를 요구하여 발상을 찾아내려는 방법)'과 '브레인라이팅(Brainwriting: 대집단을 4~5명의 소집단으로 세분하여 회의 안건이 적혀 있는 용지에 참여자들이 돌아가며 아이디어를 적어 내는 일)'이 대표적이다.

끊임없는 질문과 대화를 통한 토론 수업도 있다. 상대에게 질문을 던져 스스로 깨닫게 하는 것, 이것이 바로 일명 소크라테스의 방법(Socrates' Method), 테스형 학습법이다.

3. 마음껏 상상하게 한다.

학생들이 맘껏 상상할 수 있는 교육 환경을 조성해 준다. 수업시간에도 학생들에게 어떤 이야기든 떠오르는 대로 말할 수 있는 자유를 준다. 소위 '말썽꾸러기'처럼 보일 수도 있겠지만, 일단 자유롭게 표현하도록 해준다. 호기심, 흥미와 관심이 획일화되지 않게 한다.

자신의 상상과 궁금증을 표현하는 구체적인 방법도 학생이 직접 찾게 한다. 학생들에게 모든 것을 표현해 보게 하는 것이다. 교사는 가능한 먼저 답을 주지 않고 경청하며, 학생이 스스로 질문하고 답을 찾을 때까지 인내심을 가지고 기다린다. 교사는 학생들에게 아리스토텔레스와 맹자의 말과 같이 중용(中庸)을 스스로 찾게 한다.

4. 끝없이 질문하게 한다.

열린 사고가 가능하도록 학생의 상상력과 호기심으로 학생의 관심과 흥미가 지속될 수 있게 하는 가장 훌륭한 방법은 바로 '질문'이다. 교사는 끊임없이 아이들에게 질문을 던진다. 질문은 많으면 많을수록 교육적 효과가 크다. 스스로 생각하는 힘은 자신의 지적 축적이고 두께이며 재산이다. 그리고 생각은 연습이기도 하다. 학생이 스스로 질문하고 스스로 답을 낼 수 있도록 유도할 수 있는 질문을 하면 좋다.

5. 삶을 '관계(relation)'로 풀게 한다.

2,500년 전 아리스토텔레스는 "인간은 사회적 동물이다"라고 했다. 살면서 가장 중요하지만 실천하기 어려운 것이 인간관계를 잘 맺는 일이다. 삶의 행복과 불행, 성공과 실패는 인간관계와 밀접하게 연결되어 있다.

우리는 지능 지수인 IQ보다, 원만한 인간관계를 구축할 수 있는 '마음의 지능 지수'인 EQ를 높여야 한다. 실제로 IQ지수가 높은 사람보다 EQ지수가 높은 사람이 성공할 확률이 더 크다고 주장하는 학자도 있다. 사회학에서 게젤샤프트(Gesellschaft: 이익사회)와 게마인샤프트(Gemeinschaft: 공동사회)를 강조하는 이유도 여기에 있다.

학교는 지식만 습득하는 곳이 아니다. 아무리 과학이 발달한 인공 지능 시대라 해도 과학이 해결할 수 없는 분야가 있다. 바로 인간관계 형성으로 인한 정서와 감정 교육이다. 관계형성은 과학기술이나 온라인으로도 해결할 수 없다. 그 이유는 인간은 '사회적 동물'이기 때문이다. 사람은 더불어 살아야 성숙한 인간이 될 수 있다. 과학기술의 발전으로 지식을 쌓고 부를 축적할 수는 있을지 몰라도 인간관계라는 재산은 비대면으로 형성이 불가능하다. 이러한 이유에서 독일 학교에서는 지식 못지않게, 좋은 인간관계 형성을 강조한다. 코로나19 바이러스로 인해 교과 수업은 비대면 수업으로 해결할 수 있지만, 인성교육 덕목인 인간관계 형성은 비대면으로 해결할 수 없다.

6. 프로젝트와 과제 중심의 교육을 한다.

우리 교육은 획일화되고 표준화된 시간표에 맞춰 교육을 한다. 시간에 맞춰 과제를 해야 하고, 정해진 시간 안에 끝내야 하는 교육 과정이 많다. 아이들의 개성과 개인차가 무시되는 교육이 이루어지고 있는 것이다. 독일 모든 학교에서는 프로젝트와 과제 중심의 교육이 실시되고 있다. 단, 프로젝트(과제, 일거리)를 주면서 시간을 제한하지 않는다. 이것이 반복되면 언젠가 아이 스스로 시간을 관리할 수 있게 된다. 세미나가 시작된 나라가 독일인 이유를 바로 여기서 이해할 수 있다.

7. 균형을 중시한다.

독일의 계몽주의 철학자 칸트는 “인간은 타협할 수 있는 유일한 동물”이라고 했다. 타협은 균형적 사고의 절정이다. 우리나라에서 아파트의 층간소음 때문에 다투는 사건, 주차 문제로 시비하다가 목숨을 잃는 사건들이 언론에서 자주 보도 되고 있다. 타협하고, 법대로 처리 하는 독일 문화에서는 있을 수 없는 사건들이다. 이유는 균형 잡힌 교육 결과이다.

8. 유연성(柔軟性)으로 승부한다.

세상에서 가장 유연한 것은 물(水)이다. 철학자 탈레스는 만물의 근원이 물이라고 했으며, 노자는 물처럼 살라고 가르쳤다. 나는 살면서 어려울 때마다 물과 같이 유연한 삶을 살고자 노력했다. 물은 모든 틈새를 파고들어 온전하게 메워 준다. 물은 낮은 곳에도 흐르고 그늘진 곳으로도 흐른다. 물은 깨끗한 곳으로도 흐르지만 더러운 곳으로도 흐른다. 또한, 고요하고 평화로운 곳에도 물은 고이지만 시끄럽고 아우성이 있는 곳에도 물은 흐른다. 그리고 물은 반드시 되돌아온다. 결국, 물은 우리의 삶에서 모든 것을 순환적으로 온전하게 포괄하고 있다. 버림받은 곳, 후미진 곳, 낙오된 곳, 약한 곳, 푹 꺼진 곳, 안 보이는 곳까지 모든 것을 절대적으로 인정한다. 교육도 물과 같이 포용하고 겸손하고 융통성 있으며 포괄하는 유연성 사고를 하는 가운데에서 통섭과 전체성 사고를 할 수 있게 해야 한다.

04 독일 교육의 세 가지 목표 : 성교육, 정치교육, 생태교육

독일의 모든 교육기관은 학생들의 통찰력을 키우고, 비판능력을 기르는 교육을 한다. 특히 독일의 역사교과서는 유대인 학살에 대한 반성 등 과거 독일역사를 반성하는 내용이 대부분이다. 히틀러 사상을 비판하며 인류에 더 이상 재앙이 없어야 한다고 강조한다. 또한 비판적인 생각은 꼭 필요한 것이라고 가르친다.

독일 초 · 중 · 고등학교에서 중요시 하는 세 가지 교육 목표는 성교육, 정치교육, 생태교육이다.

모든 정치와 윤리 문제는 성(性)에서 시작 된다고 강조하며 유치원 때부터 성교육을 한다. 필자는 1980년대 초, 교육부 자문 위원으로 일할 때 유치원용 성교육 책을 개발하여 보급하고자 했다. 인간의 됨됨이 평가가 성에서 출발한다고 생각해서 조기 성교육의 중요성을 알리고자 덴마크의 유아 성교육용 책을 번역하여 삽화를 넣었었다. 그러나 성교육 책이 너무 야하다는 이유로 출판을 하지 못했다.

둘째는 정치교육이다. 정치는 학교뿐만이 아니고 모든 평생교육기관에서도 중요한 교육주제로 다루어지고 있다. 정치교육의 중점은 '민주주의'이며, 민주주의를 배운다는 것은 학교의 수업에 국한되는 것이 아니라 독일 전체 학교의 과업이며, 학교 밖에서의 평생교육의 기초가 된다.

마지막으로 생태교육이다. 우리나라에서 말하는 환경교육이 되겠다. 생태교육은 모든 소비에 대하여 환경과 연관해서 죄책감을 가지도록 교육한다.

우리나라는 꼭 필요한 교육인 성교육, 정치교육, 생태교육이 구체적으로 이루어지지 않고 있다. 입시를 위한 경쟁 교육보다는 인성교육, 공동체교육, 정의, 평등, 자유와 사회 구현교육이 무엇보다 우선되어야 한다. 사회혁명을 위해서는 교육혁명이 필요하다.

05 독일 교육의 특징 1 - 세미나

한국 교육은 교사 중심의 일방적인 정면 수업이다. 마치 어린 아이들에게 음식을 억지로 먹이는 것 같다. 그러나 독일에는 이런 수업이 없다. 유치원부터 대학까지 교사나 교수는 가능한 한 말을 적게 하고, 학생들의 질문과 토론을 중심으로 수업을 진행한다. 일방적으로 듣기만 하는 수업이 아니라, 서로 질문하고 토론하며 교사와 학생이 함께 만드는 쌍방간, 수평적 수업이다.

이러한 토론 분위기가 초 · 중 · 고등학교, 대학, 가정, 사회 등 모든 곳에서 적용된다. 참여수업이며 이론과 실제를 병행하는 수업이다.

그래서 독일의 일선 학교나 대학의 현장에서는 세미나식 교육방법을 가장 많이 사용한다. 세미나란, 한 사람의 지도하에 참여하는 구성원 모두가 공동으로 과제를 풀어나가는 데 있어서 자유롭게 토론하여 창의력을 발휘하는 학습방법을 말한다. 세미나는 사전에 과제를 주고, 준비한 내용을 중심으로 학생들의 발표, 토론, 교수의 코멘트 등으로 진행된다. 서로 가르쳐주고 서로 배우는 쌍방 간의 학습이다. 갑을 관계가 아니라 대등한 관계로 수업이 진행된다.

독특한 사례로, 나의 지도교수였던 푀겔러 교수는 수업 때 거의 빈손으로 강의실과 세미나실에 들어 오셨다. 자료, 노트, PPT 없이 수업을 진행해야 더 교육적인 효과가 있으며, 그래야 창의적 세미나가 진행되기 때문이라고 했다. 지적 축적을 토해내는 수업 방법이다. 지적 수준이 높은 사람일수록 빈손으로 수업을 진행한다. 지도교수는 칠판에 한 단어를 써놓고 몇 시간동안 세미나를 진행했다. 그래서 나는 교수님이 강의나 세미나 관련 자료를 가지고 다니시는 것을 본 일이 없다. 이렇게 모든 독일 학교에서는 가능한 학생들에게 준비한 텍스트를 보지 말고, 구두로 표현하라고 권장한다. 책이 아닌 내 생각이 들어간 발표를 해야 한다는 것이다. 세미나를 준비하며 만든 텍스트는 교수에게 제출하면 교수가 따로 읽는다. 자료 준비는 하되, 하나의 과제일 뿐 구두로 의사전달을 하는 것을 원칙으로 한다.

06 독일 교육의 특징 2 - 토론 수업

독일 대학에서 공부하며 제일 먼저 깨달은 것은 교수는 수동적이고, 거의 모든 수업 진행은 학생들이 한다는 것이었다. '교수가 왜 있을까?' 생각한 적도 있다. 독일에서 교사와 교수는 학생들의 조력자 역할만 한다. 도움을 필요로 할 때만 도와준다. 그 외에는 철저하게 학생 중심의 교육이 이루어진다.

독일 학교에서는 토론식 수업이 적극적으로 활용된다. 가정과 학교 모두 학생들의 사고력과 창의력, 문제해결력을 향상시키기 위해 노력한다. 가정에서 부모와 자녀 사이에 격의 없는 토론이 이루어지고, 학교에서도 교사와 학생 간의 토론식 수업을 통해 교육과 삶 속에서 논술 능력이 길러진다. 이 과정에서 학생들은 철학적으로 사고하고 스스로 생각하는 능력을 기를 수 있으며, 몸과 마음이 조화로운 인격체로 성장하게 된다.

초등학생 때부터 신문 사설을 요약함은 물론 정치, 경제, 교육 등 다양한 분야의 토론을 통해 경험을 쌓아 나간다. 한국처럼 암기식 교육은 통하지 않는다.

암기식 교육은 가장 쉬운 방법이다. 교사에게는 일방적인 수업이 토론식 수업보다 더 쉽다. 한국의 공교육은 암기식 교육에서 크게 벗어나지 못하고 있다. 우리 학생들이 귀에 못이 박히도록 듣게 되는 '자기 주도적'인 학습이 과연 말만 앞세우고 강요한다고 되는 것일까? 창의적인 체험 학습이 바탕이 없는 교육 현실에서 이것이 과연 가능할까?

한국 학생들은 대화와 토론이 없는 교실에서 공부하느라 너무 고통스럽다. 교육 선진국과 우리나라의 교육 사이에는 많은 차이점이 있지만, 그 중에서 가장 큰 차이는 우리 교육에 대화와 토론이 없다는 것이다. 교사 중심의 수직적 수업이다.

대화와 토론이 중요한 이유는, 학생들의 적극적이고 자발적인 참여를 유도하고, 학생들이 얼마나 학습내용을 이해하고 있는지 측정할 수 있는 중요한 수단이 되기 때문이다. 또한 대화와 토론의 과정을 통해서 학생들은 자신의 생각을 돌아볼 수 있다. 또한 자신의 의사를 타인에게 정확히 전달하는 능력을 키움으로써 건전한 인간관계를 형성하는 데 기여할 수 있다. 이러한 경험과 훈련을 통해 민주주의적 인간형이 형성되는 것이다.

토론을 잘 하면 논술도 잘한다. 독일의 모든 학생들은 대학에 들어가기 위한 시험인 아비투어(Abitur)를 통과해야 한다. 이를 준비하기 위하여 초 · 중 · 고등학교까지 모든 과정에서, 고전부터 현대의 문학작품과 신문기사에 이르기까지 수많은 자료를 통해 연습을 한다. 주어진 텍스트를 요약하고 다른 학생들 앞에서 발표를 한다. 학교 수업 중에 자신의 생각을 자유롭게 표현하고 다른 학생들과 질문을 주고받으며 논쟁하는 연습을 한다. 교사는 학생의 발표와 다른 학생들의 의견들 사이에서 연관성을 찾아내고, 포괄적 지식을 갖추도록 도움을 준다. 더불어 교과목과 다양한 지식을 연관시켜 창의적인 발상을 유도한다. 이러한 과정은 학생들로 하여금 스스로 생각하고 자발적으로 과제를 준비하도록 단련시킨다.

초등학생 때부터 평소에 관심이 있었던 많은 학자들이나 다양한 역사적, 현대적 인물들의 업적과 사상 등을 찾아보고 토론 학습을 진행한다. 탐구 주제를 설정하여 그룹수업, 프로젝트 수업, 문제 해결력 수업, 과제 중심형 수업 등 다양한 방법으로 학습을 시도한다. 이 모든 것이 '학교'라는 교육 공동체 안에서 자연스럽게 이루어진다. 주입이 아니라 '논술'을 저절로 터득하는 것이다.

독일에서는 모든 시험 문제를 주관식으로 낸다. 나는 한국에서 학교를 다니며 시험이라고는 객관식 시험만 봤는데, 독일 대학에서는 자기 생각을 쓰는 연습을 얼마나 많이 시키던지 정말 어려웠다. 대학 입학 후 지도교수님이 내준 첫 과제가 내가 살아온 삶을 스토리텔링 형식의 에세이로 써 내라는 것이었다. 한국에서는 이런 숙제를 해본 적도, 글을 써 본 일도 없다. 처음에는 A4용지의 반쪽도 채우지 못했다. 사실 글 중에서 가장 쉬운 글이 자기소개서인데, 그동안 써본 경험이 없었기에 어려웠던 것이다. 나중에 귀국 후에 이 방법을 한국교원대학교에서 학부와 대학원 제자들에게 적용해 보았다. 다들 내가 쓴 수준으로밖에 쓰지 못했다.

나의 지도교수님은 여기서 멈추지 않고, 내가 쓴 것을 더 늘려서 써 오라고 하셨다. 자신과 삶에 대해 더 묘사하라는 의미였다. 그렇게 연습을 통해 한 장이 두 장이 되었고, 마지막에는 열 장 이상 써서 과제를 통과했다. 이런 훈련이 되어야 독일 대학에서 공부할 수 있는 자질이 생기고, 사유와 추리력이 발달하여 학사, 석사, 박사 논문을 쓸 수 있는 능력이 배양된다.

석사과정의 경우 세 과목 필기시험을 각각 3~5시간씩 본다. 필기시험은 주관적으로 쓰기 때문에 시험 도중 책도 볼 수 있고, 화장실도 마음대로 다녀올 수 있다. 필기시험 이상으로 중요한 시험은 구두시험이다. 구두시험이야말로 학업능력을 볼 수 있는 확실한 평가 수단이다. 독일 학생들은 초 · 중 · 고등학교에서도 필기시험과 구두시험을 항상 병행한다.

독일은 사람이 모이는 곳에는 늘 토론이 있다. 정치, 경제, 문화, 사회, 스포츠 등 모든 것이 토론의 대상이다. 토론은 하지만 감정싸움은 볼 수 없다. 어디까지나 자기의 의견을 주장하는 것이 끝이다.

내가 관찰한 바로는 독일이 토론 문화가 발달된 것은 국민들이 책을 많이 읽기 때문인 것 같다. 그들은 항상 책을 가지고 다닌다고 해도 과언이 아니다. 시장가는 아주머니도 장바구니에 책이 있다. 독일인들은 여행을 가게 되면 책을 몇 권씩 새로 사서 준비해 갈 정도이다. 독서하는 국민이다.

07 토론은 곧 독일인의 삶이다

유대인은 전 세계 인구 중 0.2퍼센트밖에 되지 않는다. 하지만 역대 노벨상 수상자의 약 20~30퍼센트는 유대인이 차지한다. 또한 미국 명문대의 30퍼센트가 유대인 교수이거나 유대인 학생이다. 그들의 성공 비결은 무엇일까? 바로 '토론'이다. 유대인들은, 혼자 공부만 열심히 하는 사람은 성공하기 어렵다고 간주한다.

토론을 잘하는 사람은 다른 사람을 배려하고 존중할 줄 안다. 다름을 인정해야 토론을 할 수 있기 때문이다. 토론을 통해 공동체의식과 양보도 배운다.

토론 능력은 타고 난 것이 아니라 학습을 통해 길러진다. 마약 중독자였던 오바마가 성공하기까지는, 독서를 통한 토론으로 정체성을 찾은 데에 있다고 알려져 있다. 또한 토론을 통해 인간관계 형성을 잘할 수 있게 된다. 사람이 살아가는데 중요한 것 중 하나가 사람과의 관계형성이다. 나누고 베풀고 봉사하며 사람들과 어울려 사는 것을 배운다. 또한 사람이 변화할 수 있는 가장 쉬운 방법 역시 토론이다.

독일 수업은 토론 수업이 대부분이기 때문에 학교 교실과 대학 강의실의 책상, 걸상 배치가 우리와 다르다. 정면을 보고 강의를 듣는 것이 아니라, 원탁에 둘러앉아 얼굴을 마주보며 수업을 하거나, 'ㄷ'자 형태 또는 'V'자 형태로 책상을 배치하여 앉는다. 교사와 학생은 수평적 관계에서 수업을 진행한다. 독일 학생들은 필기하는 법이 없다. 작은 카드를 가지고 다니며 수업내용을 요약하고, 자신의 생각과 의견을 메모한다. 그런 카드를 수백 장 모아 가지고 다니며 시험에 대비하고 논문을 준비한다.

나는 대학 입학 초반에 책을 통째로 암기해서 시험을 봤다가 F학점을 받은 일도 있었다. 이후 독일 학생들과 스터디 그룹을 만들어 공부하고, 세미나식 수업을 들으며 조금씩 독일식 학습방법을 터득해갔다.

그리고 귀국하여 한국의 대학 강단에서 독일식 수업방식인 세미나식 강의를 시작했다. 처음에는 세미나식 수업을 낯설어하는 학생들이 나에 대해 비판을 하기도 했다. 그러나 시간이 갈수록 교육적 효과를 깨달은 학생들이 많아져서, 나중에는 내 수업이 인기 있는 수업이 되었다. 이후 '신임 대학 교수들을 위한 세미나 명강사 10인'에 포함되어 전국 순회 강의도 한 경험이 있다.

08 독일 대학의 시작

독일 최초의 대학은 1385년에 설립된 하이델베르크대학(Ruprecht-Karls-Universität Heidelberg)이다. 독일 대학은 대부분 국립이나 주립이며, 모든 대학의 재정 지원은 국가가 하되 운영에는 자율성을 보장한다.

19세기 초 근대대학의 효시로 탄생한 베를린 훔볼트 대학(Humboldt-Universität zu Berlin)은 '자유'를 찾기 위해 세워진 학교이다. 대학 설립 책임을 맡은 카를 훔볼트는 정치권력에 제약받지 않는 교수의 자유와, 학문의 자유를 설립 이념으로 삼았다. 이 같은 설립 정신은 그 후 유럽은 물론, 미국 및 전 세계의 대학 발전에 큰 영향을 끼쳤다.

정치권력이 배제된, 오직 교수와 학생으로 구성된 자유롭고 평등한 학문 공동체를 만든 것이다. 그 사례 중 하나는 대학 구성원인 교수, 학생, 조교, 강사가 대학총장을 선출하는 점이다. 이 대학은 강사가 총장으로 선출됐던 적이 있다. 당시 나이가 서른 살이고 석사 과정 중이었는데 총장에 뽑힌 것이다. 그리고 이후 재선 당선까지 되어 8년간 총장직을 유지했다. 또한 훔볼트는 직업을 위한 대학 교육이 아닌 일반 교육, 보편 교육을 강조했다.

현재 우리나라는 대학의 목적을 순수 교육이 아닌, 취업을 위한 발판으로 삼고 있다. 좋은 대학을 가려는 이유는 학업에 대한 열망보다는 좋은 직업을 갖기 위함이 더 크다. 그래서 우리나라는 취업의 결과를 보고 대학을 평가한다. 말도 안 되는 일이다. 대학을 사회의 노예로 전락시키고 있다. 하지만 팬데믹 이후 대학 학위의 의미가 점점 없어지고 있다.

09 독일 대학의 특징

나는 독일에서 16년간 살았고 대학의 처음부터 끝까지 전 과정을 성실히 이수하여 졸업했다. 다른 유학생들과는 전혀 다른 학문 과정을 거쳤기 때문에 독일 대학제도에 대하여 누구보다 잘 알고 있다고 감히 말할 수 있다. 유일한 나만의 스토리이기 때문이다. 내가 대학에서 경험한 내용을 생생하게 기술한다. 단, 내가 귀국한지 40년이 지났기 때문에 귀국 후의 독일 대학에 관한 내용들은 독일 대학을 졸업한 광부 동료의 아들과 대화를 하면서 계속 보충했다. 주로 내가 다녔던 대학과 나의 전공에 관한 내용이 되겠다.

먼저, 독일 대학에는 서열이 없다. 우리나라 명문대의 영어 스펠링을 따서 만든 'SKY'같은 단어가 독일에는 없다. 가끔 자녀를 독일에 유학 보내기 위해 독일 대학의 서열을 묻는 학부모들이 있는데, 그럴 때면 대답하기가 곤란하다. 사실 독일 학부모들은 자녀의 전공을 결정하는 것에는 어느 정도 관심을 갖지만, 학교는 대부분 집에서 다니기 좋은 곳을 원하기 때문이다.

다만 공과대학의 경우는 몇몇 알려진 대학이 있다. 아헨(Aachen)공대, 뮌헨(München)공대, 만하임(Mannheim)공대 등이 되겠다.

독일 대학의 입학조건은 아비투어(Allgemeine Hochschulreife/ Abitur: 독일의 2차 교육(한국의 고등학교 과정)을 마칠 때 보는 시험)를 보고 대학 입학자격증만 있으면 어떤 대학이든 지원할 수 있다. 외국인은 본국의 학력을 검증하여 인정한다. 입학조건이 안 되면 독일 야간 고등학교 과정을 이수해야 한다.

대학의 유형은 3년제 전문대학과 4년제 대학, 예술대학, 음악대학이 있다. 교사가 되기 위해서는 교원 양성 대학에 가거나 종합대학에 가야 한다. 교원 양성 대학에서는 초등교사와 레알슐레, 하우프트슐레의 중등교사까지 양성한다. 종합대학에서는 대학에 따라 초등학교부터 김나지움 교사까지 양성한다. 특히 김나지움의 교사는 종합대학에서만 양성된다. 김나지움 교사가 되려면 교육학 외에 두 과목을 전공해야 하며 3년간의 학사 과정과 2년간의 마스터 과정을 마친 후 18개월 동안 '교사 실습 과정(Referandariat)'을 거쳐야 한다.

독일 대학은 학비가 없다. 독일은 사립대학이 약 3퍼센트이고, 나머지 97퍼센트가 국공립대학이다. 그래서 국가가 학비를 지원한다. 대학 무상 교육 제도는 1946년부터 시작되었다. 지금은 아주 적은 액수의 등록금을 받는 주정부도 있긴 하다. 그러나 우리나라 사립대와 비교하면 학비가 약 10~15퍼센트 수준이다. 학생회비와 행정비로 약 15만 원 정도 낸다고 보면 된다. 오히려 부모의 경제적 여건에 따라 대부분의 학생에게 장학금이 지원된다. 장학금 수령액도 부모의 수입정도를 고려하여 지급하기 때문에 수령액이 같은 학생은 거의 없다. 만약 자녀가 있는 대학생이라면, 자녀 수당, 주거비와 교통비도 지원해 준다. 심지어 '국가는 공부하는 것도 노동으로 인정해야 한다'는 대학생들의 주장을 반영하여, 학생들에게 생활비를 주기도 한다. 연구 역시 사회적 노동으로 인정하여 연구 보조금을 준다.

학기는 우리나라처럼 봄 학기와 가을 학기로 구분한다. 대략 3월 1일과 8월 31일이다.

각 주정부 대학에 따라서 조금씩 차이는 있지만 4년제 대학을 기준으로 4학기를 다니면, 그 대학을 계속 다닐 수 있는지 평가하는 시험이 있다. 대학 학습 능력 평가 시험이라고 보면 된다. 이 시험에서 학생들이 상당수 탈락한다. 통과를 하면 학교를 계속 다닐 수 있으며, 졸업까지 기한이 정해져 있지는 않다. 그래서 독일 대학은 입학은 쉽고, 졸업은 매우 어렵다. 대학 졸업 후, 취업할 때는 대부분의 회사에 입사시험은 따로 없다. 대학졸업장이 곧 국가가 인정하는 자격증이기에, 대부분 회사들은 전공 성적과 인품을 중심으로 뽑는다.

대학 수업 형태는 크게 구분하면 세 가지가 있다. 강의식 수업, 세미나식 수업, 연습과 실습이다. 우리가 흔히 아는 강의 형태의 수업은 적게 개설한다. 교수가 일방적으로 강의를 하는 수업 형태보다, 세미나식 수업을 많이 한다. 학생들이 준비한 과제나 프로젝트를 중심으로 함께 토론하며 수업하는 것이다. 내 경우에는 저학년 때는 강의식 수업을 많이 신청했지만 고학년 때는 주로 세미나 수업을 많이 들었다. 또한 연습과 실습 위주의 수업형태도 있다. 물론 인문분야와 자연분야 전공에 따라 조금씩 다르지만, 대부분의 전공에 실습이 포함된다. 듀얼 시스템(Dual-system)으로 이론과 실제를 병행하는 교육이다. 이론 중심이 아닌, 실천적이고 실용적인 교육제도이다.

독일 대학은 보통 오전 8시에서 밤 8시까지 수업을 한다. 야간에 강의한다고 해서 야간 대학 개념은 아니다. 교수의 사정에 따라서 상당 교수들이 야간에 강의하는 경우가 있다.

과목은 전공에 따라 다르지만, 나의 경우에는 교원 양성을 위한 사범대학을 다녔기에 졸업을 하기 위해서 꼭 들어야 하는 교양 필수 과목이 있었다. 전공 필수 과목은 두세 과목이었다. 독일의 모든 사범대학은 두 과목을 필수로 이수해야 한다. 졸업하여 교사가 되면 학교에서 꼭 두 과목을 가르쳐야 하기 때문이다.

학점은 1학점이 30분으로 되어있다. 학생 개인의 능력과 환경에 따라 학점 이수는 스스로 결정한다. 수학기간과 졸업 기한이 정해져 있지 않기 때문에 자유롭게 수강 신청을 할 수 있다. 그래서 사실상 우리나라 같은 '학년'의 개념은 무의미하다. 만년 대학생도 있다. 더러는 일주일 중 며칠은 아르바이트를 하고 며칠은 강의를 듣는 학생도 많았다. 나의 경우에도 월 · 화는 강의를 듣고, 수 · 목 · 금은 아르바이트하며 대학을 다녔다.

학위과정은 나의 경우 학부 6년, 석사 4년, 박사과정 4년, 종합 14년이 걸렸다. 언어의 어려움 때문에 수학을 길게 했다. 학교 다니면서 아르바이트도 해야 했고, 직업을 위한 봉사활동으로 정신병원 6개월 실습을 했으며, 교생 실습도 2년간 했다. 보통 독일 학생들은 4~6년 사이에 졸업한다. 사범 대학은 초등교사의 경우 4~5년, 중등 교사는 6~8년씩 공부한다.

성적 평가는 대부분 과정 평가를 한다. 세미나 준비, 학습태도, 출석, 필기시험, 구두시험 등의 모든 과정을 합해서 평가한다. 대부분의 학교와 대학에서 시험 성적은 다음 다섯 단계를 기준으로 평가한다. '매우 좋다(sehr gut), 좋다(gut), 만족한다(befriedigend), 부족하다(ausreichend), 현저히 부족하다(nicht ausreichend)'이다.

독일에는 '벼락치기 공부'가 없다. 유치원에서부터 대학까지 주된 공부 방법이 토론이기 때문에 자연스럽게 시험에 대비할 수 있다. 시험의 주제가 극히 주관적이기 때문에 미리 텍스트를 준비하는 것에 의미가 없다. 예를 들면 〈사랑의 본질을 논하라〉같은 주제이다. 각자 살아오면서 공부하면서 얻은 지식을 총동원해서 써야 하는 주제들이 시험에 나온다. 그래서 독일에는 시험 공포증이 없다.

졸업시험은 대부분의 대학이 국가시험 제도를 적용한다. 내가 다닌 사범대학의 경우, 교사가 되기 위해서는 두 번의 국가 시험을 봐야 한다. 1차 시험 합격 후 2년간 실습을 하고 다시 2차 국가시험에 합격해야 교사가 될 수 있다. 교사가 되는 것도 우리나라보다 훨씬 어렵다. 2차 국가시험이 더 어렵다고 한다. 나는 독일어가 어려워서 졸업할 때까지 모든 과목에서 A학점을 받아본 적이 없다. 졸업을 위해서는 어느 대학이든 졸업 논문을 쓰고, 필기시험과 구술시험을 보아야한다. 우리나라와 가장 큰 차이점은 모든 졸업 시험에 엄격한 구두시험이 있다는 점이다. 구두시험은 짧게는 30분, 길면 한 시간씩 보는데 많은 학생들이 구두시험에서 탈락한다. 필자도 구두시험의 공포 때문에 공부가 어려워 우울증도 걸렸었고, 대학을 포기하려고 생각한 적도 있다.

독일 대학에 입학식과 졸업식은 없다. 졸업 앨범도 존재하지 않는다. 다만 동아리별로 사진첩을 만드는 경우는 있다.

학생회 조직은 우리나라 동아리 같은 조직이 많다. 전공과 취미에 따라서 여러 동아리 활동을 할 수 있다. 또한 대학생들의 정치 동아리 활동이 활발하며 정당에 가입도 할 수 있어, 정당 동아리들이 대학마다 있다. 학생회는 학생들의 복지와 관련된 업무를 도와준다. 예를 들면 방을 구하는 일 등이 있다. 그리고 외국인이나 유학생들을 위해 대학마다 '외국인 관청(Akdemisches Auslandamt)'을 운영하고 있어서 도움을 받을 수 있다. 외국인 관청에서는 독일 정부의 독일학술교류재단(DAAD) 업무도 맡고 있어서 외국인의 장학금 지원 문제도 자문 받을 수 있다.

개인주의가 철저해서 그런지, 독일 대학은 엠티나 오리엔테이션이 따로 없다. 선후배 관계 역시 우리나라처럼 엄격하지 않다.

독일은 내, 외국인 대학생들에게 주는 혜택도 독일 학생과 똑같다. 등록금이 무료인 것은 물론이고, 학교 식당을 포함하여 휴대전화 요금, 신문 잡지 구독료, 교통비, 영화 관람료, 박물관, 미술관, 극장 입장료 등에서 할인 혜택이 있다. 또한 유럽의 여러 나라에서도 학생증이 있으면 할인 혜택을 받을 수 있는 곳들이 많다.

독일은 항상 여성이 우선이다. 교수와 제자 사이도 그렇다. 나이가 많은 교수라도 여학생이 교수 연구실에 들어오면 의자에서 일어난다. 여학생이 자리에 앉으면 그제야 남자 교수도 앉는다. 만일 여학생이 겉옷을 입었으면 겉옷을 받아서 걸어준 뒤 앉는다. 남자 제자에게는 그렇게 하지 않는다. 길거리를 걸을 때도 항상 남자가 좌측(차도 쪽)이고 여자는 우측으로 걷게 한다. 여성을 먼저 보호하고 배려하는 것이 몸에 배어있다. 하지만 세미나나 토론을 할 때는 평등하게 한다.

10 자립심을 길러주는 독일 교육

우리 때는 성인이 되면 으레 독립하여 나가는 것이 일반적이었다. 경제 활동을 시작하면 부모님께 월급을 갖다드리기도 했다. 그런데 요즘은 반대로 바뀌었다. 현재 한국에서는 부모가 자녀를 부양하고 있다. 자녀는 부모에게서 독립하지 못하고 나이가 들어서까지 부모에게 기대어 산다. 대학을 졸업했는데도 취업을 못(안)하거나 취직 후에도 부모에게 얹혀사는 캥거루족이 많다. 그래서 부모는 평생 육아를 한다. 생활비와 학비, 결혼 경비와 집 마련까지 책임져야 하니 일생을 자녀 뒷바라지만 한다. 부모 자신을 위한 생활은 거의 없다. 자녀들은 무능한 존재로 자라서 평생 종속적 삶이 되는 경우가 많다.

사람들은 고용 시스템 때문이라고 사회를 탓하기도 한다. 그러나 나는 근본적인 문제는 한국 교육 제도에 있다고 본다. 독립심과 자립심을 길러주지 못한 한국 교육의 결과이다.

독일은 어릴 때부터 철저하게 독립적인 인간이 되도록 교육한다. 그 첫 단추는, 중학생이 되면 대부분 방학 때 아르바이트를 시작하는 것이다. 아르바이트를 통해 용돈을 벌어 쓰며 경제관념을 배우고, 경제적인 독립을 시작한다. 자립정신은 주변을 보며 자연스럽게 터득해간다. 친구들이 하니까 자연스럽게 함께하게 된다. 중학생 때부터 시작한 아르바이트는 대학생이 돼서도 한다. 그리고 보통 열여덟 살이 되면 부모 곁을 떠나서 독립된 생활을 한다. 성인이 되어도 결혼 경비부터 집을 마련하는 것까지 부모에게 절대 손 벌리지 않는다. 독일 부모들은 재산을 국가에 헌납하는 경우가 많기에, 부모도 자녀에게 유산을 줄 생각을 거의 하지 않고, 자녀도 받을 생각을 하지 않는다. 우리나라와는 참 대조적이다.

11 고객이 왕인 나라

독일에서 16년간 살아서 그런지 '독일'과 '빵' 글자를 보면 가슴이 뛴다. 얼마 전 아들이 한국에 있는 독일 빵집에서 빵을 사왔다. 독일에서 먹던 빵과 똑같은 맛이었다. 빵을 먹으며 아내와 독일에서의 추억을 떠올리기도 했다. 빵을 더 먹고 싶어서 가게 위치를 찾아보니 집에서 약 30분 정도면 가는 거리였다. 아내와 신나게 찾아갔다. 도착해서 보니 빵 종류도 다양했다. 딸들도 빵을 즐겨 먹기 때문에 많이 샀다.

그런데 문제는 그 다음부터였다. 내가 이 글을 쓰는 이유이다. 빵집 종업원들이 너무 불친절했다. 나는 불친절한 종업원을 보며 독일 사람들의 직업의식과 고객에 대한 친절함이 그리워졌다. 독일에서 귀국한지 40여년이 지났음에도 나는 아직도 독일 문화와 한국 문화 사이에서 충돌이 많다. 바로 이런 경우이다.

독일뿐 아니라 유럽의 상점 종업원들은 고객에 대한 서비스가 최고 수준이다. 우리나라도 예전보다 점점 좋아지고 있기는 하지만 독일과 비교하면 우리나라는 아직도 갈 길이 멀다. 독일 사람들의 고객에 대한 친절도는 투철한 직업의식에서 비롯된다. 직업의식은 직업에 대한 태도, 의견, 가치를 포함한다. 직업의식을 가지고 일을 하면 친절할 수밖에 없다. 마음에서부터 나오는 친절함이다. 하지만 우리나라는 백화점을 포함해 어느 상점을 가든 고객을 대하는 친절함이 아직 아쉽다.

독일 종업원들은 주인처럼 일을 하고, 한국 종업원들은 그저 머슴으로의 일만 한다. 독일 사람들은 직업 정신으로 손님을 대하기 때문에 능동적인데 반해 한국 사람들은 생계수단으로 일하기 때문에 수동적이다. 독일 사람들은 사명감을 가지고 하기에 즐겁게 하는데, 한국 사람들은 억지로 하는 모습이다. 즐기는 모습을 찾아 볼 수 없다. 고객이 질문을 해도 시큰둥하다. 환한 웃음으로 고객을 맞이하는 독일이 문득 그리워졌다. 한국 빵집은 오전 9시 30분에 열지만 독일 빵집은 고객들의 아침 식사용 빵을 만들기 위해 새벽 4시부터 빵을 만들어 5시 이전에 가게가 문을 연다. 늘 고객만족을 위해 일한다.

분당에서 서울까지 맛있는 빵을 사러간 것은 매우 좋았지만 종업원들의 불친절에 기분이 상했다. 아내 역시 같은 기분이었다고 했다. 문화 차이와 국민성의 차이라고 마음을 위로했다.

12 출입문 에티켓과 인성 교육

사람이 태어나서 한살 정도 되면, 부모 형제를 통해 방문을 열고 닫는 방법을 배우게 된다. 그리고 성장하며 가정, 학교 등에서 문을 열고 닫는 규칙을 배우게 된다. 그러나 그 규정은 제도화되어 있지 않으며, 생활을 통해 자연스럽게 배우는 가장 기초적인 교육이다.

대학을 졸업하고 사회생활을 하다보면 상하 지위관계와 서열에 대해 알게 된다. 그리하여 문을 통과할 때는 어른이나 상사가 먼저, 아랫사람은 보통 마지막에 통과한다는 것을 배운다.

또한 내가 문을 통과할 때 뒤따라오는 사람이 있으면, 그 사람이 문을 잡을 때까지는 내가 문을 잡고 기다려주는 게 매너이다. 이것은 어느 나라든지 가장 기본적인 생활 예절이다. 지금도 나는 밖에서 문을 다닐 때면 독일과 한국을 비교하게 된다. 그나마 직장에서는 어느 정도 예의를 갖추는 모양새가 있다. 그러나 독일인들과 비교하면 우리나라 사람들은 성인들도 80퍼센트 이상이 이를 제대로 행하지 않는다. 그러니 아이들은 더 모른다. 한국에 방문한 외국 사람들은 한국 사람들의 출입문 예절을 항상 지적한다. 한국에 도착해 가장 먼저 경험하는 것이기 때문이다.

매일 여러 문을 통과 할 때마다 독일과 유럽 사람들의 문 에티켓을 생각하지 않을 수 없다. 그들은 뒤에 오는 사람이 문을 통과하여 문을 잡을 때까지 항상 기다려 준다. 마치 릴레이 선수 간 배턴을 인수인계하는 것 같다. 독일 사람들은 남녀노소 할 것 없이 모두, 뒷사람이 따라 오면 문을 잡고 기다려 준다. 물론 가까운 거리, 즉 거의 같이 들어오고 나가는 경우가 되겠다. 더러는 먼 거리에서도 사람이 오는 것을 보면 문을 계속 잡은 채 기다려 주기도 한다. 앞 사람도 뒷사람도 이에 "감사합니다"라고 인사한다. 뒤따라오는 사람은 문을 잡은 순간 "감사합니다"라고 반드시 감사 인사를 한다.

독일 사람들은 아주 작은 것에도 "감사합니다" 하는 인사가 몸에 배어 있다. 어린이들마저 감사 인사가 습관화되어 있는데, 가정교육의 결과이다. 독일 가정에서 가장 중시하는 인성 교육이 감사하는 것과, 감사를 표현하는 것이다. 기독교든 불교든, 모든 종교의 본질은 감사와 사랑이다. 감사 인사 한마디는 생활의 기본이고, 인간관계에서는 윤활유 역할을 한다. 독일 사람들과 하루 종일 함께 있다 보면 "감사합니다"를 하루에도 수십 번이 넘게 듣게 된다.

감사 인사를 하는 것은 돈이 들지 않는다. 어려운 일도 아니다. 우리도 독일 국민들처럼 늘 감사하는 삶을 살았으면 좋겠다. '천 냥 빚도 말로 갚는다'는 속담도 있다. 아낌없이 감사하고, 그 감사함을 표현하자.

또한 "미안합니다" 인사 역시 생활 속에서 가장 많이 하고, 많이 듣는 인사이다. 전철 등에서 서로 살짝 부딪칠 때나, 상대방에게 아무리 작은 불편이라도 불편을 주었을 때는 "미안합니다"라고 해야 한다. 우리나라는 상대방의 발을 밟아도 사과하지 않는다. 독일에서는 대화와 토론을 할 때에도 상대방의 말이나 마음에 조금이라도 피해를 주었다고 느낀다면 바로 "미안합니다"로 그 마음을 표현한다. 상대의 마음을 존중하는 표현을 본능적으로 하는 것이다. 이 얼마나 아름다운 삶이고 배려하는 삶인가? 어린아이든 어른이든 이것이 몸에 배어 있다. 얄미울 정도로 잘 지킨다.

그런데 한국은 어떠한가? 뒷사람이 바로 문 앞까지 왔는데 아랑곳하지 않고 문을 놓고 먼저 가버린다. 더러는 뒷사람 얼굴이나 몸이 문에 부딪치는 경우도 봤다. 무례하다고 느낄 때가 많다. 한국의 문 에티켓을 지적하는 독일 친구들에게 이를 아무리 설명을 해도 이해하지 못한다.

출근해서 하루 종일 일을 하다 보면 엘리베이터를 자주 타게 되는 날이 있다. 그런데 엘리베이터든 문이든 한국의 출입문 문화는 똑같다. 뒷사람이 오는 것을 뻔히 알면서도 엘리베이터 '닫힘' 버튼을 누르고 먼저 간다. 뒤에 오는 사람을 기다려주지 않는 개인주의적 행동이다.

물론 어느 나라 교과서에서도 출입문 예절을 가르쳐주지 않고, 가르치는 사람도 없다. 그런데 왜 한국인과 독일인의 기본 예법이 이렇게 많이 다를까? 우리도 독일 국민들처럼 문에 대한 예절을 지킬 수 없을까? 어디서부터 교육이 되어야 할까? 교육으로 변화를 가져 올 수 있을까? 과연 이러한 가치관이 교육, 역사, 전통, 문화와 관계가 있을까? 아니면 그저 가르치지 않아서 그런 걸까? 교육으로 교정이 가능한가? 많은 문 앞에서 무례한 사람들을 만날 때면, 끊임없는 질문만 머릿속을 맴돈다.

인성교육법은 전 세계에서 우리나라에만 있다고 한다. 그런데 법만 있으면 무슨 효과가 있을까. 실천이 더 중요하다. 독일 사람들은 이론과 실제가 병행하는 교육과 실천적인 삶을 매우 중요시한다. 독일 어린이들은 부모와 어른들로부터 보고 들은 대로 실천한다. 우리나라도 비록 느리지만 언젠가는 이러한 예절 문화가 정착하기를 기대한다.

법은 제도적으로 쓰인 법과 쓰이지 않은 법이 있다고 한다. 나는 쓰이지 않은 법이야말로 삶과 밀접하게 연관되어 있으며, 공동체 사회에서 어울려 살기 위해서 더욱 중요하다는 것을 배웠다. 우리나라도 언젠가는 쓰이지 않은 법이 삶에 뿌리 내리기를 기대해 본다.

선진국으로 가는 길은 출입문을 통과하는 등의 작은 실천이 선행되어야 한다. 나는 그 방법을 곰곰이 생각해 보았다.

- ☝ 부모가 가정에서부터 실천한다.
- ☝ 모든 교육기관에서 인성교육에 포함시킨다.
- ☝ 사회지도자와 기성세대가 먼저 실행한다.
- ☝ 가정, 학교, 사회 교육기관에서 생활 속에 예절 교육을 인성 교육과 함께 실천해야 한다.

가정이든 직장이든 사람들은 평생 살아가면서 많은 문을 통과 한다. 그런데 문은 혼자 통과 할 때도 있지만 사람들과 동행하며 통과하는 경우가 많다. 그러므로 우리는 문을 통과하는 예절을 잘 지켜야 한다.

13 성(性)교육 바로 해야 한다

한국의 '경쟁 교육'은 아이들의 총체적 인성교육의 부재로 이어진다. 경쟁교육은 인권의 파괴로 인해 인성이 일그러지고 찢어지는 교육현상이다.

대한민국은 수시로 일어나는 성폭력 사건으로 혼란스럽고 부끄러운 나라가 되었다. 모범이 되어야 할 최고위 공무원들까지도 연루되어 연이어 교도소에 가는 사례도 많다. 특히 인권 운동가나 사회 후원단체 지도자로 있던 인물들이 성추행, 성희롱, 성폭력 등을 저질러서 범죄자가 되며, 구속과 자살로 이어지기도 한다. 이런 일련의 사건들을 보며 '젊은이들이 과연 기성세대에게 무엇을 배울까?', '그들의 가치관 형성에 혼란을 주지는 않을까?' 걱정이 된다.

우리 교육 결과는 평생 성과 관련된 죄의식과 죄책감의 그물에서 벗어나지 못하고 있다. 우리는 성적인 본능은 무조건 나쁜 것이라고 교육한다. 일방적인 훈시와 명령식 성교육은 아이들을 성에 대해 무지하게 만든다. 긍정적인 면은 하나도 듣지 못하고 부정적인 말만 들으며 자란다. 사회 윤리, 도덕, 규범에만 높은 가치를 두고 그에 반하면 죄책감을 갖게 만든다. 부모는 딸들에게 길거리를 다닐 때도 조심 또 조심하라고 가르친다. 내가 여성 뒤를 걸어가면, 앞에 있는 여성들은 갑자기 발걸음이 빨라지거나 뛰어간다. 마치 모든 남성들이 잠정적 범죄자 취급을 받고 있다. 그렇게 자란 아이들은 집밖에 나가는 것을 무서워한다.

독일에서는 유치원 때부터 성교육을 체계적으로 한다. 성은 아름다운 것이라고 가르치며, 아이들은 성에 관련된 죄책감에서 해방된 환경에서 자라고 있다. 가정, 학교, 사회에서 정치교육의 한 주제로 다루어지고 있다. 자연스러운 성충동에 대한 윤리적 판단을 금지하고 성에 대한 자기결정권을 최대한 존중한다. 다만 성은 생명 및 인권과 관계된 영역이므로 스스로 책임감을 갖도록 교육한다. 상대방에 의사에 반하는 성희롱과 성폭력은 엄격하게 처벌한다. 자아 존중 교육과 책임 있는 언행 교육이 더 강조 되고 있다.

우리처럼 학생들을 한줄 서기 경쟁과 석차로 내모는 교육이 아니다. 학생들에게 창의성을 심어주고 비판 교육을 중요시한다. 우리나라 학생들은 자아가 유린당하고 파괴당한다. 진정한 민주주의 교육이 이루어지지 못하고 있다. 성을 억압하면 할수록 더 자유로부터의 도피의 도구로 삼고, 억압에서 벗어나려는 호기심을 자극한다.

나는 독일에서 교사생활을 했기에 한국 교육의 문제점에 대해 처절하게 느끼고 있다. 학교(School)의 어원은 고대 그리스어로 '여가', '쉼'이다. 그런데 우리의 학교는 지옥이고 전쟁터이다. 우리 학생들에게 행복하고 즐거운 학교를 만들어 주지 못해 마음이 매우 아프다. 그러나 이제 우리나라 교육도 제자리걸음만 하고 있지는 않을 것이다. 외국의 우수한 사례들보다 더 발전된 인공지능시대에 적합한 인재양성 교육방법들이 점차 연구되고 실천되리라 믿는다.

키워드 3. 원칙과 규정 준수

독일인은 무서울 정도로 신고 정신이 강한 국민이다.
정의에 기초한 사회이고 그것을 지키며 사는 것이 그 사람들의 삶이다.

우리나라 사람들은 일을 '대충', '적당히' 처리하는 경우가 많다. 그러나 독일에서 '대충'은 안 통한다. 내가 독일에서 살 때 가장 힘들었던 것 중 하나가 독일의 여러 규정을 익히고 독일인들의 규칙적인 삶을 배우는 것이었다. 전통적인 이념과 관념으로 만들어진 원칙과 규정의 제도에 갇혀 처음에는 많이 불편했다.

내 지인들은 가끔 이런 말을 한다.

"권이종 교수님은 독일에서 오래 살아서 그런지, 꼭 독일 병정 같아요."

모든 면에서 빈틈이 없고 융통성 없는 학자이며, 재미도 없고, 때론 틈새가 전혀 없으니 접근하기 무섭다고 한다. 특히 내 제자들에게 가장 많이 이런 말을 들었다. 실제로 나는 따뜻한 사람이고 사람도 좋아하는데 왜 그런 이야기를 할까? 아마 독일에서 살면서 독일 사람 같은 행동을 하며 살았기 때문일 것이다.

또 사람들은 내가 사람이 아니고 마치 기계나 로봇이 움직이는 것 같다는 말도 한다. 특히 교수 시절, 항상 강의 시작 10분 전에 강의실에 도착하며 강의 시간을 철저하게 지키는 모습에서 그런 말이 나온 것 같다. 나는 어떤 경우에도 약속을 어기는 경우가 없다. 항상 미리 도착한다. 독일에서 살면서 독일 사람들에게서 배운 것이다. 바로 약속과 규정을 준수하는 생활습관이다. 약속은 곧 나의 삶이다.

독일 사람들의 철저한 규정 준수에 관한 몇 가지 사례를 소개한다.

독일은 밤에 눈이 오면, 다음 날 아침마다 다들 자기 집 앞 눈 치우기에 바쁘다. 만일 어느 집 앞의 눈이 제대로 치워지지 않아서 길 가던 사람이 넘어져 다치기라도 하면 모든 책임이 그 집 주인에게 있기 때문이다.

나뭇가지도 남의 집 담장을 넘지 않아야 한다. 낙엽이 옆집에 떨어지면 안 된다.

01 반려동물도 법을 지켜야 한다

그 중 반려동물에 관한 명확한 규정도 있다.

우리나라에서 이웃집 개에 물린 사람이 사망한 사건 때문에 연일 뉴스마다 보도가 됐고 논란이 일던 때가 있었다. 반려동물로 인한 이웃 간의 갈등으로 살인사건이 일어나는 경우도 언론에서 자주 볼 수 있었다.

나는 분당에 사는데, 근처에 탄천이 잘 조성되어 있어서 탄천을 산책하는 주민들이 많다. 반려동물을 데리고 다니는 사람들도 많이 보인다. 산책하는 개들 중에 큰 개는 송아지만한 개도 있다. 두, 세 마리의 반려견과 함께 산책하는 주민도 꽤 많다.

나는 개를 키워보지 않아서 잘 모르지만 개는 밖에만 나오면 배설을 하는 것 같다. 집안에서 배설하는 게 주인에게 미안해서 그런 건지 나는 잘 모르겠다. 특히 나무 밑, 가로등 밑, 담장 옆 구석진 곳에서 볼일을 많이 본다. 그리고 다른 개가 배설한 곳의 냄새를 맡아가며 같은 곳에 배설하기도 한다. 견주는 밖에서 볼일 보는 개를 자연스럽게 둔다. 그러나 대부분의 사람들이 그걸 좋은 시선으로 볼 리 없다. 물론 사람이든 개든 모든 동물의 배설은 당연한 생리현상이다. 다만 뒤처리를 어떻게 하느냐가 중요하다.

독일 사람들은 개와 함께 산책할 때 개의 배설물 처리를 위한 준비를 철저하게 한다. 배설물이 묻은 자리를 닦기 위한 물도 준비한다. 우리나라 사람들도 휴지나 비닐봉지를 가지고 다니며 배설물을 치운다. 하지만 물까지 들고 다니는 견주는 아직 본 적이 없다.

아파트마다 규정이 다르겠지만, 우리나라 대부분의 아파트에서는 반려동물을 키우지 못하게 고지되어 있다. 하지만 내가 사는 아파트에서는 밤낮을 가리지 않고 개 짖는 소리가 들린다. 개 주인은 양심도, 미안한 마음도 없어 보인다. 독일에서는 절대 있을 수 없는 일이다.

독일 아파트에서는 상상할 수도 없는 일이다. 어떠한 소음도 집 밖으로 새어 나오면 안 된다고 '아파트 법'에 정해져 있다. 모든 주민들은 입주 전에 아파트 법을 지키겠다는 서명을 해야 한다. 법을 어기면 경찰에 신고된다.

독일에서는 반려견 정보를 반드시 당국에 신고해야 한다. 특히 맹견을 키우려면 관련 지식과 소양을 갖추고 자격시험도 봐야 한다. 독일에서 만일 누군가 개에 물리는 사고가 발생하면 가장 먼저 경찰에 신고한다. 처리 과정은 인간 간의 사고 처리 과정과 똑같이 한다. 사고 장소, 피해자와 견주의 인적 사항, 치료 병원, 치료 내용, 보험 회사 등 일반적인 사고 처리 업무이다. 개에 물리면 경찰, 병원, 보험 회사 등의 기록을 철저히 남겨야 한다. 이후 개의 주인이 모든 절차와 치료비까지 완전히 부담해 주어야 한다. 외상 치료뿐 아니라 정신적인 보상까지 보험 회사를 통해 보장한다.

사고 후속 조치 역시 철저하다. 개가 입마개는 충실히 하고 다니는지, 이후 견주는 어떤 주의를 하고 있는지에 대한 조서를 작성한다. 개 물림 사고뿐 아니라 독일 사람들의 모든 사건과 사고 처리는 법에 따라 합리적으로 한다. 모든 사고 처리는 합리성과 공공의 편익을 최고의 목표로 삼고 있기 때문이다. 함께 사는 세상에서 합리적인 것만큼 안전하고 편안한 것은 없다. 법과 원칙을 준수하며 사는 것이 그만큼 중요하다는 것이다.

02 독일의 주거 규정

독일은 주거와 관련된 규정도 엄격하다.

일단, 독일인들은 집은 오직 주거 목적으로만 구매한다. 재산 증식과 투기를 위한 집 마련은 찾아볼 수 없다. 여유가 있는 사람들도 집을 소유하지 않고 임대로 사는 경우가 많다. 그에 반해 우리나라 국민들은 마치 땅 투기꾼처럼 보인다.

우리나라와 다르게 독일 사람들은 아파트에 사는 것을 싫어한다. 흙을 밟아야 건강해진다고 생각해서 주택을 선호한다. 독일 친구가 한국에 왔을 때, 한국의 고층 아파트는 꼭 새장이나 닭장 같다고 표현했다. 독일은 일부 지역을 제외하고는 고층 아파트가 거의 없다. 대체로 경제적으로 어려운 사람들이 아파트에 거주한다고 보면 된다. 대부분의 독일인들은 정원이 딸린 개인 주택이나 연립 주택을 좋아한다.

독일 사람들은 여건이 허락하지 않으면 무리해서 집을 마련하지 않는다. 주거에 대한 사회 보장이 잘 마련되어 있기 때문이다. '가족 구성원 수에 따른 일정 공간이 필요함'이 법으로 제정되어 있기에, 형편이 어려운 가정은 주택 지원금을 넉넉하게 받을 수 있다.

독특한 점은 모든 집들이 일 년에 한 번씩 반드시 '굴뚝 청소'를 해야 한다는 것이다. 굴뚝 청소는 전문 굴뚝 청소부가 하는데, 청소 역시 지정 구역에 따라 해당하는 구역만 청소하도록 정해져 있다. 독일에서는 굴뚝 청소부가 수입도 좋고 인기가 많아서 3대가 대물림하며 종사하기도 한다. 심지어 굴뚝 청소부를 행운의 상징으로 여겨, 그들을 만나는 날은 운이 좋은 날이라고 할 정도이다. 하지만 아무나 이 일을 할 수는 없다. 마이스터 자격증이 있어야 한다. 어떤 직업이든 직업학교를 꼭 나와야 하며 자격증을 취득해야 직장 안정과 수입도 높다.

아파트와 같은 공동 거주지는 철저한 '시간 허용제'가 적용된다. 샤워는 아침 7시부터 밤 10시까지만 허용한다. 악기를 연주할 수 있는 시간도 정해져 있다. 라디오와 TV소리가 집밖으로 새어나가면 안 된다. 오후 1시부터 3시까지는 독일인들의 휴식 시간이라 조용히 해야 한다. 특히 밤 10시 이후에는 어떠한 경우에도 큰소리를 내지 말아야 한다. 아이들이 소리 내며 놀아도 안 되고 전화를 거는 것도 지양해야 한다.

우리나라는 아파트 층간 갈등도 많고, 그로 인해 심지어 살인 사건이 일어나기도 한다. 아파트 관리인과 주민 간의 주차 문제로 폭행과 사망 사건이 일어났다는 소식을 빈번히 들으며 '우리는 얼마나 더불어 사는 의식이 없는가'하고 한탄했다. 독일은 아파트에서 생기는 모든 문제나 갈등도 법대로 처리하기 때문에 우리처럼 층간 갈등이 생길 일이 없다.

한국인이 독일에서 살다 보면 음식 때문에 독일인들과 자주 갈등이 생긴다. 만약 동양인이 마늘을 먹고 독일인 옆에 가면 그들은 자리를 피한다. 내가 대학을 다닐 땐 독일 학생들이 내 옆에 앉기를 피해서, 따돌림을 당하는 기분도 들었었다. 마치 코로나19로 인해 거리두기를 하는 것처럼 내 주위에서 떨어져 앉는다고 보면 된다. 우리가 항상 먹는 마늘, 된장, 청국장, 고추장 냄새를 독일 사람들은 싫어하기 때문이다.

만일 아파트에 살면서 청국장이라도 끓이면 그 날은 경찰이 오는 날이라고 생각하면 된다. 나 역시 아파트에 살 때, 청국장 냄새가 화장실 환기구를 통해 윗집에 들어갔는데 경찰에 신고되어 경찰이 출동한 황당한 일이 있었다. 항의하는 윗집 사람들에게 "당신들이 치즈를 즐겨 먹는 것처럼 한국 사람들은 청국장을 먹는다"고 설득 했지만 소용이 없었다. 독일의 아파트나 주택 관리 규정에 의하면, 세 가정 이상이 입주민 퇴출에 합의하면 그 집은 강제로 아파트에서 나가야 한다. 결국 우리 가족은 다른 아파트로 이사했다.

한국 음식을 하다가 이웃이 고약한 냄새가 난다고 신고하면 다시는 이런 종류의 음식을 하지 않겠다고 약속을 해야 해결이 된다. 독일에 살던 어느 늦은 가을에 김치를 담아 정원에 땅을 파서 김칫독을 묻었는데 경찰이 찾아왔다. 이웃이 신고를 한 것이었다. 경찰의 말에 의하면 혹시 다른 물체를 묻었나 의심되어 왔다고 했다.

03 독일인들의 투철한 신고 정신

이렇게, 독일인은 무서울 정도로 신고 정신이 강한 국민이다. 정의에 기초한 사회이고 그것을 지키며 사는 것이 그 사람들의 삶이다.

독일에 살 때, 야외 나들이 중 라면을 끓여 먹기 위해 가스버너를 썼다가 5분도 안돼서 경찰에 연행된 일이 있었다. 물론 야외에서 불을 사용하면 안 되는 것은 맞다. 여기서 말하고자 하는 것은 국민들의 신고 정신이다. 누구나, 어디서나 법을 어기는 장면을 보면 재빠르게 신고한다. 광부 시절, 동료들과 고사리를 따다가 자연 훼손으로 경찰에 연행되어 각서를 쓰고 풀려

나온 일화 역시 길에서 우리를 본 어떤 독일인이 신고를 한 것이었다. 또한 광부 동료들과 주말에 화투를 치다가 신고 당해 경찰서에 잡혀간 적도 있다.

신고 사건 중 지금도 잊지 못할 사건은 한국 광부의 도벽 사건이다. 당시 한국 광부가 백화점에서 카메라를 훔친 일이 있었다. 상점 주인은 처음엔 몰랐는데 이후 그 광부가 상점에 다시 가서 카메라 케이스를 사다가 들통이 났다. 주인이 경찰에 신고했고, 광부 숙소에서 카메라가 발견됐다. 그 소식을 듣고 화가 난 한국 교민들이 '그 광부가 대한민국의 국격을 더렵혔다'는 이유로, 홧김에 그 광부를 라인강까지 강제로 끌고 갔다. 그것을 광부 숙소 경비가 보고 경찰에 신고해서 경찰 구조 헬리콥터까지 동원해 광부를 구조한 일이 있었다. 이 광경을 TV에서 본 한 독일 부부가 그 광부의 생명을 구해야 한다며 그를 수양아들로 데려가 구해주고 보살펴 준 사례가 있다.

한 중동 출신 독일 유학생은 유학을 마치고 모국에서 고위 공무원이 되어 출장으로 다시 독일에 입국하려 했는데, 유학생 시절 교통 법규 위반 벌금을 내지 않았던 것이 적발되어 입국 금지를 당하기도 했다. 그리고 광부 출신 한국인이 잠시 한국 방문 후 청계천에서 산 롤렉스 모조품을 차고 독일에 다시 들어오다 공항 세관에 걸린 적도 있었다. 모조품으로 인해 오리지널 시계업에 경제적 손해를 끼칠 수도 있다는 이유에서였다. 약 8,000유로(한화 약 100만원)의 세금을 내고 입국한 해프닝도 있다. 이런 일들이 독일인의 철저한 원칙주의 생활 방식 중 하나이다.

신고에 대하여 몇 가지 더 언급한다.

독일인들은 이웃집에서 부부싸움을 하면 경찰에 신고한다. 부모가 아이를 때리거나 어린 아이들만 집에 두고 외출하거나, 아이가 우는 소리가 들려도 이웃이 바로 신고한다.

또한 학교에서의 체벌과 학교 폭력도 엄격하게 금지되어 있다. 육체적 폭력만이 아니고 정신적 학대도 안 된다. 독일에서 아이들을 키울 때, 한국 아이들 엉덩이에 있는 몽고반점 때문에 독일 사람들에게 오해받은 경우도 있었다.

이렇게 독일은 신고 정신으로 질서를 유지하는 원칙 위주의 사회이다. 나는 이런 사회에서 16년간 살았기 때문에, 귀국한지 40년이 지났는데도 원칙에 어긋나는 것들을 보면 마음이 불편하다. 그래서 아직도 우리 사회에 완전히 적응을 하지 못했다.

물론, 우리네 사고방식으로 보면 "너무 과하지 않은가? 그렇게까지 할 일인가?"하고 반문할 지도 모른다. 하지만 법과 규정, 질서는 가정과 학교, 나아가 사회를 지키기 위한 최소한의 기본원칙이다. 또한 다수의 행복과 공리를 위해 필수적인 것이지, 결코 사람들을 불행하게 만들기 위한 것이 아니다.

04 독일인들에게 '약속'이란?

독일인들에게 약속이란 곧 '법'이다. 우리는 쉽게 약속을 하지만 그만큼 잘 지키지는 못하는 것 같다. 약속을 지키는 것을 보면 그 사람의 인격과 품격을 알 수 있다. 나는 지금까지 약속은 항상 잘 지키며 살았다고 자부한다. 하지만 독일 사람들이 약속을 지키는 것에 비하면 나는 아직도 더 배워야 한다. 독일은 어린아이마저 약속 시간을 정확하게 지킨다. 독일에 16년을 살면서 나는 약속의 참의미를 배워서 돌아왔다.

행사나 강의, 모임에서도 미리 도착하는 습관이 몸에 배어 있다. 그래서 다른 사람이 약속 시간을 어기면 짜증이 난다. 일을 하면서도 느낀다. 책을 공동으로 쓰면, 원고 제출이 늦는 사람이 꼭 있다. 각종 행사에서도 지각하는 사람은 항상 지각한다. 그 습관이 여간해서는 바뀌지 않는다. 상대방을 이해하려 노력은 하지만 오랜 시간 기다리게 하고도 미안한 기색이 없는 사람도 많다. 나는 어린이와 청소년, 청년들과의 약속은 더 잘 지키려고 노력한다. 교육자인 내가 모범이 되어야 한다고 생각하기 때문이다. 독일 젊은이들은 애인이 약속 시간에 늦었다는 이유만으로도 바로 헤어지는 경우가 많다. 학교에서도 마찬가지이다. 소풍을 가거나 야외 활동을 하러 갈 때, 학생이 다 오지 않아도 약속된 시간이 되면 관광차는 무조건 출발한다. 의무교육을 받는 학생이 등교하지 않고 집에 있으면 경찰이 그 학생 집에 가서 학생을 학교에 데려다준다. 독일에서 의무교육은 국민이 꼭 지켜야 하는 약속이다.

독일에서 신혼 생활을 할 때, 아내 친구의 약혼식에 함께 갔다가 초대받지 않은 나는 그냥 돌아온 일도 있었다. 독일인의 철저한 약속 관념을 엿볼 수 있는 일이었다.

독일에 살거나 여행을 하면 가장 불편한 점은 상점 운영시간이다. 모든 상점이 오후 6~7시면 문을 닫는다. 폐점시간 이후에는 어디서도 물건을 구입할 수 없다. 백화점 역시 그렇다. 우리나라처럼 24시간 배달 문화도 없다.

병원도 마찬가지이다. 한 한국인이 걷다가 발을 접질렸다. 급하게 동네 외과에 갔는데, 진료시간이 끝난 지 3분이 지나서 진료를 받지 못했다. 병원에는 의사도 있었고, 평소 다니던 단골 병원이었기에 의사와도 아는 사이였지만 시간이 늦었다는 이유로 접수를 못했다고 한다. 다음날은 오전 10시 경에 병원을 찾았는데, 당일 환자 진료수가 마감되었다고 하여 또 진료를 받지 못했다. 그래서 다음날은 대학 병원으로 갔는데, 그곳도 환자 접수가 끝났다고 했다. 느리지만 우리나라 역시 약속 문화도 변하고 있음이 고무적이다.

독일 병원은 진료비 역시 철저하게 약속되어 있다. 독일의 임금은 직업의 종류와 상관없이 '시간'을 기준으로 계산한다. 그래서 의사의 임금도 진료시간에 따라 다르다. 예를 들면, 우리는 치과에 가면 치료비, 재료비 등을 합산하여 진료비를 지불하는데, 독일의사들은 재료비는 물론 시간을 철저하게 적용하여 치료비를 산출한다. 의사와 몇 분간 만나서 진료를 받았는지에 따라 치료비가 책정된다. 정신과 치료처럼 긴 상담시간이 필요한 진료 역시 철저하게 시간으로 치료비를 계산한다.

그래서 독일은 어느 분야 의사든지 환자 수가 아주 적다. 또한 진료 대기 시간이 우리나라처럼 길지 않다. 우리나라는 유명한 병원과 유명한 의사일수록 기다리는 시간이 길다. 유명 종합병원의 경우, 지방에서 하루 이틀 걸려서 와도 의사와의 진료

시간은 3~5분정도이다. 짧은 진료 시간에 비해 치료비는 턱없이 비싸다.

지금은 우리나라 지하철과 기차도 시간표에 맞춰 정시 운행하지만, 내가 독일에서 처음 기차를 탈 때만 해도, 시간 맞춰 도착하고 출발하는 기차를 보며 감탄한 적이 있다.

앞에서도 이야기했지만 독일 사람들에게 약속은 곧 법이고 칼날이다. 만약 부득이하게 약속을 지키지 못할 경우에는 미리 충분한 양해를 구해야 한다. 하지만 아직까지도 우리는 사전 양해를 구하지 않음은 물론이고, 심지어 사전 취소도 하지 않는 경우가 태반이다. 이 약속 하나만으로도 국민 의식의 수준을 알 수 있다. 대한민국은 현재 GDP 3만 달러 이상의 시대이며, 세계 경제 대국 10위권에 성큼 올라섰다. 다른 나라가 300년 걸려서 이룩한 산업화를 우리나라는 불과 40년 만에 이루었다. 가히 한강의 기적이 아닐 수 없다. 우리 국민들의 저력이 자랑스럽다. 경제 성장에서는 선진국 수준이다. 그러나 대한민국은 모든 분야에서 선진국이 되기에는 아직 멀었다. 특히 정치인들의 수준을 독일과 비교하면 한국 정치는 매우 낙후되어 있다. 참으로 부끄러운 일이다. 외적, 양적 성장도 중요하지만 이제는 내적 성숙이 절실히 필요할 때다. 내가 독일에 광부로 갔던 1960년 초반, 가발을 수출하여 외화를 벌었던 우리가 이제는 전자제품, 자동차, 철강을 수출한다. 그런데 우리 국민과 정치인 의식은 아직도 일 미터짜리 담뱃대로 담배 피울 때의 의식이다. 참으로 한심하고 부끄럽다.

독일인들이 약속을 잘 지키는 데에는 항상 '메모'하는 습관이 있기 때문이 아닐까 싶다.

독일의 모든 기관, 기업이 공문으로 일을 처리함은 물론이고 직장인, 주부, 어린학생들까지 모두 메모가 습관화되어 있다. 나 역시 어릴 때부터 메모하는 습관을 들였고, 독일에서 살았기 때문에 1979년 귀국 후 지금까지도 모든 일정과 약속을 빠짐없이 메모한다. 또한 그동안 사용한 수첩과 메모지를 다 보관하고 있다. 독일 사람들은 물건 하나를 사러 가도 메모를 하며, 특히 장을 보러 갈 때는 목록을 꼼꼼히 적어간다. 이것이 습관이 되어서 아내 역시 귀국한지 40년이 지났지만, 지금도 시장가기 전에는 꼭 메모부터 한다.

메모를 하는 사람은 약속을 잊지 않는다. 메모를 많이 하는 사람은 어휘력도 발달하며, 업무 처리 역시 정확하다. 모든 성공한 사람은 늘 메모하는 습관이 있다. 메모를 하는 사람이 하지 않는 사람보다 잠재적 성공률도 높지 않을까 조심스럽게 생각해본다. 그래서 나는 메모하는 것을 모든 교육에 적극 권장하고 있다. 메모를 통해 약속을 지키는 것의 중요성을 깨달아 성공적인 삶을 사는 데 도움이 되기를 기대한다.

05 독일인들의 정리정돈(Ordnung)

독일 광산에서 일할 때, 가장 먼저 눈에 띈 것이 독일 사람들의 정신적, 육체적, 사회적 정돈이었다. 그들의 말과 행동, 이론과 실제가 하나같이 정돈되어 보였다. 일이 끝나고 장비를 하나하나 정리하는 모습은 마치 내가 군 생활을 할 때 전투 장비를 정리했던 것처럼 흐트러짐 없이 완벽했다. 돌가루와 석탄 가루가 섞여서 먼지가 가득한 광산 내부 일자리를 다음 조를 위해 청소하고 정리한다. 다음 조가 일을 시작할 때 기분 좋게 시작하게 해주기 위해서이다. 마치 자신의 방청소를 하듯 깨끗이 정리하고 퇴근한다. 나는 '아하, 이게 독일인의 정신이구나' 깨닫게 되었다. 독일 사람들은 어느 공간이나 깨끗하게 정리한다.

어느 정도 독일 생활에 적응한 뒤, 독일 광부의 가정에 초대를 받아 방문할 기회가 있었는데 집도 작업장 이상으로 정돈되어 있었다. 응접실과 부엌, 침실 등 모든 곳이 깨끗했다. 몇 년 뒤에는 지도교수님 댁에 초대를 받아 간 일이 있었다. 독일은 가정마다 취미를 위한 지하 작업실을 구비하고 있는데, 교수님의 작업실 역시 정리정돈이 잘 되어 있었다.

독일 가정에서 홈스테이를 할 때에는 남녀노소를 막론하고 가족구성원 모두가 본인과 관련된 서류를 빠짐없이 정리하는 모습을 보며 살았다. 모든 영수증과 증빙서류를 전부 모은다. 어느 가정에나 꼭 가지고 있는 것이 서류철 파일이다. 나 역시 귀국할 때 파일 수십 개를 사와서 지금도 정리하며 살고 있다. 지금도 부족하면 독일에 주문하여 사용한다.

독일 사람들은 삶이 곧 정리정돈이다. 독일인의 정리하는 습관은 수집에서도 찾아볼 수 있다. 우표를 포함하여 자동차 모델 그림, 각국의 화폐까지 수집하는 종류도 다양하다.

나 역시 수집하는 습관을 들였다. 독일 생활을 하며 모은 서류를 하나도 버리지 않고 보관하고 있다. 1964년에 받은 첫 봉급 카드며, 독일 대학 입학 허가증 등이다.

내가 당시 파독 광부, 간호사들이 사용하던 서류와 유물들을 정리하고 수집한 것이 이후 파독기념관을 만들 때 큰 도움이 되었다. 나는 한국교원대학교, 정부와 각 기관, 현 국제 후원 단체에서 받은 위촉장 등 서류와 사진들을 지금까지도 다 모으고 있다. 기회가 되면 개인 전시관에 비치하고 또한 사진만 모아서 스토리를 넣은 책도 쓰고 싶다.

위에서 보았듯이 독일인들은 법치 국가와 준법정신의 가치를 매우 중시한다. 'Alles in Ordung(모든 것이 질서 속에서)'라는 말은 독일 사람들이 가장 좋아하는 말이다. 법을 어기는 사람을 발견하면 아무리 가까운 사이라도 가차 없이 경찰에 신고하는 게 독일 국민이다. 모든 국민이 서로 서로 감시자이며 경찰이다. 독일은 길거리에 담배꽁초나 쓰레기가 없는 나라이고, 정리 정돈, 줄서기, 약속과 사소한 질서도 철저하게 지키는 나라이다.

우리는 법을 잘 지키는 사람을 '법 없이도 사는 사람'이라며 칭찬한다. 하지만 질서를 지키는 것은 어떻게 생각하는가. 독일 사람들에게 질서란 '문서화되지 않았지만 보이지 않는 법'이다. 그래서 그들은 질서 역시 법이라고 생각하고 똑같이 지킨다.

06 독일인의 교통문화

내가 어릴적에도 트럭을 본 기억은 있다. 그러나 당시 시골에서는 바퀴 달린 이동수단이라고는 대부분 달구지였다. 짚신이나 고무신을 신고 늑대와 노루, 토끼가 뛰노는 산길과 메뚜기, 뱀, 개구리가 있는 논두렁길로 걸어 다녔다. 지금은 농촌들도 승용차와 작업용 차 두 대를 가지고 산다.

지금 우리는 자동차가 홍수를 이루는 세계에서 살고 있다. 나는 우리나라에서 운전을 할 때면 늘 긴장된다. 아마 독일에서 운전을 배워서일 것이다. 나는 1971년에 독일에서 자동차 면허를 취득했다. 그리고 9년 동안 독일 교통 문화 속에서 운전했다. 독일 사람들은 편안하고 안정적이고 조용하게 차를 몰고 다닌다. 경적 소리는 어디서도 거의 들을 수 없다.

그런데 한국의 운전 문화는 독일과 달랐다. 신호 대기 중 신호가 바뀌면 뒤차는 1초도 안되어 빵빵거린다. 차선과 신호를 거의 무시하고 앞이 안 보이는 사람처럼 운전한다. 고속도로에 가면 더 이상한 운전자들이 많다. '아, 이것이 대한민국 국민 수준이고 교통문화구나' 하고 한탄한다. 밀리는 구간에 휴게소가 있으면, 추월하기 위해 휴게소로 들어갔다가 고속도로로 다시 나온다. 그래서 휴게소를 지날 때마다 병목 현상이다. 언젠가는 중학생이 무면허로 운전을 하다가 사망 사고를 냈다는 뉴스를 본 적이 있다. 무면허 운전과 음주 운전 뉴스는 매일 보도된다. 우리나라 교통 문화를 여실히 보여주는 사건이다.

'무적차량(대포차)', '난폭 운전', '보복 운전', '끼어들기'는 이제 우리에게 익숙한 용어가 됐다. 나는 고속도로를 달릴 때 가능한 한 버스와 트럭은 피해서 운전한다. 기사들이 운전하는 시간이 길어서 피곤함을 이기지 못하고 졸음운전을 할 때가 있다고 들었기 때문이다. 참으로 안타까운 일이다. 이 뿐만이 아니다. 한국 도로는 살인적인 운전자가 많다. 운전자끼리 도로에서 폭력적으로 실랑이하는 경우도 흔하며, 심한 경우 고속도로 한복판에 차를 세우고 내려서 싸운다. 밤늦은 시간에는 신호등도 필요 없는 곳이 내가 살고 있는 한국이다.

운전자들의 운전 윤리는 어떠한가. 뺑소니, 안전벨트 미착용, 운전 중 휴대전화 사용, 카시트 없이 아이 태우기, 운전하며 흡연하기, 창밖으로 담배꽁초 버리기 등 눈살이 찌푸려지는 경우가 한두 가지가 아니다. 보행자를 무시하는 운전행위도 허다하다. 비오는 날 걷다가 달리는 차에 물벼락을 맞아 양복이 완전 흙탕물이 된 일이 있다. 하지만 운전자는 말없이 사라진다. 우리나라가 자동차 보급화가 늦었기 때문인지, 바른 교통질서가 자리매김 하려면 아직 많은 시간이 필요해 보인다.

반면 독일 사람들은 교통질서를 지나칠 정도로 잘 지킨다. 밤이나 새벽에 길거리에 자동차나 사람이 없어도 신호를 반드시 지킨다. 보행자는 횡단보도를 건너는 중에 신호가 바뀌어도 빨리 걷거나 뛰지 않고, 운전자는 경적을 울리지 않는다. 보행자가 다 건널 때까지 인내심을 가지고 기다린다. 철저하게 사람중심의 교통 문화이다.

심지어 도로에 세워둔 자동차의 타이어 요철 프로필도 경찰이 다니면서 체크한다. 요철의 깊이가 1.6mm가 안 되면 벌금을 문다. 타이어의 마모도를 보는 것이다. 타이어가 너무 닳으면 사고의 위험이 커지기 때문이다. 더러는 트렁크를 열어 보라고 하여 사고 시 사용하는 구급상자나 안전 삼각대가 없을 경우에도 벌금 대상이 된다. 자동차 운행 시 안전벨트는 필수이며, 12세 미만 아이가 차에 탈 경우에는 반드시 어린이용 의자를 구비해야 한다. 내가 독일에서 운전을 배울 때, 교사가 안전벨트의 중요성을 이야기하며 세 가지를 질문하고 운전을 시작하라고 했다.

첫 번째, 운전하다가 당신이 죽을 것인지 살 것인지 질문하고 운전하라. 두 번째, 운전하다가 사고가 나면 평생 불구자로 살 것인지, 건강한 몸으로 살 것인지 질문하고 출발하라. 세 번째, 당신의 사고로 인명 피해가 났을 때 전 재산을 잃을 것인지 아닌지를 질문하고 운행하라. 나는 지금도 운전할 때마다 안전벨트를 매고, 이 세 가지를 생각하고 출발한다.

한국 드라마를 보면 주행 중에 차를 도로에 세우고 남녀 주인공이 다투는 장면이 자주 나온다. 이런 장면은 독일에서는 절대 볼 수 없다. 길에 차를 세우고 싸우면 다른 운전자의 사고를 유발하기 때문에 누군가 바로 신고하기 때문이다. 도로에서 운전자끼리 싸우는 것 역시, 독일 생활 16년 동안 한 번도 본 적이 없다. 잘못은 법에 따라 해결하기에 사고가 나도 경찰이 와서 정리할 때까지 기다린다.

내 차가 다른 차를 치었는데 아주 미미한 흠집을 내고 연락처를 남기지 않고 가면 곧바로 신고된다. 예전에 한국 노무관이 독일 출장을 다니다가, 주차 도중 아주 미미한 접촉사고를 내고 그냥 갔다가 뺑소니로 처벌을 받아 한국으로 강제 추방당한 경우도 있었다.

아무도 없는 곳이라 해도 다른 차에 피해를 입혔을 경우에는 반드시 연락처를 남겨야 한다. 그렇지 않으면 처벌 받는다. 법과 질서를 조금이라도 어기는 순간, 그들은 철저하게 신고한다.

독일 친구들이 한국 운전자들을 보고, 모두 카레이서 같다고 했다. 편하게 다니려고 운전 하는 것인데, 왜 쫓기면서 급하게 운전을 하는지 이해가 안 된다고 했다. 버스나 전철에서도 다들 뛰어 다니는 이유를 알 수 없다고 했다.

빠른 행동이 마음의 여유도 앗아간다. 쫓기며 살다 보니까 소중한 것을 다 잃어버리고 사는 것 같다. 다들 빠르게 사니까 무의식적으로 모든 사람들이 빨라지고 있다.

이제는 교통 법규를 지키며, 느린 교통 흐름도 받아들이는 우리 국민이 되기를 바란다. 그래서 UN에서 '슬로시티'를 주장하고 있는 게 아닌가. 슬로시티 운동이 시작된 이탈리아의 작은 마을 '오르비에토'에는 차가 없다고 한다. 대기 오염과 소음 공해를 줄이기 위해 마을 광장은 차량의 통행을 금지시켰고 대신 마을 밖에 주차장을 만들었다고 한다. 우리나라도 언젠가는 이런 '천천히 운동'이 도입되기를 기대해 본다.

독일에는 자동차뿐 아니라 자전거 탈 때도 규정이 있다. 우리나라는 자전거 타는 사람들 대부분이 헬멧을 쓰지 않고 탄다. 하지만 독일에서 자전거를 탈 때는 헬멧을 반드시 써야 하고, 자전거 도로로만 다녀야 한다. 부모가 아이를 자전거에 태울 때는, 자전거 뒷자리에 어린이용 의자가 반드시 있어야 한다. 일몰과 일출 30분 전에는 반드시 자전거용 전조등을 켜야 한다. 독일은 자전거 운행 규칙을 어겨도 철저하게 벌금을 부가하는 나라이다.

내가 독일에 도착했을 때, 독일 사람들이 표정이 별로 없고 매우 차갑고 무뚝뚝한 느낌이 들었다. 함께 생활해 보니 항상 정확하게 움직이는 모습이 꼭 로봇 같았다. 그렇게 보이는 데에는 여러 가지 이유가 있겠지만, 항상 법과 원칙을 준수하며 살아 온 그들의 생활 방식이 몸에 배어 있어서 그렇다고 본다.

그러나 사회와 일터에서 내가 만난 독일인들은 알면 알수록 따뜻하고 신뢰를 주는 사람들이었다. 그 이유 역시 항상 법과 규정, 원칙과 질서를 잘 지키는 모습에서 나온 것 같다. 늘 한결 같은 그들의 모습을 통해 신뢰를 느꼈다.

파독 광부 · 간호사 · 간호조무사협회에서 수년 간 일할 때 파독 광부, 간호사 출신의 한인들과 1.5세들을 만날 기회가 많았다. 그들 중에는 독일 광산, 병원과의 계약이 끝난 뒤 성공한 사람도 있고 실패한 사람도 있었다. 독일에서 성공한 2세대들에게는 공통점을 찾을 수 있었는데, 그것은 바로 독일 문화와 생활방식에 잘 적응했다는 점이다. 한국식 가치관과 습속만을 고집했다면, 독일에서 배울 수 있는 수많은 이점을 결코 습득하지 못했을 것이다.

키워드 4. 환경보호

독일은 강한 환경법을 마련했다.
오염 물질 배기 허용 기준을 강화하고, 자동차의 배기가스 방출량을 엄격히 제한했다.
독일의 거의 모든 기업과 국민들이 환경 보호에 적극적으로 참여했고 결국 오늘날의 아름다운 숲을 이루었다.

독일은 환경보호법이 가장 강한 나라이며 환경 교육도 세계 제일이라고 한다. 또한 환경 보존의 선진국가로서, 전 세계적으로 여러 가지 환경 정책을 가장 먼저 도입하였다. 독일에서 유채꽃과 해바라기를 정책적으로 재배하는 이유는 식물성 경유를 생산하여 경유차가 오염 없이 도로를 달리도록 하기 위함이다.

독일인들이 물과 전기를 아껴 쓰고, 장바구니를 사용하며, 사소한 것까지 절약하는 것도 같은 맥락이다. 한 명, 한 명 개인의 노력이 결국은 한 나라의 환경을 살리는 것이기 때문이다.

01 검은 숲(Schwarzwald)

임업학자이며 전북대 총장을 지낸 (故)심종섭 총장에게 '독일 숲이 세계에서 일등'이라는 이야기를 들었다. 독일에서 공부할 때, 총장님께서 독일 산림 연구차 오셨는데 내가 통역자로 독일의 여러 숲을 함께 다녔다. 이 인연으로 나는 첫 교수 자리를 얻게 되었다.

독일은 어디를 가나 숲이 울창하게 우거져 있다. 그 중, 산악 지역으로 유명한 '검은 숲(Schwarzwald)'은 독일 남서부 라인강 동쪽에 있다. 검은 숲은 그 길이가 160km로 뻗어있는 울창한 숲이다. '슈바르츠발트(Schwarzwald)'를 직역하면 슈바르츠(schwarz)는 '검은', 발트(wald)는 '숲'이라는 뜻으로, 합하면 '검은 숲'이라는 뜻이다. 울창한 나무가 푸르다 못해 워낙 빽빽하게 있어서 먼데서 보면 검게 보인다고 해서 이런 이름이 붙었다. 우리가 흔히 아는 '뻐꾸기시계'를 생산하는 지역이 바로 슈바르츠발트이다.

독일은 50년 주기로 숲에 있는 나무를 베어내고, 새로 나무를 심는 정책을 실천하고 있다. 나무를 심을 때는, 반드시 목재 등의 임산물로 이용하거나 이익을 가져다주는 '경제수'를 심는다. 그 중 종이의 재료가 되는 펄프용 나무가 가장 많다. 펄프용 나무는 스웨덴에 많아서, 부족하면 수입해서 심기도 한다.

독일에는 숲이 많은데 산불은 거의 나지 않는다. 독일에 오래 살면서도 산불이 나는 것을 한 번도 못 봤다. 숲 관리가 철저하기 때문이라고 한다. 산업화 이후 나무가 많이 죽어가는 것을 알게 된 정부는 그 원인을 연구했고, 공장과 자동차로 인한 환경 오염이 주범이라는 결과를 냈다. 그리고 그 해결책으로 강한 환경법을 마련했다. 오염 물질 배기 허용 기준을 강화하고, 자동차의 배기가스 방출량을 엄격히 제한했다. 독일의 거의 모든 기업과 국민들이 환경 보호에 적극적으로 참여했고 결국 오늘날의 아름다운 숲을 이루었다.

02 철저한 분리수거

독일 사람들이 분리수거를 하는 한 가지 생활 습관만 관찰해도 우리는 그들의 삶의 정신을 이해할 수 있다. 1964년, 독일에 도착한 다음날 나는 광부 숙소에서 일어나 마을을 잠시 산책했다. 두 가지가 눈에 띄었다. 하나는 독일 주부들이 새벽부터 부지런하게 청소하고 발코니의 꽃을 손질하는 모습이었고, 다른 하나는 주택가에 놓여있는 분리수거 통이었다.

당시 우리나라에는 '분리수거'라는 개념이 없었다. 1995년 1월 1일에 쓰레기 종량제가 시작되면서 한국에서 분리수거라는 말이 생겼는데, 독일은 수십 년 앞선 문화가 정착되어 있었던 것이다. 독일의 분리수거 정책은 아주 엄격하다. 쓰레기의 양을 줄이고, 종류에 따라 철저하게 분류하고, 음식 쓰레기는 가능한 퇴비로 사용하도록 권장한다.

분리수거함은 각 가정마다 있는 개인 수거통과, 공공장소에 있는 공공 수거통이 있다. 공공장소의 수거통은 여러 종류로 나누어져 있다. 폐지(종이) 넣는 통, 알루미늄 포장지나 플라스틱을 넣는 통, 유리병을 넣는 통이다. 유리병은 유리병 수거함에 넣고, 병마개는 따로 철물로 분류해 버린다. 요구르트같은 음료는 마시고 난 뒤, 병은 닦아서 플라스틱 수거함에 넣고, 마개는 떼어 비닐 수거함에 따로 넣는다. 또한 폐건전지 버리는 시설도 따로 있다.

독일인들에게 쓰레기 분리수거란 재활용의 목적도 있지만, 지구의 미래를 생각하는 환경운동에 참여하는 의미도 크다. 분리수거 교육은 가정과 유치원에서부터 철저하게 가르치는데, 그 교육의 효과는 다음 사례에서 찾아 볼 수 있다.

30년 전, 유치원에 다니던 독일 조카가 한국을 방문했다. 함께 속초의 해수욕장에 놀러갔는데 근처에서 주민이 쓰레기를 소각하고 있었다. 그런데 플라스틱과 비닐을 함께 태우는 모습을 본 어린 조카가 갑자기 우는 것이었다. 유치원에서 플라스틱과 비닐은 태우면 안 된다고 배웠기 때문이었다. 교육학자인 나는 우는 아이를 보며 그 마음을 여러 측면에서 생각해보게 되었다. 환경교육의 중요성과 교육의 효과, 그리고 미래의 지구를 바라보는 시각이었다.

독일의 빈병 수거 방법은 우리나라에 꼭 소개하고 싶은 내용 중 하나였다. 빈병 수거에는 두 가지 방법이 있다.

먼저 유리병 수거함을 이용하는 방법이다. 각 지역 공공시설이나 사람들이 많이 다니는 거리에 유리병 수거함이 있다. 유리병 수거함은 세 등분 되어 있다. 병의 색깔에 따라 넣는 곳이 다른데 흰색, 갈색, 녹색으로 구분한다. 와인병처럼 색이 있는 유리병은 꼭 이 곳에 버려야 한다. 와인병은 공병 값을 환불받을 수 없다. 수거함은 매우 크지만 병을 넣는 구멍은 아주 작다. 다른 쓰레기를 넣을 수 없고, 오직 병만 넣을 수 있도록 구멍의 크기가 정해져 있다. 또한 수거함 옆에는 망치가 구비되어 있어서 병을 깨서 넣는 경우도 있다. 그리고 병을 버릴 때 소리가 나면 이웃에게 피해가 되기 때문에 일요일을 제외한 날 오전 8시부터 오후 7시까지만 버리라는 안내가 부착되어 있다. 독일인들은, 보는 사람이 없어도 정해진 시간에만 병을 버린다. 인

파가 많은 공원, 공연장, 운동장 같은 시설에서도 어김없이 지켜진다. 두 번째 방법은 '빈병 보증금 제도'이다. 마트에서 음료를 살 때, 병 값을 포함해 계산한 뒤, 나중에 병을 반납할 때 환급 받는 방법이다. 환경보호를 위한 강력한 제도로, 독일은 이를 통해 자원 재활용을 하기로 유명하다.

독일에서 음료를 구매할 때 보면 제품 아래에 공병 가격이 표시되어 있다. 대부분의 공병은 25페니(우리 돈 1원 단위)이다. 일반적인 물병은 15페니, 병뚜껑이 달린 일반 맥주병은 8페니를 돌려받을 수 있다. 대부분의 플라스틱 병은 약 30번, 유리병은 50번 정도 재활용 한다. 지금은 화폐가 유로화되어 있다.

빈병 값을 꼭 구매한 곳에서 환급 받을 필요는 없다. 마켓이나 백화점 어디에나 빈병 처리 자동화 시스템이 갖춰져 있어서 다니다가 보이는 곳에서 환불 받을 수 있다. 수거함에 캔이나 페트병 등을 넣으면 센서가 작동, 환급금이 계산되어 용지에 기록해 나온다. 그래서 많은 독일 사람들은 자동차 트렁크에 빈병을 싣고 다니다가 환급기가 보이면 환급을 받기도 한다.

한국 역시 편의점이나 슈퍼마켓 등 소매점을 통한 빈병 보증금 제도가 있지만, 쌍방 간에 잘 지켜지지 않는 편이다. 그런데 독일에서는 빈 병을 기계에 넣기만 하면 손쉽게 돈을 돌려 받을 수 있어서, 빈병만 수거하여 용돈을 버는 사람도 더러 있다. 한국에 폐지 줍는 사람들이 있다면, 독일에는 빈병을 줍는 사람들이 있다.

독일인들은 절약도 의미가 있지만, 쓰레기가 발생하는 것이 환경오염이라고 생각한다. 그래서 누구나 마트에 갈 때는 장바구니 지참이 필수이며, 상점과 백화점들은 비닐이 아닌 종이봉투를 포장재로 쓴다. 하지만 사실 이마저도 거의 사용하지 않는다. 가능한 포장을 하지 않고 물건을 사가는 경우가 많기 때문이다. 독일인들은 포장지도 환경 파괴의 일환으로 생각하기 때문이다.

03 폐광을 세계 테마 파크로

귀국 후에도 여러 차례 독일에 방문할 기회가 있었다. 독일은 내 생의 골든타임인 20대를 보낸 곳이고, 가난한 나에게 돈을 벌고 공부할 기회를 준 나라이다. 그래서 독일 방문은 항상 고향에 방문하는 기분이다. 특히 내가 막장일을 했던 광산이나 살았던 곳에 가서 멍하니 서서 당시를 회상하면, 너무 감정에 북받쳐 울컥 눈물이 저절로 난다.

에너지 산업의 변화로 독일 광산들 역시 대부분 폐광되었다. 그런데 놀라운 것은, 광산의 모습을 최대한 보존하며 용도를 변경해 그 곳을 새로운 문화 시설로 운영하고 있는 것이었다. 바로 '도시 재생 사업'이다.

우리가 일했던 깜깜했던 광산이 대형마트와 공원으로 변했다. 나는 더 이상 보존 가치가 없는 옛 건물이라고 생각했는데 독일은 그 곳을 대형 쇼핑몰로, 예식장으로, 공원으로 탈바꿈시켰다.

유네스코 세계문화유산이기도 한 에센(Essen)의 졸퍼라인 광산(Zeche Zollverein)은 원래 웅장한 탄광이었다. 한국 광부들 대부분이 이곳에서 일했었다. 이후 광산은 문을 닫았지만, 광산의 모든 시설을 수영장 등으로 만들고, 보일러실과 물탱크는 박물관으로 만들었다. 광산을 새로운 세계적인 문화 관광 단지로 재탄생시킨 것이다. 과거 제철소였던 두이스부르크(Duisburg)의 란트샤프트 공원(Landschaftspark Duisburg–Nord) 역시 도시 재생 사업의 좋은 예이다. 두이스부르크는 문 닫은 광산 시설을 그대로 놔둔 상태에서 환경을 되살렸는데, 그 곳에 온갖 식물이 자라나 거대한 식물원처럼 변했다. '란트샤프트'는 생태 공원이라는 뜻이다. 광산 제철소가 커서 공원 부지는 걸어 다니기 힘들 정도로 넓은데, 여기서 하이킹이나 자전거 등 레저를 즐기고 밤에는 폐공장에 불을 밝혀 조명쇼까지 펼친다고 한다. 함(Hamm)에 있는 막시밀리안 공원(Maximilianpark) 역시 과거 탄광이었던 곳이다. 지금은 넓은 정원에 놀이시설이 있는 공원으로 탈바꿈했다. 독일은 옛 것을 가능한 그대로 보존한다. 모든 가정과 지자체도 이런 전통을 유지하고 있다. 내가 있었던 도시도, 중세 때 작은 돌조각으로 만들어진 도로를 천년동안 보존해 인도와 자동차 도로로 사용하고 있다. 자연과 건물 등은 물론이고 모든 유물을 소중하게 관리하고 보존하는 독일의 모습은 우리가 본받아야 할 점이라 생각한다. 요즈음 한국에도 옛날 건물들을 활용하여 여러 형태의 문화시설이나 식당, 카페로 운영하는 것을 보면 매우 좋다.

키워드 5. 나눔

독일은 대다수의 국민들이 기독교 정신을 실천하려고 노력한다.
독일 아이들은 학교에서 종교(기독교) 수업을 통해 어릴 때부터
나눔과 베풂을 중심으로 한 기독교 정신을 배운다.

어릴 적, 가난한 우리 형편을 안타깝게 여겼던 먼 친척 여조카가 부모님 모르게 밥을 챙겨서 내게 갖다주곤 했었다. 그 조카는 자신의 부자 친구에게도 내 도시락을 싸달라고 부탁하기도 했다. 고등학교 동창인 한 친구는 시간 날 때마다 나를 자기 집으로 데려가서 밥을 먹여줬다. 학교에서도 부잣집 친구들이 도시락을 싸 가지고 와서 나에게 준 적이 한두 번이 아니다.

내게 나눠주고 베풀어 주었던 조카와 친구들을 보며, 나 역시 나중에 누군가에게 작은 도움이라도 꼭 베풀어 줄 수 있는 사람이 되기를 매일 매일 기도했다.

01 독일에서 받은 도움

독일에 처음 도착하고 일주일째 되던 날부터 모든 것이 새롭게 보였다. 신기했던 것 중 하나는 매달 한 번씩 각 가정마다 헌옷과 재활용 물품, 가구 등을 집 앞에 내다놓는 것이었다. 그러면 일부 기부단체가 가구는 가구대로, 헌옷은 헌옷대로, 전자제품은 전자제품대로 거두어 갔다. 사용하지 않는 것들을 모아서 필요한 사람에게 나누어주는 것이다.

그리고 독일에서 처음으로 교회에 간 날도 기억난다. 모든 성도들이 헌금을 하는 것을 보았다. 처음 보는 광경이라 놀랍고 신기했다. 가난한 나라에서 온 나에게는 독일의 나눔 문화가 아직 낯설 때였다.

이후 독일은 나에게도 많은 것들을 나누고 베풀어주었다. 독일과 독일 사람들의 도움이 없었다면 나는 돈도 못 벌고 공부할 수도 없었을 뿐만 아니라 박사학위도 못 받았을 것이다.

1964년 독일에 도착해서부터 주말마다 독일 광부 가족들이나 독일 친구들로부터 독일어를 배웠다. 독일 소녀 헬가와 그의 가족은 나를 가족처럼 대해주었고, 독일어를 알려주고 돌봐주었다. 또한 3년의 파독 광부 일을 마치고 귀국준비가 끝났는데도 불구하고 로즈마리 수양엄마는 나를 다시 독일에 남게 해주었다. 이것이 계기가 되어 나는 독일 대학에서 공부할 수 있게 되었다. 이후로도 오랜 시간동안 로즈마리 부인과 그 가족은 내게 학업뿐 아니라 금전적인 지원까지 아끼지 않았다.

내가 불법체류자로 독일에 남아 있을 때도 독일 사람들은 일자리와 잠자리, 먹을 것을 제공해 주었다. 동료 광부의 소개로 알게 된 샤크씨 가족은 내가 어려움에 처한 걸 알고, 자신들이 생활하기에도 좁은 집임에도 불구하고 나를 선뜻 그 집에 받아주었다. 샤크씨 부인은 헝가리 사람이었는데, 외국인으로서 독일 정착에 큰 어려움을 겪었기에 나를 이해하고 도움을 베풀어준 것이다. 또한 내가 일했던 벨기에 군대 피엑스의 마르셀 사장은 불법체류 신분이었던 나의 체류 연장을 도와주었다.

대학 입학 역시 외국인이 절대 입학할 수 없는 규정에도 불구하고 대학 학장과 여러 교수들이 특별히 입학을 허가해 주었다. 지도교수이자 나의 박사 아버지, '독터파터'인 푀겔러 교수님은 외국인인 나를 대학에 입학시켜 주시고 정신적, 학업적으로 가장 큰 도움을 주셨다. 빈털터리인 내게 학교 도서관 일자리와 교회 야간 직업학교 교사 자리도 제공해 주셨다.

외국인 학생이었던 나는 독일어로 리포트, 숙제, 논문을 완벽하게 작성한다는 것은 불가능했다. 너무 힘들어서 공부를 포기하려는 고민과 좌절도 있었지만, 독일 학생들의 도움이 있었기에 공부를 계속할 수 있었다.

또한 대학의 행정적 지원은 물론 물질적, 정신적인 지원 역시 상상할 수 없을 정도로 많이 받았다. 크고 작은 장학금도 많이 받았다. 종교단체에서도 많은 도움을 받았다.

도움은 거기에서 끝나지 않았다. 1979년에 한국에 귀국해서도 독일 정부로부터 자주 초청을 받았고, 독일 대학 출신 한국인이라고 하여 계속 관심을 가지고 후속지원을 해주었다. 독일 정부만이 아니고 한국에 나와 있는 독일 대사들도 계속 관계를 유지하며 지원해 주었다. 특히 2000년 이후에 파독 광부, 간호사 기념관을 한국에 설립하는 데 독일 정부는 물론 주한 독일 대사관으로부터 많은 물질적 지원을 받아 한국의 기념관 세 곳에 전시용 유물을 운송 받을 수 있었고 기념관 개관에 큰 도움이 되었다.

02 독일의 나눔 문화

파독 광부 중에는 나처럼 독일과 독일인들의 도움을 받은 동료들이 많다.

광부 생활 시작부터 귀국할 때까지 독일 가정에서 숙식비를 내지 않고 의식주 도움을 받은 동료도 있었다. 의식주뿐만 아니라 옷을 사주기도 하고, 광부 작업복까지 세탁해 주는 가정도 있었다. 사실 이런 가정들은 2차 대전 후 독일로 이민 온 가정이나 다문화 가정이 더 많았다. 자신들이 어려운 삶을 살았기 때문에 같은 처지인 우리를 도와준 것이다.

또 다른 도움을 받은 광부의 사례도 있다. 독일 성당에서 맺어준 '독일 멘토 가정'의 도움을 받은 경우이다. 낯설어 하는 외국인 노동자를 독일 가정과 연결해주고, 그 가정을 통해 독일에 적응할 수 있게 도와주는 것이었다. 우리 같은 외국인을 도와주기 위해 만든 제도였다. 한 동료는 이 제도로 만난 독일 가정에게 3년 내내 큰 도움을 받았다고 한다. 주말과 휴일, 축제 때마다 그 독일 가정과 시간을 함께 보내며 행복하게 지냈다고 한다. 부인은 초등학교 교사 출신, 남자는 지방 의정 활동을 했는데, 가정에 자녀가 없어서 한국 광부를 자식처럼 돌보아 주었다고 한다.

독일은 대다수의 국민들이 기독교 정신을 실천하려고 노력한다. 독일 아이들은 학교에서 '도덕' 과목을 따로 배운다기보다는, 종교(기독교) 수업을 통해 어릴 때부터 나눔과 베풂을 중심으로 한 기독교 정신을 배운다. 독일인의 기독교 정신은 히틀러 이후의 정치가들이 특히 잘 실천하고 있다. 프랑스와 독일은 전쟁 때문에 원수처럼 지낸 과거가 있는데, 지금은 독일 정부가 프랑스에 사과하고 용서함으로 서로 평화롭게 지내고 있다. 독일과 폴란드와의 관계도 비슷하다. 1970년, 독일의 빌리 브란트 수상은 폴란드에 방문해 바르샤바 게토(유대인 강제 거주 지역)의 추모비에 헌화하고 무릎을 꿇었다. 그 날은 비도 왔기에, 수상이 무릎을 꿇을 거라는 건 누구도 예상 못한 일이었다고 한다.

또한, 현재 독일 메르켈 총리는 목사였던 부친의 영향을 받아 어릴 때부터 기독교 정신이 몸에 배어있고, 그 가치관은 정치로도 이어지고 있다. 그는 기독교적 나눔 정신을 바탕으로, 모든 국민을 위한 복지 정책을 펼치고, 평등 정치를 한다. 인류의 평화를 위한 정치를 하는 것이다. 즉, 기독교적 신앙 정신인 나눔과 베풂, 참회와 결단이 오늘날의 독일의 번영을 이끈 것이다.

독일 사람들의 베풂은 이뿐만이 아니다. 한국 광부들에게 독일어를 가르쳐준 초등학교 교감선생님도 있다. 그 분은 세계 2차 대전 때 양 다리를 모두 잃은 분이셨다. 불편한 몸에도 불구하고 자신의 남은 생을 다른 사람을 위해 봉사하고 싶어서 한국 광부들에게 매주 토요일마다 독일어 수업을 해주셨다.

세상에는 이렇게 좋은 사람들이 많다. 독일 사람들의 베풂 덕에 우리는 타지에서의 힘겨운 삶을 이겨낼 수 있었다. 그들은 우리와 피도 섞이지 않고, 피부색도 다르며, 한국이라는 나라가 어디 있는 줄도 몰랐다. 아무 조건 없이 순수한 인간애를 발휘한 것이다.

나는 가끔 생각한다. '한국 사람들이 한국에 온 외국인 노동자와 학생들을 위해서, 내가 독일에서 받은 만큼의 도움을 주고 있는가?' 내가 독일의 도움을 많이 받고 살았기 때문에, 나 역시 외국인에게 베푸는 삶을 살려고 노력한다. 그래서 나는 우리 단체가 후원하는 후원국들을 더 열심히 도와주려고 하며, 또한 각 나라의 유학생도 유치하고 있다. 그러나 내가 받은 정도의 큰 베풂은 아직 실천하지 못하고 있다. 물론 최근에는 많은 대학들이 외국인 유학생을 유치하고 장학금과 기숙사를 제공한다. 그러나 그들은 내가 받았던 만큼의 구체적인 도움을 받고 있다고 생각하지는 않는다.

우리나라 국민들이 우수한 두뇌와 재능을 가졌다는 것은 세계 여러 나라에서 널리 알려진 사실이다. 예체능계에서 국위를 떨치는 재능 있는 사람들이 있는가 하면 K-POP, 의학, 과학 등 다양한 분야에서도 세계적인 명성을 떨치고 있다. 그러나 이제는 더불어 살고, 사회에 이바지하며 살아가는 것을 더 중요하게 여기는 시대가 왔다. 어려운 이들에게 베풀고 공생하는 마음이 있어야 그 삶이 높게 평가되는 것이다. 경쟁 교육이 만연한 우리의 교육 현실 속에서 아이들은 인성 교육을 받을 기회가 거의 없었다. 스펙 쌓기를 위한 봉사가 아닌, 나누고 베푸는 삶의 가치를 진정으로 깨닫게 해주어야 한다. 선진국의 명문 대학들이 입학생을 선발할 때, 성적보다 나눔과 봉사를 더 중요하게 평가하는 이유가 여기에 있다.

독일은 14세 이상의 국민 중 절반이 나눔과 기부 문화에 참여하고 있다고 한다. 옷이나 물건을 기부하는 것부터 외국인에 대한 베풂, 복지, 경제적인 후원까지 많은 국민들이 나눔을 생활화하고 있다. 또한 독일의 후원 문화를 보면, 매년 약간의 차이는 있으나 점진적으로 나눔 문화의 참여율이 증가하는 추세이다. 자산가나 기업들이 설립한 국립재단의 기부활동도 매우 활발하며, 2009년의 한 자료에 의하면 독일에는 약 1만 7천여 개의 국립후원재단이 있다고 한다.

03 내가 씨앗이 되고 싶다

나는 모든 사람들에게 사랑, 배려, 용서, 나눔을 실천하며 살고 싶다. 한 사람이라도 실천하면 우리 사회가 좋은 세상으로 바뀔 거라고 소망한다. 그리고 내가 그 씨앗이나 묘목이 되고 싶다. 세상이 아무리 차가운 얼음덩어리라고 해도 내가 먼저 조금씩 따뜻하게 만들면 해빙이 있다고 확신하기 때문이다.

나는 살면서 깨달은 것이 있다. 무엇이든 내가 먼저 베풀면 내가 행복하다는 것이다. 나는 누군가와 식사할 기회가 되면 항상 내가 밥값을 내려고 노력한다. 또 선물이나 물질적 도움을 받으면 꼭 보답하도록 노력한다. 살면서 독일과 한국 사람들, 사회, 국가로부터 받은 것이 많기 때문에 보은 차원에서도 그렇게 실천하고자 한다. 베풀면서 이것이 과연 남을 위한 일인지, 나를 위한 것인지에 대한 갈등도 있긴 했다. 봉사의 동기가 이기적인지, 이타적인지에 스스로에게 하는 질문이었다. 결론은 나누고 봉사하고 베풀면 항상 내가 먼저 행복하다는 것이다. 주는 사람이 받는 사람보다 더 행복하다고 하지 않나. 또한 먼저 베풀면, 그 몇 배가 나에게 돌아온다는 마음의 위로를 받기도 한다.

대신, 봉사하고 베푸는 것에는 조건이 없어야 한다. 아낌없이 주어야 한다. 보상을 바라는 것은 거래이고 그것은 계산된 심리적 바람이다. 나는 어느 쪽일까 생각해 본 적이 있다. 정년 전까지는 보상의 비중이 더 많았다면 지금은 베푸는 것만으로도 좋다. 젊을 땐 물질적인 것에 어느 정도 가치를 뒀다면, 지금은 의미 있는 삶에 더 가치를 두고 있다. 정년 전 삶이 모으고, 쌓은 삶이였다면 정년 후는 지갑을 열고 베풀고 나누는 삶으로 바뀌었다. 사랑, 배려, 베풂, 용서의 온도계를 계속 높여야 개인과 가정, 사회, 국가, 세계의 행복 온도계가 올라갈 것이다. 사랑, 봉사, 나눔의 온도계는 무한대로 올릴 수 있어서 이를 이기는 온도계는 세상에 없다. 형이상학적이다. 나는 이를 실천하기 위해 81세의 나이에도 국제 후원 단체에서 봉사하고, 재능 기부와 경제적 기부를 하고 있다.

인류에게 빛이 되고 향기가 나는 사람들은 한결같이 아낌없이 베푼 사람들이라고 한다. (故)김수환 추기경은 “머리와 입으로 하는 사랑에는 향기가 없다. 진정한 사랑은 이해, 포용, 자기 낮춤이 선행되어야 한다. 사랑이 머리에서 가슴으로 내려오는데 70년이 걸렸다” 라고 하셨다. 김수환 추기경의 용서, 사랑, 베풂의 결과는 우리 사회에 훈훈한 선물이 되었다. 사랑과 베풂은 바이러스와 같다. 사랑과 봉사는 예측할 수 없는 저울이

자 계량기이다. 받기만 하는 것은 욕심이고 구속이다. 소설가 김홍신은 "베풂은 승리자이고, 빼앗는 사람은 패자가 되며, 부드러운 것이 강한 것을 이기고 기쁨이 슬픔을 이기고 희망이 좌절을 이기고 베풂이 욕심을 이긴다"고 했다.

우리가 이웃을 돕고 베풀 때, 어떤 보답을 바라고 하는 것은 아니다. 우리가 뿌린 선행의 씨앗은 결코 헛되이 사라지지 않고 푸근한 마음의 텃밭에서 자라 크고 아름다운 열매를 맺는다. 이 사랑의 씨앗은 한 자리에 머물러 있지 않고 계속 민들레 꽃씨처럼 확산되어 건강한 사회를 이룩한다. 남에게 베풀면 그 씨앗이 수백 배로 늘어나 메아리처럼 반드시 자기에게로 되돌아온다. 우리 주위에는 어렵고 소외된 이웃이 대단히 많다. 그들이야말로 진짜 우리의 도움과 사랑을 필요로 한다.

키워드 6. 음식

독일 빵은 우리가 상상할 수 없을 정도로 종류가 많다.
지역에 따라 다양하고, 만드는 사람에 따라 제각기 달라서 골라 먹는 재미가 있다.
지금도 나는 독일에 가면 새벽에 일어나 마을 빵집에 가서 따끈따끈한 빵을 한 아름 사먹곤 한다.

한국 사람들에게 밥이 주식이라면, 독일 사람들은 빵을 주로 먹는다. 그들은 식사 이외에도 빵을 간식으로 수시로 먹는다. 독일 빵은 우리가 상상할 수 없을 정도로 종류가 많다. 지역에 따라 다양하고, 만드는 사람에 따라 제각기 달라서 골라 먹는 재미가 있다. 지금도 나는 독일에 가면 새벽에 일어나 마을 빵집에 가서 따끈따끈한 빵을 한 아름 사먹곤 한다.

독일 사람들은 대체로 외식을 잘 안한다. 아마도 독일 국민들의 절약 정신에서 비롯된 것 같다. 경제적으로 여유가 있어도 외식을 즐기지 않는다. 결혼기념일이나 생일 등 특별한 경우를 제외하고는 외식 문화는 거의 없다고 보면 된다. 아무런 의미 없이 외식을 하는 것은 거의 보지 못했다. 외식 문화가 발달한 우리나라와는 대조적이다.

01 독일의 식사 문화

독일에서 식사 때마다 빠지지 않는 것은 빵, 소시지, 치즈, 잼이다. 이 네 가지가 기본 메뉴이고 샐러드, 과일, 음료를 곁들여 먹는다. 나는 독일에 가서 소시지와 치즈의 종류가 이렇게 많은지 처음 알았다. 한국에서는 보통 소시지를 구워 먹지만, 독일은 소시지를 삶아서 먹기도 하고, 익히지 않고도 다양한 요리를 해서 먹는다. 식감도 말랑한 것부터 단단한 종류까지 다양하다. 치즈와 소시지를 빵 사이에 넣어서 샌드위치처럼 먹기도 하고 따로 먹기도 한다.

독일의 아침식사는 다양한 소시지와 햄, 치즈, 빵을 주로 먹는다. 계란과 수프를 먹는 경우도 있다. 재미있는 점은 독일을 비롯한 유럽은 달걀 먹는 방법이 우리와 좀 다르다. 일단 달걀을 반숙으로 삶고 계란 전용 그릇에 올려놓는다. 그리고 위에서부터 '톡톡' 껍질을 벗겨 소금을 조금씩 뿌려가며 티스푼으로 떠먹는다. 음료는 커피나 차가 주류를 이룬다. 간혹 아침부터 맥주를 마시는 지역도 있다. 주말에는 대부분 늦게까지 자고, 오전 9~10시에 아침을 먹는다. 주말은 가족이 함께 요리를 해서 먹는 문화이다.

점심식사 때도 빵과 소시지, 치즈를 먹는다. 대부분의 독일 사람들은 아침 메뉴와 비슷한 메뉴로 도시락을 싸간다. 내 경우에도 광산에서 일할 때 빵, 소시지, 치즈를 싸가서 점심으로 먹었다.

독일 사람들은 오전에 한 번, 오후에 한 번 휴식 겸 커피 타임을 가진다. 다양한 케이크와 과일을 커피나 차와 함께 먹는다.

저녁에도 기본적으로 빵을 먹는다. 그런데 저녁은 아침, 점심과는 다르게 감자 요리나 고기 요리 등 따뜻한 음식을 해서 먹기도 한다. 그러나 우리나라와 같이 풍성한 식탁을 생각하면 오산이다. 많은 요리를 하는 것은 아니고 한 가지 정도의 메인 요리만 해서 기본 메뉴에 곁들인다.

특별한 점은, 독일 음식점은 테이블에 항상 예쁜 테이블보를 깔고 꽃과 초를 올려둔다. 식사할 때 초를 켜주는데, 촛불만으로도 분위기가 참 좋아진다. 대부분의 가정에도 꽃과 초가 있는데, 이는 독일의 식탁 문화라고 할 수 있다. 독일의 어느 가정에 가도 부엌에는 각양각색의 초가 준비되어 있었다. 성탄절 등의 특별한 날이나 손님을 초대할 때는 꼭 식탁에 초를 켜서 맞이한다. 독일에서 촛불 없는 파티는 있을 수 없다. 그들은 초를 켬으로써 낭만과 행복, 아늑함을 느끼는 것 같다. 나 역시 독일 문화에 익숙해져서 우리집에도 초를 많이 구비하고 있다.

02 독일의 자부심, 포도주와 맥주

독일 라인강이나 모젤강에서 배를 타거나, 강변을 자동차로 다니다 보면 자동차 도로, 자전거 도로, 기찻길, 뱃길이 어우러져 굉장히 아름다운 풍경을 볼 수 있다. 특히 강 주변의 비탈진 야산에 포도밭을 조성해 놓은 모습은 한 폭의 풍경화를 보는 것 같이 황홀하다. 라인강 포도재배 지역에는 전설의 로렐라이 언덕도 있다. 산 능선이나 중간에는 고성들도 있어서 그 풍경이 장관이다.

여행을 다니다 알게 됐는데, 포도주 생산지가 있는 지역은 대부분 관광지로도 알려져 있었다. 포도주 수확기에는 관광객들에게 시음할 수 있는 기회도 주어진다. 무료로 시음하는 경우도 많아서, 언젠가 나도 시음 중에 공짜 포도주를 많이 마시고 취한 적이 있었다.

독일의 와인은 중세시대 수도원에서 포도원을 설립하여 포도나무를 재배하고 와인을 생산한 것에서 시작했다. 포도밭이 독일 전역에 있는 것은 아니다. 포도나무는 키우기가 매우 까다로워서 대부분은 강이 있는 독일 서부와 남부 지역에 분포해 있다. 라인헤센, 라인 팔츠, 모셀, 바덴, 뷔르템베르크, 프랑켄 지역 등이 해당된다. 포도나무 재배를 위해서는 토질, 일조량, 습도 등의 조건이 잘 맞아야 하기 때문이다. 그래서 좋은 포도주를 만드는 것은 그 해의 날씨가 어떠했는지와 매우 밀접하게 연관되어 있다고 한다.

독일의 어떤 지역은 자갈밭인 산을 깎아서 포도밭을 조성하기도 했고, 또 어떤 포도밭은 심하게 경사진 곳도 있었다. '어떻게 저 높고 비탈진 곳을 포도밭으로 조성할 생각을 했을까?' 이해가 안 된 적도 있었다. 이런 조건이라면 우리나라의 모든 산에도 포도나무를 심을 수 있겠다는 생각도 했다. 독일은 추운 날씨와 잦은 비로 인해, 포도재배에는 적합하지 않은 자연환경이다. 하지만 독일은 악조건을 극복하고 환경에 맞는 포도 품종을 개발하여 오늘날 세계적으로 유명한 포도주 생산국가가 되었다.

독일의 비탈진 언덕에 조성된 포도밭

포도주를 정식 예법을 지켜서 마시는 것은 매우 까다롭다. 포도주를 따면 연장자가 먼저 시음을 한다. 시음 후 다른 일행에게도 따라준다. 포도주를 따라 줄 때는 잔의 반 이상을 채우지 않는다. 또한 포도주 잔은 세 손가락으로만 들게되어 있다. 잔이 채워지면 참석한 모든 사람들은 눈높이에 맞춰 포도주잔을 들고 '쨍~'하며 서로 잔을 부딪친다. 건배 후, 한 모금을 입안에서 굴리며 음미한다. 그러면 자기도 모르는 사이에 포도주가 목으로 흘러 내려간다. 그리고 자신의 잔을 다시 자신에게 가까이 가져와서 서로의 눈을 마주치며 잔을 눈높이까지 살짝 들어 올리는 시늉을 하며 인사를 한다. 그리고 잔은 자신의 앞에 내려놓는다. 이것을 반복하며 마시는 것이 정식 예법이다. 포도주는 서로 정담을 나누며 음식과 곁들여 마시기 때문에 적게는 한 시간에서 길게는 서너 시간동안 즐긴다. 언젠가 독일인 친구가 한국에 방문했을 때, 한국인들의 포도주 마시는 모습을 보더니 놀라워했다. 독일에서는 노동자도 저렇게 포도주를 안 마신다고 했다. 한국인이 맥주나 소주를 빨리 마셔버리고 취한 모습을 보고서 한 말이다.

"포도주는 사랑하는 사람과 함께 마시는 거야."

사랑하는 사람과 함께 인생을 즐기고 삶을 나누며, 맛있는 음식과 함께 음미해야 한다고 했다. 여유를 가지고 천천히 온정을 나누며 편안한 분위기에서 마시는 것이 건강에도 좋다고 했다. 독일 뿐 아니라 유럽 대부분의 나라에서 포도주 마시는 문화는 비슷하다. 특히 이태리, 스페인 등 더운 나라에서는 포도주를 음료수처럼 마시는데, 낮부터 정원이나 테라스, 음식점, 길거리에서 포도주 마시는 사람들을 흔히 볼 수 있다. 프랑스에 가면 샹젤리제 거리에서 포도주 한 병을 주문해 반나절 동안 사랑의 대화를 나누며 마시는 연인들도 많다. 오래도록 서로를 바라보며 포도주를 즐기는 모습이 굉장히 여유 있고 우아해 보였다.

독일을 이야기하면서 맥주를 빼놓을 수는 없다. 독일은 세계 1위의 맥주 소비국일 뿐만 아니라 5,000종 이상의 맥주를 생산하고 있는 나라이다.

독일에서 맥주가 발달한 이유는 나쁜 수질의 식수 때문이다. 독일 땅은 석회암 지반으로 인해 비가와도 대부분 석회수가 된다. 그래서 독일이나 많은 유럽 나라들은 오래전부터 물 대신 맥주를 마셨다. 우리가 숭늉 마시듯 그들은 맥주를 마신다. 맥주를 '액체로 만든 빵'이라고 부르기도 한다.

친구들은 내가 독일에서 살다 왔기에 맥주를 잘 마시는 줄 안다. 그런데 나는 정통 한국인 촌놈 체질이라 맥주가 몸에서 잘 안 받는다. 치즈와 커피도 그렇다. 가끔 술을 마시게 되어도 한국 전통주를 마시곤 한다. 음식도 된장과 김치찌개가 내가 제일 좋아하는 음식이다.

중세 유럽에서는 식사할 때마다 맥주를 마셨다고 한다. 지역에 따라 다소의 차이는 있지만 독일에서 맥주는 확실히 대중적인 음료이다. 과거에는 봉급의 일부에 맥주 값이 포함되기도 했으며, 노동자에게 제공하는 식사에도 거의 항상 맥주가 포함되어 있었다고 한다.

그만큼 독일에서 맥주는 굉장히 대중적인 술이다. 술 중에서는 값도 가장 저렴하다. '맥주'하면 떠오르는 나라답게 독일의 맥주 소비량 역시 어마어마한 편이다. 맥주 소비량이 포도주의 6배나 된다고 한다.

맥주는 1516년 바이에른에서 처음 생산되었다. 현재 독일 전역에는 1,300여 개의 양조장이 있으며, 그 가운데 절반 정도가 '맥주의 고향' 뮌헨이 속한 바이에른 지역에 있다. 뮌헨에서 매년 가을에 열리는 맥주축제인 옥토버페스트(Oktoberfest)는 독일 맥주 문화의 한 단면을 보여준다. 독일 여행을 한다면 한 번쯤 경험해 보기를 추천하고 싶다.

우리나라에서 각 지방마다 만드는 막걸리가 따로 있듯이, 독일 역시 지역 특색에 맞춰 맥주를 생산한다. 독일인들은 맥주에 대한 자부심이 대단해서 수입 맥주는 잘 안 마시며, 다른 나라 맥주 이름도 잘 모른다고 한다. 맥주와 알콜 문화도 우리나라와는 확연히 다르다.

03 술잔을 돌리지 않는 술 문화

독일 사람들은 대부분 맥주를 즐기고, 포도주와 고급 양주를 마시기도 한다. 맥주의 고장인 독일 뮌헨에서는 매년 9월 말에서 10월 초에 맥주 축제인 '옥토버페스트'가 열린다. 옥토버페스트는 독일의 민속 축제로, 세계인이 함께 즐기는 전 세계에서 가장 큰 축제이다. 보통 16~18일간 열리는 축제로, 옥토버페스트를 즐기기 위해 몰려드는 방문객만 매년 평균 600만 명에 달한다고 한다. 우리나라 사람들이 막걸리를 마시듯, 독일 사람들은 늘 맥주와 함께 한다고 보면 된다. 그런데 우리와 가장 다른 점은, 그들은 술을 마실 때 절대 잔을 돌리지 않는다. 술을 매우 즐기는 민족이지만, 개인의 선택을 절대 존중하기에 상대에게 술을 권하지 않는다. 술자리는 모두 함께 즐기되 술을 마시지 않는 사람은 커피나 주스 등 다른 음료를 마신다. 그것에 대해 누구도 불편해하지 않는다. 또한 자기의 술잔은 자기 앞에만 놓고 마신다. 그러니까 다른 사람에게 술을 따라줄 일도, 받을 일도 없고, 당연히 술잔을 돌릴 이유가 없다. 개인 주량에 맞게 술을 마신다.

나는 독일에서 술 취해서 비틀거리는 사람을 본 적이 거의 없다. 절제를 잘 하는 독일인답게, 술 역시 행복하고 기분이 좋을 정도로 자신을 제어할 수 있을 만큼만 마신다. 그러나 한국의 술 문화는 어떠한가. 필자가 아침에 출근할 때 보면, 길의 구석진 곳과 지하철역 층계 등에서 토사물을 볼 때가 있다. 독일 친구들도 이런 장면을 본 적이 있는데 고개를 흔들며 정말 이해할 수 없는 문화라고 했다. 한국인으로서 매우 부끄러웠다.

독일은 특별한 경우를 제외하고는 정식 초대가 아니라면 술값은 각자 계산한다. 독일인들은 술 문화 역시 매우 깔끔하고 실용적이다.

또한 거의 모든 독일 사람들은 퇴근 후에는 가족들과 저녁 시간을 보내기 때문에 우리나라처럼 회식이 없고, 밤에 술 마시는 문화도 없다. 특별히 저녁 약속이 있다고 해도 귀가 시간은 밤 10시를 넘기지 않는다. 그러니 독일은 저녁 8~9시만 되어도 길거리에 사람도, 자동차도 별로 안다닌다. 프랑크푸르트와 같은 대도시도 밤 10시가 지나면 한적하다. 우리나라는 새벽 1시까지도 대도시마다 불야성을 이룬다.

나는 왜 국수를 좋아하는가?

나는 국수를 정말 좋아한다. 자장면도 좋아하고 칼국수도 좋아한다. 밀가루로 만든 음식은 다 좋아하는 편이다. 그런데 어릴 적부터 많이 먹은 탓인지 위가 항상 쓰리다. 밀가루 음식이 위를 깎아낸다는 말도 들었다. 독일에서 학교 다닐 때는 가난해서 의사 방문은 엄두도 못 냈다. 그냥 늘 위가 쓰린 상태에서 살았다.

전주에서 고학할 때는 자장면을 많이 먹으며 배고픔을 버텼다. 자장면 값이 싸서 남문 시장에서 자장면을 자주 사먹었다. 돈이 없을 때는 하루에 한 번 자장면 곱빼기를 먹고 하루 종일 버틴 적도 많았다. 그리고 독일 광산에서 일할 때도 달걀 넣은 국수를 끓여 먹으며 광산의 중노동을 해 왔다. 두 가지 이유였다. 첫째는 돈을 아끼기 위해서였고, 둘째는 쉽게 요리해 먹을 수 있었기 때문이다. 지금 생각해보면 그때는 돈을 잘 벌 때였는데, 왜 잘 챙겨먹지 못하고 몸을 혹사시켰을까 생각이 든다. 너무 바보 같은 삶을 산 것을 후회한다.

대학 다닐 때도 아르바이트하며 다녀서 돈이 여유가 없었다. 목사님 댁 다락방에 임시로 살고 있었고 아르바이트 장소와 대학 간 거리가 약 오백 리 길 떨어져 있어서 기차 통학을 했다. 새벽 5시에 일어나서 국수 한 묶음에 달걀 하나 먹고 출근하여 오전 중노동을 하고 오후에 대학에 다녔다. 점심도 교내 식당에서 가장 싼 메뉴인 국수를 먹었다.

국수와 함께한 일생은 이렇게 이어졌다. 그리고 늘 생각했다.

'나는 왜 이렇게 국수를 좋아할까?'

물론 국수는 저렴한 식재료들로 만들 수 있는 음식이다. 그럼에도 불구하고 나는 국수를 과하게 좋아했다. 그리고 그 이유를, 대학에서 심리학을 공부할 때 알게 되었다.

나는 어릴 때 시골에서 자랐다. 집이 가난해서 밥을 잘 못 먹고 컸다. 그럴 때 어머니께서 만들어 주신 것이 밀가루 음식이었다. 수제비나 국수를 주로 먹었다. 그런 음식은 반찬을 따로 안 먹어도 괜찮았고, 먹는 것도 후루룩 넘어가서 쉽고 빨리 배를 채울 수 있었다. 나는 어머니의 밀가루 음식을 먹으며 공부도 하고 농사도 지었다.

대학 다니면서 프로이드의 '심리 성격 발달단계'를 배우며 내가 국수를 좋아하는 이유를 알게 되었다. 프로이드의 성격 발달단계에는 '구강기, 항문기, 남근기, 잠복기, 생식기'의 다섯 단계가 있다. 그 중 태어나서부터 2세까지에 해당하는 '구강기'에는 엄마의 젖을 빨며 입을 통해서 만족스러운 경험을 하는 시기이다. 그런데 그 때 욕구를 충분히 채우지 못하면, 성인이 되어서도 구강기적 행위를 하는 등 삶에 영향을 미친다고 한다. 예를 들면 손톱을 물어뜯는 행위가 있다.

국수 면발의 부드럽고 매끄러운 감촉, 입안에 맴도는 탄력.

국수의 맛을 알기에 앞서 당시 발달 단계에 해당했던 시기인 구강기와, 국수의 감촉이 밀접하게 연관 되어있음을 알게 되었다. 모든 인간은 구강기 때의 욕망이 어느 정도 남아 있고 입으로 성적 욕구를 해소하려는 무의식 속에 산다고 한다. 그런 점에서 국수는 잠재해 있는 나의 식욕과 성욕이라고 생각한다.

지금도 자장면을 유난히 좋아한다. 먹고 나면 위가 쓰린데도 자제하기가 어렵다. 나의 허기를 채워준 국수로 나는 사회화의 과정을 거쳤다.

나는 막둥이로 자랐고 항상 배도 고파서 아홉 살까지 어머니 젖을 만지며 살았다. 가난과 농사, 가사와 영양실조에 시달려 편찮으시고 뼈만 남은, 젖도 안 나오는 어머니 젖을 유난히 많이 빨았다. 그 때 나는 어리고 배고파서 어머니 생각은 아랑곳없이 살았던 것 같다.

"어머니 제가 이제야 철이 들어 반성합니다. 죄송합니다. 그리고 너무나 그립습니다."

생일을 모르고 살다.

나는 평생 생일을 모르고 살고 싶다. 가난에 시달리던 어린 시절, 부모님께서 내 생일을 챙겨 주시기는 더욱 어려웠다. 하루에 죽 한 끼 먹기가 어려웠던 시절, 생일이어도 별다를 것 없었다. 그래서 우리 부모님은 눈물을 흘리시며, 나에게 밥을 줄 수 있는 집에 나를 양자를 보내셨던 적도 있다. 초등학교 다닐 때도 도시락이라고는 구경도 할 수 없었다. 어쩌다가 꽁보리밥 도시락이라도 싸주시면 그 날은 운이 좋은 날이었다. 그래도 반찬은 깨소금 한 가지였다.

이런 환경에서 자랐기 때문에 나는 결혼 뒤에도 내 생일에 크게 관심이 없었다. '생일 같은 것은 잊어버리며 살자', '생각을 안 하면 되지' 하는 마음으로 살아 왔다.

교수 생활을 할 때 제자들이 간혹 생일을 물었다. 그러면 나는 생일이 없다고 했다. 직장 다닐 때는 어떻게 알았는지, 직원들이 내 생일에 이것저것 준비해 축하해 주었다. 하지만 나는 그 때마다 어린 시절 생각이 나서 큰 감동을 받지 못했다. 그저 무덤덤한 표정으로 있었던 기억이 난다.

결혼하고 나서도 크게 의미 부여를 하지 않았다. 아내가 미역국을 끓여주면 고마운 마음으로 먹곤 했다. 그래서 나는 아내와 자녀들이 내 생일을 기억 못하고 지나쳐도 조금도 섭섭하지 않다. 그런데 요즘은 자녀들이 내 생일을 앞두고 전화를 한다.

"아빠, 이번 생신은 어떻게 할까요?"

그러면 나는 항상 생일은 그냥 넘기자고 하는데, 그러면 딸들은 속상해하며 화를 낸다. 내가 왜 생일 이야기만 하면 시큰둥한지, 자녀들은 이해하지 못한다. 신세대인 아이들에게 어렵던 시절 이야기를 해도 어차피 이해하지 못하기 때문에 나도 굳이 말하지 않는다. 이렇게 일생을 살아왔다.

딸들은 "아버지도 이제 사위와 손주들이 있는데 그렇게 하시면 안 된다"고 한다. 그래도 여전히 나에게 생일은 그리 즐거운 날이 아니다. 생일을 챙겨주지 못해서 마음 아파하시던 부모님이 자꾸 떠오르기 때문이다. 어릴 때 좋은 기억이 없는 생일이기에 나이가 여든한 살이 되어도 좋아하지 못하고 있다. 아마도 이러한 내 가치관과 인생관은 바꾸기 어렵다고 생각된다. '아마 이대로 살다가 세상을 떠나겠지…' 이 글을 통해 내가 생일 챙기는 것을 왜 별로 기뻐하지 않는지 자녀들이 이해해 주기만을 바랄 뿐이다.

그리고 조금 다른 이야기이지만, 나는 그동안 책을 많이 냈다. 또, 지인들과 정치인들의 출판 기념 초대도 참 많이 받았다. 나의 제자들도 정년 논문집과 출판 기념회를 더러 이야기 하는데, 나는 필요성을 전혀 느끼지 못한다. 형식적인 것을 지나칠 정도로 싫어하는 나는, 남들 다 하는 정년 퇴임식도 하지 않은 사람이다. 교수나 공직자 중에서 퇴임식을 하지 않은 사람은 내가 유일할 것이다. 이 또한 독일 생활에서 얻은 가치관이고 인생관이다.

키워드 7. 여가

독일은 가정에서 파티를 할 때도, 음식점에서도 늘 음악과 함께한다.
독일적인 예술을 꼽는다면 그 첫 번째가 '음악'이라고 할 수 있다.

독일인은 근면하지만 노동과 휴식은 명확히 구분한다. 일과 삶의 균형을 잘 맞추며 산다. 요즘 말로 '워라밸(Work-life balance)'을 실현하는 삶이다. 독일 정치인들도 그렇다. 독일의 전 총리였던 헬무트 슈미트 총리는 개인 연주회를 할 정도로 피아노 연주 실력이 뛰어났다. 쟁쟁한 연주자들과 함께 녹음했던 음반들이 요즘도 판매되고 있다. 또한, 독일 통일을 이루어낸 헬무트 콜 총리는 일등 요리사였다. 요리책을 출간하기도 했다. 가끔 앙겔라 메르켈 총리가 업무를 마치고 장바구니를 들고 시장에 가는 모습을 뉴스에서 종종 본 적 있다. 우리나라 정치인들에게는 상상도 못 할 일이다.

대부분의 독일 남성들은 직업에 상관없이 집 지하실에 취미 생활용 작업실을 꾸민다. 취미와 관련된 모든 장비도 갖춘다. 사촌 처형 부부인 하크 박사 부부와 함께 살 때 그 작업실을 본 적이 있다. 하크 박사는 병원에서 진료가 끝나면 집에 와서 목공일이나 정원 일, 각종 공작을 했다. 그는 퇴근 후의 시간을 이용하여 집에 있는 많은 가구와 가재도구를 작업실에서 직접 만들곤 했다.

독일 사람들은 여가를 보내는 것, 취미 생활을 하는 것, 여행은 늘 가족 중심으로 한다. 서양의 가장 큰 명절인 성탄절을 앞두고 12월 24일부터 연말까지는 대부분 가족끼리만 시간을 보낸다. 12월 24일은 극히 일부를 제외하고는 일도 안 한다. 상점도 오후 2시까지만 연다. 거리에 사람도, 자동차도 거의 없다. 성탄절에 가는 곳은 교회나 성당뿐이다. 독일인들은 평소에는 교회에 다니지 않아도 크리스마스에는 꼭 미사나 예배를 드리러 간다. 성탄절은 특히나 조용하고 고요하게 가족끼리 보낸다. 세탁기도 돌리지 않는다.

특별한 날이 아니더라도, 대부분의 독일인들은 여간해서는 저녁 약속을 잡지 않는다. 나도 독일의 생활양식이 몸에 배어서 그런지, 약속은 대부분 낮에 잡고 저녁은 늘 집에서 가족과 함께 식사를 한다. 밤 문화가 발달되어 있는 한국에서 사회생활을 하면서 저녁 약속을 잡지 않는 것은 쉬운 일이 아니다. 그러나 저녁 시간을 가족과 함께 보내는 것은 나의 오래된 생활신조이다. 항상 가족을 우선순위에 두는 독일인들이 화목하고 좋아보였기에 나도 보고 배운 것이다. 또한 푀겔러 지도 교수가 가정교육 전문가였기에 옆에서 더 많이 보고 배웠다.

독일의 가정을 보면, '그런즉 믿음, 소망, 사랑 이 세 가지는 항상 있을 것인데 그중에 제일은 사랑이라'라는 고린도전서의 성경 구절이 생각난다. 모든 삶에 사랑보다 더 가치 있고 소중한 것은 없다. 특히 가족 간의 사랑은 헤아릴 수 없는 사랑이며, 건전하고도 따뜻한 사랑이다. 우리나라 아버지들의 저녁 약속이 줄었으면 한다. 자녀 교육을 위해서는 특히 자녀들이 어릴 때부터 아버지와 친밀한 관계를 유지하는 것이 매우 중요하다. 언젠가 대한민국의 국민성에 '가정적인 아버지'라는 요소가 들어가길 간절히 바라본다.

01 독일의 휴가 문화

독일에 살 때, 독일 사람들이 휴가 준비 하는 것을 보면서 깜짝 놀랐다. 마치 '휴가'를 위해서 사는 사람들 같았기 때문이다. 독일 사람들은 휴가 계획을 짜고, 휴가비를 모으면서 일 년을 보낸다. 생활비를 제외하면, 가정에서 가장 많이 지출하는 돈이 휴가비이다.

독일은 사회 보장 제도가 잘되어 있어서, 아프면 의료보험으로 해결한다. 교육은 대부분 학비가 무료이고 장학금도 많이 준다. 주거 지원 역시 제도화되어 있어서 큰 어려움 없이 집을 구한다. 그러므로 수입 중 기본 생활비를 제외한 나머지는 거의 휴가비로 쓴다.

독일 사람들은 매년 장기 휴가를 간다. 개인에 따라 조금씩 다르기는 하지만 평균 20~30일 정도 휴가를 떠난다. 그리고 휴가를 끝내고 돌아오면 바로 다음 해 휴가지를 결정하고 계획한다.

휴가지를 결정하면, 그들은 먼저 그 지역과 관련된 여행책을 마련한다. 휴가를 떠나기 전까지 여행 책자를 일 년 내내 읽고 공부하는 것이다. 대부분의 독일 사람들은 외국 여행을 많이 간다. 가까이는 이웃 나라인 벨기에와 네덜란드, 좀 더 멀리는 스위스, 이태리, 프랑스, 더 먼 곳으로는 아메리카 대륙이나 아시아 지역에 가기도 한다.

여행지에 대한 역사, 문화 프로그램, 음식, 기후, 국민성 등

사전에 철저하게 공부를 한다. 만일 캠핑카로 여행 갈 경우에는 자동차로 보통 3~4일 이상 걸리는 곳으로 간다. 독일은 유럽의 여러 나라와 맞닿아 있기 때문에 자동차를 이용해서 다른 나라로 갈 수 있다.

독일 사람들이 휴가를 중요하게 생각하는 데는 날씨의 영향도 빼놓을 수 없다. 독일은 날씨가 대체로 흐리다. 비와 눈이 많이 내리고, 안개가 자욱이 끼어있을 때가 많다. 물론 지역에 따라서 다르긴 하다. 남독일과 북독일은 큰 차이가 있다. 하지만 일 년 내내 우리나라처럼 화창한 날씨는 드물다. 여름에 겨울옷을 입기도 하고, 겨울에 여름옷을 입게 되는 경우도 있다. 오죽하면 독일은 첫 만남의 인사가 우리나라처럼 "안녕하십니까?", "식사 하셨습니까?", "건강하십니까?"가 아니고 날씨 인사이다. "오늘 날씨가 맑습니다", "추운 날이네요", "비가 많이 옵니다" 등이다.

독일의 휴가 기간은 매우 길다. 우리나라처럼 2~3일 다녀오는 휴가는 거의 없다. 한국의 여름휴가는 일주일 이하로 아주 짧으며, 모든 사람들이 그 기간에 전부 휴가를 가기 때문에 휴가철만 되면 우리나라 전역은 교통 체증이 심하다.

독일에서는 3~4일 정도 쉬는 것은 휴가라고 부르지 않는다. 그냥 '주말 드라이브' 정도가 되겠다. 한 해의 휴가비를 모으는 것에 열중하기 위해 단기 휴가는 거의 안 가는 편이다. 장기 휴가를 갈 때는 여행 책자 이외에도 책을 몇 권씩 도서관에서 빌리거나 사서 가기도 한다. 대부분 일과 관련 없는 취미 책, 문학 책 등 재미와 휴식을 위한 책들을 준비한다.

독일은 휴가 기간이 길어서 국가 행정 기관이나 대학, 기업들도 휴가 때는 업무를 보지 않는다. 휴가 기간에는 도시 전체가 한가하다. 휴가 기간 앞뒤로 독일과 유럽의 공공기관에 방문할 일이 있을 때는 반드시 몇 개월 전에 접수를 하여 약속을 잡아야 한다. 한국식으로 무작정 방문하면 면담도 못하고 담당자도 만날 수 없다. 유럽 대부분의 나라에서 휴가 기간에는 모든 업무가 마비된다. 또한 독일은 병가를 꽤 오래 받을 수 있어서, 더러는 그것을 악용하는 사람들이 있다. 병원에 가면 보통 일주일의 병가를 준다. 의사의 권한이 대단히 권위적이고 절대적이라 누구든 의사의 말을 잘 따른다. 병가 기간을 정하는 것은 의사의 절대적인 권한이다. 독일에서는 감기만 걸려도 3~4일 쉬는 것은 물론이고 몇 개월을 쉬는 것도 굉장히 흔한 일이다. 내가 광부로 있을 때 주위 동료들도 병가를 악용하여 여행은 물론 여자 친구와 연애하는 경우도 많이 보았다.

또한 독일 의료 제도 중에 독특한 제도가 있다. '휴양 휴가 제도'인데 예방 의학적인 차원에서 환자가 아닌 건강한 사람을 약 2주간 휴양 보내는 제도이다. 그 이유는, 병에 걸리면 의료비가 수십 배가 드는데 미리 예방을 하면 오히려 절약이 된다는 원리이다. 사람이 건강하게 살기 위해서는 예방과 면역이 매우 중요하다는 것이다. 더러는 병가 기간에 휴양지에 가서 명상과 치유를 할 수 있는 제도도 있다. 이는 예방과 면역력 강화 측면에서 권장하고 있는 제도이다.

02 독일 청소년들의 반더룽(Wanderung) 도보 여행

숲과 자연을 걸어서 여행하는 것을 독일어로 '반더룽(Wanderung)'이라고 한다. 반더룽은 흔한 말로 등산, 혹은 트레킹이다. 등산과 트레킹의 묘미가 복합된 레저 스포츠로, 발길 닿는 대로 걷는다는 점에서 보통의 트레킹과 유사하다. 영국에서는 '하이킹(hiking)'이라는 말을 쓴다.

반더룽은 문명을 벗어나 자연으로 돌아가 인간 본연의 모습을 찾고자하는 노력에서 유래되었다. 서양에서는 이미 대중화되어 있는 문화인데, 우리나라에서는 아직 초기 단계라고 할 수 있다. 반더룽 대상지로는 사람의 손길이 많이 닿지 않아 자연 상태가 그대로 보존되어 있는 곳을 많이 간다. 독일은 어느 지역이나 숲이 울창하다. 독일인들에게 여유 시간이 주어지면 그들은 숲 산책을 자주 한다.

특히 독일에서는 청소년 시기부터 반더룽을 하며 꿈을 키우고 낭만을 즐긴다. 자연을 걷는 것이 반더룽의 기본이지만, 자전거를 이용해 다니기도 한다. 독일은 가능한 가족들과 함께 여가를 즐기기 때문에, 가족 중심으로도 반더룽을 많이 한다. 자연만이 선사할 수 있는 맑은 공기, 건강하고 이로운 힘은 청소년의 심신을 위해 꼭 필요하다고 생각한다. 그러나 안타깝게도 우리나라 아이들은 여유 있게 산책을 하거나 여행할 시간이 없다. 학교와 학원, 과외에 쫓겨서 놀 권리가 사라지고 여가 시간마저 부모가 통제하기 때문이다. 학생들의 노는 시간이 부모에

의해 박탈당하고 있다. 우리 아이들에게는 가족과 함께 보낼 시간조차 없다.

'반더포겔(Wandervogel)'은 독일에서 일어난 자발적인 청년 운동이다. 반더포겔이란 독일어로 '철새'라는 뜻이며 철새처럼 산과 들을 돌아다니며 심신을 다지는 일을 목적으로 한다. 독일에서는 청년들의 도보 여행이 성행하는데, 낯선 지방을 순회하면서 견문과 체험을 쌓고 인간적인 성장을 도모 한다.

독일은 1901년 이 단체들을 집결하여 전국적인 조직을 만들어서 '반더포겔'이라는 이름을 붙이고 다음의 강령을 내걸었다. ① 햇빛을 쬐어라. ② 호연지기를 길러라. ③ 자연과 친하라. ④ 격이 낮고 속된 유행가를 버려라. ⑤ 조국의 국토지리를 알아라. ⑥ 조국에 움트는 얼을 알아라. ⑦ 협력하라, 단결하라.

이를 보면 반더포겔의 이상이 자연에 대한 사랑과 열렬한 조국애로 뒷받침되어 있었음을 알 수 있다. 반더포겔은 그 후 전국적인 운동으로 번졌으며 독일로부터 유럽 각지로 퍼져 나갔다. 나치 시대에는 반더포겔의 애국적 성격이 자주성을 잃게 되었지만, 제2차 세계대전 후, 독일을 비롯한 각국의 부흥과 함께 되살아나서 세계적인 청년운동으로 발전했다. 그들이 여행을 하면서 시를 읊고 노래를 부르며 낭만을 즐겼던 모습은 먼 옛날 신라시대 때 널리 행하여진 화랑의 활동과도 비슷하다.

이 운동이 발전한 것이 오늘날 전 세계에 있는 '유스호스텔(Jugendherberg)'이다. 우리는 유스호스텔을 숙박시설이라고만 알고 있지만, 사실은 청소년 운동으로 시작된 것이다. 여행하는 청소년들의 숙박에 적합한 이용 시설을 갖추어서 적극적으로 자연과 사귐을 촉진하는 운동, 또는 그 숙박 시설을 통틀어 유스호스텔이라고 한다. 여행을 통해 젊은이들이 자연에 대한 폭넓은 지식과 관심을 갖도록 고무시키며, 각국의 문화적 가치에 대한 인식을 높이고 상호 교류를 하는 데 목적이 있다. 청소년이 주 대상이긴 하지만 여행과 자연을 좋아하는 모든 사람에게 열려 있다는 점에서 일반 여행객들도 이용할 수 있다. 유스호스텔은 우리나라에도 도입이 되었다. 이 운동을 도입하는 데 필자도 기여했다. 내가 공부할 때와 귀국 후에도 독일 지도 교수가 전 세계 유스호스텔 총재로 있어서 한국에 초대하여 특강을 한 일도 있다.

또한 독일에서는 '폴크스반더룽(Volkswanderung)' 즉 '국민 걷기 운동'이라는 용어도 알려져 있다. 이 운동이 인기가 있는 이유는 자연스럽게 사람을 사귀거나 우정을 나눌 수 있고, 재미있으며, 자연을 접하면서 마음과 몸을 수련할 수 있다는 점이다. 일반적으로 폴크스반더룽은 안내 표시가 잘 되어 있다. 전 국토의 10~40킬로미터 간격으로 반더룽 코스가 조성되어 있다. 물론 숙박시설도 있다. 어떤 반더룽 코스는 30킬로미터의 마라톤 하이킹을 할 수 있는 구간도 포함한다. 또한 승마를 할 수 있는 곳도 있다. 각 지역의 특성을 살려 이벤트도 종종 열린다. 코스를 완주하면 기념 배지, 접시, 핀 등의 상품이나 기념품 또는 증명서를 발급한다.

그들은 즐겁고 유쾌한 여름휴가를 보내기 위해, 그리고 돈독한 가족 관계 유지를 위해 반더룽을 선택한다. 몸과 마음을 단련하고, 주변의 역사와 문화를 배우게 되는 좋은 학습 기회이다. 여행이 학습 중에서 가장 효과적인 학습 방법임을 강조하고 싶다. 여행은 새로운 것을 보고, 듣고, 말하고, 음식을 먹으며 다른 문화를 몸소 체험하는 것이고, 그 체험을 통해 상상력을 키우고 궁금증을 해결할 수 있다. 또한 많은 학자들 역시 사람에게 가장 행복감을 주는 것 중에 하나가 '여행'이라고 한다.

비행과 관련된 다섯 가지 에피소드

독일에서 첫째 딸을 잃은 후 우리 부부는 정신적인 충격에서 벗어나지 못했다. 가족들의 위로가 필요했던 우리는, 독일에 간지 10년 만에 처음으로 잠시 고국에 방문했다.

한국에서의 일정을 마치고 다시 독일로 가는 루프트한자 비행기 안에서 좌석 모서리에 내 양복바지가 걸려서 약간 찢어졌다. 그것을 승무원에게 이야기하니 잠시 후 기장이 '의복 파손 확인서'를 내주었다. 내가 살고 있는 지역의 루프트한자 항공사 사무실에 가서 확인서를 제출하면 보상을 받을 수 있다고 했다. 나는 독일에 도착하여 루프트한자에 확인서를 제출하였고, 고급 양복 한 벌 값을 보상받은 일이 있다.

내가 독일에 살 때는 한국과 독일을 잇는 직항로가 없었다. 미국의 알래스카를 거쳐서 독일로 가야 했다. 급유를 하기 위해 알래스카 공항에 도착했다. 그런데 승객들이 내리기 위해 비행기와 트랩을 연결하는 도중에 기체가 고장 나고 말았다. 급유 후 다시 이륙하기로 한 비행기는 운행할 수 없게 되었고, 비행기 수리를 하려면 3~4일이 필요하다고 했다. 그런데 보안상의 문제로 비행기에 있는 짐은 꺼낼 수 없다고 했다.

그 때 한국인 승객이 많았는데, 내가 한국인 승객을 대표해서 항공사와 협의를 했다. 한국인 승객들에게 속옷, 세면용품, 호텔과 식사를 지급하고 알래스카 투어도 해달라고 협의 했다. 승객 중에는 당장 다음 날부터 독일에서 근무를 해야 하는 사람도 있었다. 항공사는 승객들 모두에게 보상을 해주었다. 우리는 알래스카에 4일간 머물면서 관광을 했다. 4일 뒤, 결국 독일로 바로 갈 수 있는 비행기가 마련되지 않아서, 샌프란시스코로 가서 샌프란시스코에서 하루를 또 머물고 독일로 간 적이 있다.

1979년, 박사학위 취득 후 귀국할 때의 일이다. 네 살 된 첫째 딸과 한 살 된 둘째 딸을 데리고 비행기를 탔다. 한 살 밖에 되지 않은 어린 아이를 비행기에 태워 데리고 오는 것은 쉽지 않은 일이었다.

둘째는 독일 공항에서 이륙해 한국에 오는 약 30시간을 계속 울고, 토했다. 불편한 자세와, 비행기의 압력, 건조함 등으로 인해 어른도 피곤함이 큰데, 그것이 어린아이에게는 상상할 수 없는 괴로움이라고 한다. 아이가 계속 토하니 기내에는 악취가 진동을 했다. 딸을 부인에게 맡기고 화장실에 가서 내 옷에 묻은 토사물을 제거했지만 그 냄새는 가시지 않았다. 중간에 비행기가 급유를 하기 위해 알라스카에 착륙했을 때, 나는 급히 화장실에서 몸을 씻고, 공항에서 새 옷을 사서 입고 한국에 온 일이 있다.

한 번은 독일인인 나의 동서와 그 딸과 함께 독일에 가는 중 우리가 겪은 일이다. 독일로 가는 중 기내 방송이 나왔다. 갑자기 환자가 발생했는데 배가 많이 아프다는 거였다. 의사였던 나의 동서와 조카는 그 때부터 터키 출신의 그 환자를 돌보게 되었다. 환자를 눕히고 기내의 응급상자를 가져와 주사를 놓았지만 차도가 없었다.

비행 중 위독한 환자가 생기면 가장 가까운 공항에 비상 착륙을 해야 하는데, 그것이 매우 복잡한 절차라고 했다. 또한 한 번 착륙 했다가 다시 이륙하면 항공사는 큰 경제적 손실을 떠안는다. 그래서 조종사는 가능한 한 비행기를 착륙하지 않고 환자를 치료하는 것을 바라게 된다. 두 의사는 항공사의 본사인 프랑크푸르트 공항의 전문의와 계속 연락을 하며 승객을 치료했고, 환자는 점점 통증이 가라앉게 되었다. 다행히 비행기는 비상 착륙 없이 무사히 독일까지 갔고, 공항에 도착한 후 항공사의 모든 직원들이 동서와 조카에게 감사 인사를 했다. 항공사는 두 사람에게 다음에 한국행 비행기를 타게 되면 3등석 가격으로 1등석을 탈 수 있게 해 주었고, 터키 승객은 그들을 터키에 꼭 한번 초대하겠다고 하며 감사 인사를 했다.

마지막 에피소드는 10년도 넘은 일인데, 비엔나에서 국제 학술 세미나를 마치고 한국으로 돌아올 때의 일이다. 공항의 공중전화 부스에서 나왔는데 마침 한국의 친한 교수를 만났다. 그분과 반갑게 인사하고 악수하는 순간, 갑자기 나의 여행 가방이 사라졌다. 그동안 여행을 많이 했지만 이런 경우는 처음이었다. EU가 형성된 후 국가 간 이동이 자유로워져서 그 때 소매치기가 많아졌다고 했다.

경찰에 신고했더니, 비엔나의 한국 대사관에서 임시 여권을 받아야 한다고 했다. 가진 돈은 한 푼도 없었고 호주머니 속에는 내 명함 한 장만 있었다. 비행기 표도 없었다. 이 위기를 해결하려면 가장 급한 것은 돈이었다. 나는 비엔나 역 앞에 서있는 택시기사들에게 이 사실을 이야기하며 돈을 빌려달라고 했다. 그들은 나를 마치 미친 사람 보듯 했다. 나는 나름 정장을 입고 있었고, 내 명함도 보여주며 설득했지만 소용없었다. 그런데 한 외국인 택시 기사가 나를 도와주겠다고 했다. 그에게 돈을 빌리고 한국 대사관에 연락했더니 사진 3장이 필요하다고 했다. 공항의 즉석 사진 부스에서 사진을 찍고 대사관으로 갔다. 나는 임시 여권을 발급 받았고, 택시 기사는 다시 공항까지 나를 데려다 주었다. 배가 고파서 중간에 식당을 가게 되었는데 밥값도 택시 기사가 지불했다. 기사는 터키 사람이었는데 나는 그 사람에게 빌린 15만원에 더해서 30만원을 갚는다고 약속을 하고 무사히 한국에 돌아올 수 있었다. 한국에 돌아온 후 몇 달 뒤, 비엔나 경찰국에서 전화가 왔다. 내 가방을 찾았는데 책만 몇 권 들어있는 채로 발견됐다고 했다. 몇 천 불 돈은 없어졌다. 나는 또 몇 개월을 기다려서 가방을 받았다.

03 음악의 나라

클래식 음악의 거장 바흐, 베토벤, 브람스, 헨델 등으로 이어지는 음악의 나라 독일의 명성은 나도 익히 들어서 알고 있었다. 음악 교육이나 연구 분야에서도 독일은 지도적인 위치에 있어서, 전 세계에서 수많은 학생들이 독일 전역의 음대로 몰려든다.

음악의 나라답게 독일 사람들은 음악을 매우 좋아한다. 독서나 운동 같은 보편적인 취미도 많이 즐기지만 특히 음악과 관련된 취미가 많다. 수시로 음악회나 음악제를 가고, 직접 연주회를 열어 악기 연주를 하는 사람도 많다.

독일에 가기 전에도 베토벤에 대해서는 학교 다닐 때부터 귓전으로 들어온 게 있었다. 그리고 독일 국민들은 음악을 좋아한다는 정보도 미리 알고 갔다. 그래서 독일에 함께 있던 한국 사람들이 너나할 것 없이 클래식 LP판을 모을 때 나도 따라서 샀다. 나처럼 음악을 잘 모르는 사람도 독일에 살며 LP판을 백여 장 수집했다. 몇 백 장을 모은 간호사도 있었다.

독일에서 외로움과 향수를 달래기 위해 음악을 많이 들었다. 광부 생활을 하며 힘들 때는 가까운 성당에 가서 기도하곤 했는데, 그 때 성당에서 은은하게 울려 퍼지는 오르간 소리가 잠시나마 나를 행복하게 해주었다. 피아노 소리는 중학교 다닐 때 신문 배달을 하면서 담 너머로 처음 들었다. 그땐 모두가 어렵던 시절이었는데, '저 집은 얼마나 부자이면 피아노가 있을까?' 생각했었다. 그 집에 신문 배달을 하러 갈 때마다 들리는 피아노 선율이 무척 아름다워서, 나도 나중에 자녀가 생기면 피아노를 사줘야겠다고 다짐했었다. 그래서 실제로 자녀들에게 피아노를 사주었다.

독일에는 노래방이 없고, 독일 사람들은 대부분 대중가요보다 클래식 음악을 즐겨 듣는다. 가끔 독일 가정에 초대받아서 가면, 집안에 클래식 음악이 흘러나오는 경우가 많았다. 남녀노소 가릴 것 없이 많은 사람들이 클래식 음악을 사랑한다. 독일에는 주정부의 재정 지원을 받는 공식 음악극장이 80개가 넘고, 연간 2만 건이 넘는 음악 행사가 열린다고 한다. 음악을 접할 기회 자체가 많은 것이다. 그래서 그런지 음악을 듣는 수준이 대단히 높다. 특징이라고 할 점은, 독일인들은 공연장이나 음악회에 갈 때 항상 정장을 한다. 옷을 갖춰 입는 것은 무대에서 턱시도를 입고 연주하는 연주자에 대한 예의, 청중에 대한 예의이기 때문이다. 오페라 극장, 시립 극장은 물론이고 모든 연주회에 정장을 하고 관람하는 것이 에티켓이다. 음악이 독일인들에게 얼마나 대중적인 취미였는지는 옛 철학자, 정치인들을 보면 잘 알 수 있다. 철학자들 중에서 가장 음악적 재능이 뛰어났던

'니체'는 피아노를 독학했으며 피아노를 위한 소규모 작품들과 가곡도 작곡했다. 소설가이자 시인인 '헤르만 헤세'는 자서전에서 "어릴 적부터 교회 오르간 소리를 좋아했다"고 고백했다. 또한 가장 아름다운 예술은 '음악'이라고 할 정도로 음악을 사랑한 문학가였다. 음악적 지식과 재능이 뛰어났기에, 그의 문학작품에는 음악 이야기도 많이 나온다. 또한 화가 '파울 클레'는 음악가 집안에서 태어나서 수준 높은 바이올린 연주 실력의 소유자이다. 노벨상을 받은 작가 '토마스 만'은 천부적인 음악적 재능을 지닌 어머니에게 음악에 대한 감수성을 물려받아 그것을 문학에도 반영했다. '아인슈타인'은 바이올린을 즐겨 연주했고, 모차르트를 사랑했다고 알려져 있다. '슈바이처 박사'는 오르가니스트였다.

독일의 유명한 음악 도시로는 베를린, 뮌헨, 아헨, 쾰른, 라이프치히, 프랑크푸르트, 드레스덴, 함부르크, 슈투트가르트 등이 있다. 이 도시들에서는 수시로 야외 연주회가 열리며, 매년 음악제를 여는 곳도 있다. 독일의 음악제는 세계적으로 매우 유명하다. 매년 약 100여개의 음악제가 열리는데, 대표적인 축제로는 베토벤이 태어난 곳인 본(Bonn)에서 열리는 베토벤 음악제이다. 뮌헨 · 가르미슈파르텐키르헨에서는 슈트라우스를 기념하는 음악제가 열린다.

독일은 가정에서 파티를 할 때도, 음식점에서도 늘 음악과 함께한다. 독일적인 예술을 꼽는다면 그 첫 번째가 '음악'이라고 할 수 있다. 세계 최고의 음악가들도 독일 출신이 가장 많다. 독일은 대도시뿐 아니라 작은 마을에서도 음대생이나 마을 주민으로 구성된 동아리 연주회가 자주 열린다. 삶과 음악이 아주 밀접하게 닿아있다. 음악에 대해 잘 모르는 사람도 클래식 음악을 들으면 마음이 평온해지는 경험은 한 번쯤 해봤으리라 생각한다. 그것은 음악 이론이나 지식이 없어도 느낄 수 있는 감정이다. 내가 독일 생활을 하며 느낀 음악의 매력을 다른 사람들도 느끼고 음악을 자주 접했으면 좋겠다. 음악이 사람의 마음에 안식과 평온함을 주는 것은 틀림없는 사실이기 때문이다.

루트비히 반 베토벤(Ludwig van Beethoven)

베토벤의 고향인 본(Bonn)의 뮌스터 광장에 있는 베토벤 동상

세계적으로 많은 음악 천재들이 있지만, 대표적인 작곡가 '루트비히 반 베토벤(Ludwig van Beethoven)'을 소개한다. 베토벤 기념관이 있는 '본'은 독일의 수도였던 곳이다. 내가 일했던 광산과 대학을 다녔던 아헨(Aachen)에서 100km정도 떨어진 곳에 본이 있어서, 본에 갈 때면 베토벤 기념관을 들렀던 기억이 있다. 베토벤은 1770년 12월 16일에 본

(Bonn)에서 태어났다. 그의 음악적 천재성은 가히 유전적이었다. 베토벤의 할아버지는 궁정악단에서 악장을 맡고 있었고, 아버지는 궁전의 테너 가수였다. 그의 아버지는 어릴 때부터 음악적 재능을 보인 베토벤에게 피아노와 바이올린을 배우게 했다. 베토벤은 여덟 살에 공연을 하고 작곡도 했으며, 열두 살에는 오르간을 자유자재로 연주했다. 1787년, 베토벤은 오스트리아 빈에 가서 모차르트의 가르침을 받았다. 모차르트도 베토벤이 세계를 놀라게 할 인재라고 인정했다.

베토벤은 인문주의 세계관의 기초로, 인류의 평등을 굳게 믿으며 정의와 자유를 추구했다. 음악으로 자유와 행복을 위한 투쟁을 하며 봉건 전제정치를 증오했다.

베토벤의 절정기는 1800년부터 시작되었다. 1800년에는 1번 교향곡과 6곡의 현악 4중주곡을 발표해서 성공을 거두면서 피아니스트뿐만 아니라 작곡가로서도 인정을 받았다. 그러나 이때부터 베토벤의 귀는 점점 들리지 않기 시작했다. 그는 청각장애에 굴복하지 않고 자신의 운명을 주도적으로 이끌어갔다. 막대한 정신적 위기에서도 1804년에는 영웅 교향곡을 작곡하며, 그 때부터 약 10년간은 베토벤 인생의 절정기였다. 5번 교향곡 “운명”, 6번 교향곡 “전원”과 피아노 협주곡 4번과 제5번 “황제”, 바이올린 협주곡 등 많은 걸작을 탄생시키며 그의 영웅시대가 되었다.

그리고 1818부터 그의 귀는 완전히 들리지 않았다. 큰 스트레스로 자제력을 상실한 베토벤은 이상한 행동을 하여 미치광이 취급을 받기도 했다. 이러한 정신적 절망 속에서도 그의 음악에 대한 열정은 식지 않아, 교향곡 9번 등 대작들을 잇달아 창작했다.

베토벤은 1827년 세상을 떠나기 직전까지도 많은 작품을 구상했을 만큼 음악에 열중했다. 강인한 정신으로 모든 시련을 극복하고 용감하게 도전하여 세계의 음악 영웅으로 남게 된 것이다.

04 독일 통일 30년과 한반도 통일 (독일 통일의 시사점과 우리의 과제)

베를린 장벽에서 가장 유명한 그래피티인 〈형제의 키스〉.
1979년 레오니트 브레즈네프 전 소련 공산당 서기장과
에리히 호네커 동독 서기장이
실제로 입맞춤하는 한 것을 형상화 했다.

❀ 독일 통일을 알자

연합군은 2차 대전 후 서베를린은 미국, 영국, 프랑스가 동베를린은 소련이 네 지역으로 나누어 지배하였다. 이때부터 동베를린은 소련이 장악했다. 각 지역의 책임자는 사령관이 했다. 소련은 1948년 6월, 서베를린으로 이어진 길을 완전히 봉쇄했

다. 생필품 조달도 봉쇄되어, 1년 동안 하늘다리인 비행기로 서베를린에 필요한 모든 물자를 공급해야 하던 시대가 있었다. 결국 1년 후 1949년 5월, 서방측의 노력으로 봉쇄가 해제되었다.

그러나 공산주의의 삶에 환멸을 느낀 동독인들은 1949년 이후부터 서독으로 망명하기 시작했고, 그 숫자는 계속 늘어났다. 1949년부터 1989년까지 약 300만 명이 서독으로 망명했다. 그러자 1961년 8월 13일, 동독 측에서 근본적으로 망명길을 차단하기 위해 1,393km의 철조망으로 장벽을 쳐서 우리나라처럼 비무장 지대를 만들어 지뢰를 묻었다.

그래도 1969년 빌리브란트 총리는 독립 국가로 인정하지 않았다. 인내를 가지고 외교적 노력으로 대화를 계속 추진했다. 결국 1972년, 양측의 협약을 통해 나라간 관계 증진을 위한 대표부가 설치됐다. 이를 계기로 동서독을 있는 통신망이 생기게 되었다.

동독이 무너지기 시작한 결정적 시기는 1989년 동독 반체제 운동이 활발하게 전개 되면서부터였다. 동독 경찰이 무력으로 시민을 진압했으나 국민들의 저항은 더 거세졌다. 1989년 한 해에만 서독 망명 허가를 받은 사람이 4만 6천여 명이었다. 이 시기를 정점으로 동독은 서서히 무너지기 시작했다. 최고 권력자 에리히 호네커마저도 외국으로 망명했다.

같은 해 9월 10일, 독일 외무부 장관과 헝가리 외무장관이 독일 본에서 망명자 문제를 협의 중이었다. 그리고 몇 시간 후 자정이 되자, 헝가리는 오스트리아 국경을 열어 망명자들이 서독으로 입국할 수 있게 문을 열어주었다. 이 사건은 동서독 통일에 매우 중요한 의미를 지닌다. 헝가리에 머물고 있는 6천여 명이 자유인으로 서독으로 입국한 것이다. 이 시기에 이미 체코 프라하와 폴란드 바르샤바 독일 대사관에도 망명 숫자는 늘어났다. 같은 시기에 동독 니콜라이교회에 민주화 운동을 위한 시민 2만 명이 모였다. 그때 군중들이 "우리는 국민이다(Wir sind Volk)"라고 구호를 외치는 모습이 전 세계 TV, 신문 등에 보도되었다. 라이프치히(Leipzig)에서도 계속 데모 숫자가 늘어났다. 동베를린에는 100만 명 이상으로 늘어났다. 국민들의 자유의 외침에 동독 정부는 항복할 수밖에 답이 없었다.

그리하여 1989년 11월 9일, 동독 국민의 자유의 외침에 베를린 장벽은 무너졌다. 그렇게 국경은 개방되었다. 무혈 혁명이 이루어진 것이다. 그리고 1990년 3월 동독 마지막 선거에서 국민들은 동독이 서독에 흡수 통일되는 것을 찬성했다. 양측이 경제, 통화, 사회 연합으로 결정했다.(김홍현, 1996, 『독일인과 한국인의 궁합』에서 발췌)

통일을 위한 노력은 여러 측면에서 진행되었다. 그 중 필자의 관심 영역은 주로 교육 분야였다. 교육적으로는 1945년 분단 이후에도 동서독 간 학생 청소년 교류, 학술교류, 공동 연구와 사전(辭典) 공동작업, DAAD(장학금) 제도적용 등이 잠재적 통일 기반의 마중물이 되기도 했다.

남북관계에서 우리가 꼭 배워야 할 분야가 하나 있다. 바로 '프라이카우프(Freikauf:자유를 사다) 동서독 정치범 자유 거래'이다. 이미 앞에서 언급한 것처럼 동서독은 분단 이후 주로 서독의 주도로 인적, 물적, 교육 등 각종 교류가 꾸준히 진행되었다.

TV 시청도 가능했고 친척 간 간행물도 보낼 수 있었다. 경제적으로 부유한 서독이 동독을 많이 도와주었다. 그 중 '프라이카우프'는 매우 독특한 사례였는데, 인간의 자유를 위해 돈을 지불해 거래를 한 것이다. 최후의 수단을 적용한 것이다. 과거 노예제도가 있던 시절, 사람을 사고파는 일이 있었지만 자유를 위해 사람을 돈으로 사고파는 거래는 현대사에서는 유일할 것이다.

얼마나 자유가 절실했으면 돈으로 사람의 자유를 사오겠는가? 일반 상식으로는 이해가 안 될 것이다. 그러나 독일은 이 제도를 적용했다. 동독의 이산가족과 정치범들, 인권 침해자들도 서독이 동독 정부에 돈을 지불하는 자유 거래를 실제로 했다. 1963년 아데나워 정부시기에 시작되어 1969년에는 더 활발하게 추진되었다. 이 기간에 약 4만여 명을 서독으로 데려오기 위하여 거래했다. 거래 총액은 약 35억 마르크(1 마르크: 한화 약 1300원)였다. 시작은 서독 교회가 했다. 이산가족 상봉(Familienzusammenfuehrung)을 위해 다양한 시도를 했다.

남북 전쟁과 이념의 이유로 남북을 갈라놓고 70년 동안 가족을 만나지 못하게 하는 우리나라의 상황과 역사와는 너무나 대조적이다. 이 문제는 국가가 반드시 책임져야 한다. 이산가족은 물론 국군 포로와 납북자 문제도 포함되어야 한다. 그들이 대부분 고령자이기 때문에 생환의 기회는 이제 마지막 시기에 도달했다. 국가는 모든 가능성을 찾아야 한다. 우리나라는 독일과는 큰 차이가 있지만, 우리나라 역시 인도적인 차원에서 이런 방법이라도 적용하는 것이 바람직하다고 생각한다. 우리나라의 경제 여건으로 국가가 정치적으로 추진하면 충분이 가능하다. 이산가족과 국군 포로와 납북자들의 문제 해결은 국가가 책임져야 한다.(손기웅, 2020,『통일 온길 갈길』에서 발췌하고 필자 의견 포함)

통일 후 헬무트 콜(Helmut Kohl)수상은 앙겔라 메르켈 물리학 박사(Angela Merkel)를 발탁하여 정치인으로 키웠다. 부친이 목사이기도 하여 정치와 기독교 정신이 무관하지 않다고 판단된다. 그의 정치 철학이 통일을 기반으로 현재 독일은 세계가 인정하는 강한 선진국의 근간이 되었다.

필자는 우리나라가 동독과 수교를 맺기 전에도 동독과 북한을 방문했다. 도로망 등 외적으로 두 나라의 산업 기반과 인프라가 비슷했다. 독일 통일 초반에는 통일에 대한 부정적인 의견이 많았지만, 통일 이후 동독은 도로와 통신 등 서독 기업의 산업 인프라로 인해 근대화 되었다. 통일 30년이 지난 지금의 독일은 시간이 갈수록 발전하는 국가로 긍정적인 평가가 우세하다. 우리는 이 꿈이 언제 이루어질 수 있을까?

❀ 김재신 교수의 "독일 통일의 시사점과 우리의 과제"에서 중요한 내용만 발췌했다.(한독 독일포럼, 창립기념회, 2020년 12월 18일 보고서, p.10-17)

독일과 한국의 통일 여건을 비교해 보자면, 독일은 통일 전부터 정치, 경제, 사회, 교육 등 꾸준한 교류가 있었다. 특히 청소년 교류 프로그램이 적극적으로 이루어졌다.

또한 독일은 2차 대전 후 지금까지 꾸준하게 양국 간의 교류 협력, 상주 대표부를 설치해 운영했으며, 동독인은 서독에 대해 동경심과 호의적 인식을 가지고 있었다. 그에 반해 우리는 6.25 전쟁, 분단의 장기화로 인해 남북 간 적대감과 경계심이 남아있다.

결국 독일은 1989년 11월 9일 베를린 장벽 붕괴와 함께 통일을 이뤘고, 이어 동독의 체제 전환이 이루어졌다. 독제 체제 종말과 함께 민주주의를 제도화하고 학교 제도 및 교육 과정을 통합했으며, 서독의 시장 경제 질서를 도입했다. 또한 과거 나치와 소련 점령군, 동독 정부에 의해 침해된 재산권에 대해 '원소유자 반환' 원칙을 만들었다.

독일은 신속하고 효율적인 정치, 행정 체제의 전환으로 동독 지역을 5개의 신연방주로 나눠 서독에 편입하는 방식으로 통일을 이뤄냈다. 또한 구 동독지역 재건을 통한 경제적 통합으로 통일 비용을 절감, 동서독 주민 간 사회적 통합으로 동독 출신 총리와 대통령이 선출됐다.

독일 통일이 우리나라에 주는 시사점은 한국도 '평화 통일'이 가능하다는 것이다. 독일도 통일 직전까지 통일을 전혀 예상하지 못했다. 통일은 갑작스럽게 오기 때문에 국력을 강화하고, 꾸준한 교류 협력 정책을 추진하여 통일을 위한 국제적 환경 조성을 해야 한다. 정치적 리더십과 국민적 열망이 통일을 이룰 수 있다.

한국의 과제는, 진전이 없어도 남·북한이 계속 협력해야 한다는 것이다. 분단이 장기화될수록 통일은 어려워진다. 국제 정세의 가변성을 고려해야 하며, 통일에 대한 인내, 확신, 용기를 가져야 한다. 다양한 인적, 물적, 사회적 교류를 통한 신뢰증진도 긴요하다. 독일은 동독의 흡수 통일이 아니고 동독인에 의해 베를린 장벽이 붕괴되어 동독 의회가 서독과 통합을 결정한 것이다. 한국도 일관성 있는 통일 정책을 추진해야 한다. 통일 문제에 관해 국민적 이해로 통일 비용과 분단 비용을 준비하고, 남북한의 꾸준한 교류와 협력 추진으로 북한 주민의 적대감 또는 불안감을 완화하는 것이 중요하다. 또한 한미동맹 강화와 중국, 러시아, 일본 등 관련국의 지원과 협력도 확보되어야 한다.

❀ 베른하르트 젤리거 박사(한스 자이델 재단 한국사무소소장)의 글 중 중요한 내용만 발췌하여 내 의견을 부분적으로 보완했다.(한독 독일포럼, 창립기념회, 2020년 12월 18일 보고서, p.33-41)

독일 통일 정책과 한국 통일 정책의 가장 큰 차이점은, 독일은 통일 전 민간 교류가 많았다는 점이다. 정치와 관계없이 편지, 소포, 전화를 통해 소통한 일반 시민들의 꾸준한 노력과 교육이 독일 통일의 잠재적 바탕이 되었다. 동독에 보내는 소포는 엄청난 효과가 있었다. 공적 차원의 물자보다 민간 차원의 물자가 3배 이상 많았다. 동독으로 보내는 선물 양도 많아서 동서독이 동독으로 보낼 전용 백화점을 만들 정도였다.

동독 지원 시스템도 제도화되었다. 서독의 한 주정부와 동독의 한 주정부 간의 '물자와 선물 보내기 운동'이 좋은 사례이다. 한국도 각 도에서 북한의 한 도 간의 결연을 맺어 남한에서 북한에 정기적으로 도와주는 것이 바람직하다.

서독인이 동독 친척들을 위해 자동차도 사서 보낼 수 있었다. 동독 교회를 위해 서독 교회에서도 많은 물적 교류와 선물을 보냈다. 한국도 물자 지원이 계속 있었지만 독일에 비하여 너무 적은 양이다. 동독에서 서독에 오는 물품은 생활필수품이 아닌 대부분 동독 지역 특산물인 수공예품과 책이었다. 특히 연말과 크리스마스 때에는 더 많은 선물을 주고 받았다.

뭐니 뭐니 해도 가장 중요한 것은 만남을 통한 신뢰 구축이다. 독일은 세계박람회 등을 통한 재계인들의 만남이 양국 간 신뢰 구축과 관계 형성에 도움이 되었다. 또 독특한 프로그램 중 하나는 '개인 여행 프로그램'이 있었다는 것이다. 서독 지도자들이 개인적으로 동독을 방문할 수 있었다. 정치인 헬무트 콜(Helmut Kohl) 수상도 자신의 일생에서 동독 방문이 가장 의미 있는 여행이었다고 했다. 우리는 한국 대통령이나 총리가 북한에서 아무런 통제 없이 자동차로 여행하는 것을 상상할 수나 있는가?

한국과 독일은 여러 면에서 차이가 크고, 지정학적으로나 이념적으로도 상이하다. 하지만 독일 통일의 과정이 우리에게 시사하는 점은 분명히 있다. 비교는 신중해야 하고, 독일의 통일 과정과 방법 등은 참고 사항일 뿐이지만, 독일 통일이 남긴 교훈을 그냥 넘겨서는 안 될 것이다.

❀ '독일을 알면 선진국이 될 수 있다'를 끝내며,

나는 독일 국민이 우리보다 더 성실하고 우월하다는 의미에서 이 글을 쓴 것이 아니다. 다만 두 나라에서 오래 살아 본 사람으로 양국을 비교하며 좋은 점과 부족한 점을 몸소 체험하였기에 보고 느낀 것을 소개 하고 싶은 것이었다. 나는 대한민국의 국민, 자연, 기후, 문화, 기술 등 모든 면을 낮게 평가하고 싶은 생각은 전혀 없다. 세계 여러 나라를 보아도 우리나라처럼 좋은 나라는 없다. 우리에게는 특히 어디와도 비교가 되지 않는 아름답고 수려한 금수강산이 있다.

또한 우리는 하이테크 산업을 이끌어가는 나라답게 정보통신도 세계에서 제일 빠르다. 독일이나 일본도 우리나라처럼 정보 통신망의 사회적 인프라가 잘 형성되어 있지 않다. 관공서든 기업이든, 필요한 서류를 즉시 전산으로 해결하는 나라는 우리밖에 없다. 공항 출입국 수속이 우리처럼 빠른 나라도, 여권이 이렇게 빨리 발급되는 나라도 없다. 도로망과 철도망이 이렇게 잘된 곳도 보기 드물다. 공중화장실과 공원에도 와이파이가 깔려 있으며 클래식 음악이 나오는 나라는 대한민국뿐이다. 전국의 해변과 섬들, 둘레길, 등산로, 자전거길, 연륙교 등을 보고 있자면 그 모습이 정말 아름답다. 6.25전쟁 후 폐허였던 나라가 지난 70년 사이에 세계 경제, 통신, 전자, 철강, 자동차, 조선업, 지하철, 항공, 코로나 극복, 방위산업 등에서 일등 국가가 되었다.

무엇보다 한글이 다른 어떤 언어보다도 배우기 쉽고 과학적이어서, 고유 언어가 없는 나라에서는 한글을 사용하고 있다. 세계 많은 나라 대학에는 한글학과가 개설되었다. 방탄소년단이 전 세계의 10대, 20대에게 압도적인 인기를 얻으면서 세계 여러 나라 청소년들이 한글을 배우고 있다.

한국인의 근면성, 기술력, 사고력, 상상력은 세계 최고이다. 한국 여성 골프선수들은 세계 골프대회에서 상을 휩쓸고 있다.

우리나라 교육 제도는 국내에서는 부정적으로 평가하고 있지만 세계가 부러워하는 제도이다. 한국 경제 발전의 원동력을 교육의 결과로 보는 나라가 많다.

2021년의 한국은 1960년대의 한국이 아니다. 우리는 이제 개울의 피라미가 아니라 태평양의 고래가 되었다. 세계 어디를 가든 한국이라는 나라를 알고 한국인을 알아주는 시대가 왔다. 이 얼마나 흐뭇하고 감격스러운가? 다른 나라가 100년 이상 걸렸던 경제성장을 우리는 50년 사이에 압축 성장 했다.

나는 이제, 내가 한국인이라는 것과 한국에 태어났음이 매우 자랑스럽다.

| 우리나라에서 내가 이룬 최초의 업적들 |

선구자

작사: 윤해영
작곡: 조두남

일송정 푸른 솔은 늙어늙어 갔어도
한 줄기 해란강은 천 년 두고 흐른다
지난 날 강가에서 말 달리던 선구자
지금은 어느 곳에 거친 꿈이 깊었나
.
.
(중략)
.

나는 평생 도전정신을 가지고 개척자, 선구자, 창조자가 되기 위해 살아왔고, 지금도 여전히 그렇게 살고 있다. 가곡 〈선구자〉는 평생 나의 삶의 방향이 되어준 노래이다.

여기 소개된 내용은 독일 Aachen사범대학에서 평생교육과 청소년교육학 박사학위 취득 후인 1979년부터 필자의 순수한 아이디어에 의하여 우리나라에 최초로 추진된 한국교육학 영역의 연구, 연구보고서와 저서이다.

분야별 구분
• :보고서와 저서명
* :내용 설명

1. 정부의 정책과 관련된 최초의 보고서와 저서

• 『학제발전의 방향모색』, 문교부, 1981
• 『세계국가의 학교제도』, 문교부, 1982
• 『개방대학에 관한 연구』, 1983
• 『사회교육 및 청소년프로그램편람』, 1988

* 『학제발전의 방향모색』: 국가가 교육제도를 개혁하고자 교육부 내에 1981년에 장관 직속 자문위원을 구성하였다. 나도 자문위원의 한 사람으로 전북대학교에 임용된 지 1년 만에 교육부로 파견되었다. 교육 선진 국가들의 학제를 연구하기 위해, 자료 수집 차 교육 선진국 여러 나라에 출장을 다녀온 후 수집된 자료를 분석한 연구결과 보고서를 냈다.

* 개방대학: 한국에서는 최초로 평생교육학을 전공하여 박사학위를 받았다. 교육부는 나를 통해 대학 평생교육을 도입하

는 연구를 착수했다. 취지는 누구나, 언제, 어디서나 대학을 다닐 수 있는 고등 교육 기관을 만들고자 함에 있었다. 필자가 연구 책임자가 되어 영국, 독일, 미국, 호주 5개국으로 출장을 가서 개방 대학 제도 자료를 수집하였다.

이 연구 결과로 전국 '산업대학'을 개편하여 '개방대학'으로 교명을 바꾸었다. 서울, 대전, 군산, 광주, 부산의 5개 도시에 개방대학이 설립되었다. 몇 년 후 학생들이 대학 이름이 안 좋다고 하여 각 지역의 개방대학들이 4년제 대학으로 승격하면서 교명도 바꾸었다. '서울산업기술대학'과 '광주대학'이 그 사례가 되겠다.

*『사회교육 및 청소년프로그램 편람』: 우리나라에서는 1981년부터 본격적으로 사회교육과 청소년교육과 운동이 법적, 제도적으로 시작되었다. 국무총리실의 연구 의뢰로 2년간 전국에 있는 두 분야의 시설을 방문 조사하여 한국 사회교육과 청소년교육 프로그램 연구결과와 편람이 발간되었다.

2. 연구기관

- 평생교육연구소: 전북대학교 부설 국립 평생교육연구소, 1980년 설립
- 한국청소년연맹 부설 청소년 연구소 창설과 운영, 1982
- 한국유스호스텔 운동의 활성화 연구와 운동 전개, 1983

* 평생교육연구소: 정부에서 푀겔러 지도교수를 여러 차례 한국으로 초청했다. 푀겔러 교수를 통해 한국 사회교육법 제정과 대학 내 부설연구소 설립에 관한 자문을 받았다. 한국에 최초로 대학 부설 국립 평생교육 연구소를 전북대학교에 설립하였다.

* 한국청소년연맹: 한국 학교청소년 운동을 활발하게 하기 위하여 기존 청소년 단체와는 차별성을 두어, 국가관과 애국관을 함양하기 위한 정부 차원의 청소년 단체의 필요성이 강조되었다.

대통령과 교육부 장관의 지시가 청소년분야 전공자인 필자에게 내려졌다. 독일의 청소년 운동이 모범적이었기에 국내 도입을 구상했다. 지도교수 역시 세계적인 청소년 운동가였기 때문에 도움이 되었다. 독일 자료를 분석한 후 지도교수의 한국 방문을 계기로 자문을 받아서 '한국청소년연맹'을 창설하였다. 전국 초 · 중 · 고 · 대학교를 중심으로 발대식이 이루어졌다. 당시 초대 총재는 전 총무처장관을 지낸 김용휴가 임명되었다. 그는

나를 친형제처럼 아껴서 전국 모든 학교 발대식에 동행하도록 했다. 그리고 이 단체에 부설 청소년 연구소를 만들어 연구원 18명을 둔, 한국에서는 최초의 '청소년 연구소'가 창설되었다. 이 연구소가 훗날 '청소년 연구원', '한국청소년개발원', 그리고 현 '한국청소년정책개발원'으로 발전했다. 현재 직원은 140여 명으로, 국가수준의 청소년 연구원이 한국청소년을 연구하고 있다. 이 기관의 연구원장도 역임했다.

* 유스호스텔: 유스호스텔(Jugendherberg=Youth Hostel)은 1차 세계 대전 후 1900년 초 독일에서 한 지리 교사에 의해 만들어졌다. 지금은 유럽뿐 아니라 전 세계 53개 국가에 유스호스텔이 있다. 나의 지도교수가 전 세계 유스호스텔 총재직을 수십 년 수행했고, 방학 때마다 필자를 유럽 여러 나라 유스호스텔에 데리고 다녔다. 또한 개인적으로도 관심이 있어서 유럽의 여러 유스호스텔을 방문하고 연구를 추진해 왔다.

유스호스텔은 어느 나라든지 풍광이 좋은 곳에 위치해 있다. 유스호스텔은 다른 숙박시설에 비해 상대적으로 저렴하게 숙박할 수 있으며 테마가 있는 특별한 시설도 있다. 예를 들면 승마를 할 수 있는 유스호스텔이 있다. 나는 지도교수이자 유스호스텔 총재인 푀겔러 교수를 한국에 초청해, 한국 유스호스텔 관계자들을 대상으로 특강도 열었다. 또한 한국 유스호스텔 운동의 확장과 이론 정리에 기여했다.

3. 청소년 기본법, 청소년학과, 청소년학회, 교복과 두발 자율화 도입

- 청소년 기본법 제정, 1983
- 청소년교육, 방송통신대학, 1991
- 청소년학과와 학회 창설, 1993
- 우리나라에 최초로 교복과 두발 자율화를 도입, 주장, 1980년대 초

* 청소년 기본법 제정, 청소년학과와 학회 창설: 지도교수를 한국에 초청해 자문을 받고, 독일 청소년 기본법을 참고하여 국가 수준의 청소년 기본법을 제정했다. 이를 근거로 우리나라에 최초로 청소년 관련 학과를 대학에 개설하는데 아이디어를 주어 M 대학에 학과가 창설되었다. 그 후로 4년제 대학은 물론 2년제 대학까지 전공학과가 신설되었다. 학부뿐 아니라 많은 대학의 대학원 과정에도 청소년학과가 신설되었다. 당시에는 청소년 학자가 필자 혼자였지만, 지금은 많은 대학에 청소년학과 교수가 임용되어 있다. 그리고 이어서 청소년 학에 관심이 있는 교수들이 모여 청소년 학회를 최초로 조직하여 출범했다. 학회 창설 후 필자가 직접 학회 기금을 마련했다. 당시 체육청소년부를 통해 체육 진흥 기금에서 확보했다. 지금도 학회 사무실은 물론 재정 구조가 어느 학회보다도 단단하다.

* 청소년교육 책 발간: 우리나라에서 청소년교육과 관련된

첫 강좌가 개설되어 한국방송통신대학교에서 시작되었다. 필자는 우리나라에서 최초로 청소년교육 책을 써서 교재로 발간했다. 수강생은 적게는 수천에서 수만 명이었다.

* 교복과 두발 자율화 도입: 필자는 1980년대 초, 우리나라에 최초로 교복과 두발 자율화를 도입하고 주장했다. 1980년 1월, 당시 문교부 장관은 교복의 색상과 디자인을 학교장 재량에 맡긴다는 지침을 냈다. 이후 1982년 1월, 문교부가 발표한 교복 자율화 조치에 따라 신학기부터 시범 실시된 후 다음해인 1983년에 신입생부터 중 · 고교 자유복 등교가 전면 시행됐다. 그러나 반발도 심했었기에, 결국 학교장 재량에 따라 교복과 자유복을 선택하게 되었다.

또한 1980년대 디스코 춤이 유행하던 시기에 필자는 청소년들을 위해 '청소년을 위한 디스코장'을 도입했다. 춤은 가장 짧은 시간 내에 스트레스를 풀 수 있는 하나의 방법이기에 필자는 학교 폭력과 학생들의 입시 스트레스를 해소하기 위해 교내 디스코장 운영을 제안했다. 서울시 일부 학교에서는 실제로 학생들이 여가시간에 디스코장을 이용하기도 했다. 한 사례로 한 학교에서 대형 체육관을 빌려, 전체 학생들이 모여 디스코 춤을 춘 적도 있다.

내가 일했던 한국교원대학교에서는 대학설립 초창기에 1학년 학생만 있을 당시, 학생들에게 디스코 파티를 열어주었다. 고등학교를 갓 졸업하고 부모형제를 떠나 기숙사 생활을 하는 외로움과 스트레스를 풀어주려는 목적이었다. 한국교원대 학생들과 공군사관학교 학생들을 대상으로 교원대학교 식당에 디스코장을 설치해 매달 한두 번씩 파티를 열었다. 여기서 파트너로 만나 부부의 연을 맺고 지금까지 행복하게 살고 있는 제자도 있다. 학생들의 건전한 교제와 스트레스 해소에 좋은 방법이었다. 그러나 디스코장 프로그램 역시 비난도 있었기에 결국 활성화되지 못했다.

4. 국가 수준의 백서, 학원연합회 50년사와 파독 광부 백서

- 『청소년백서』, 1983
- 『평생교육백서』, 교육부, 1997
- 『학원연합회 50년사』, 1995
- 『파독 광부백서』, 2009

* 『청소년백서』: 우리나라에 청소년백서가 없었다. 나는 독일에서 청소년 학을 공부할 때부터 독일 청소년백서와 관련된 모든 자료를 수집하여 귀국했다. 독일 청소년백서를 참조해 우리나라 청소년백서를 만들고 싶었다. 당시 체육청소년부 청소년 정책 실장과 협의해 집필하기로 확정이 되었고, 정부 예산에 반영되어 대학원 제자와 둘이서 1년 동안 집필하여 발간했다. 그 이후 지금까지 청소년백서가 발간되고 있다.

* 『평생교육백서』: 평생교육백서도 청소년백서와 유사한 추

진 과정을 거쳐서 발간했다. 청소년백서는 당시 체육청소년부에서 발간되었고 평생교육백서는 교육부에서 발간되었다.

* 『학원연합회 50년사』: 한국 학원 역사를 처음으로 총정리한 자료사를 발간하였다.

* 『파독 광부백서』: 왜 우리가 독일 광부로 가야만 했는지, 양국 간의 노동 협약과 노동 조건, 선발 절차, 지원 현황, 1963년부터 1977년까지의 광부 명단과 작업 조건 등을 총망라한 백서를 최초로 집필하여 발간하였다. 한국파독 광부 협회 조직 2006년~2009년까지의 모든 과정도 포함했다. 집필 시작에서 출간까지는 약 3년이 소요되었다.

5. 평생교육 관련서적

- 『평생교육과 사회교육』, 배영사, 1982
- 『국가발전과 사회교육』, 배영사, 1983
- 『평생교육의 원리』, 정민사, 1984
- 『사회교육행정』, 교육과학사, 1990
- 『평생교육과 청소년교육』, 평생교육기구, 1991
- 『국가발전을 위한 사회교육』, 배영사, 1991
- 『평생교육의 이론과 실제』, 1991
- 『청소년과 교육병리』, 양서원, 1992

* 평생교육개론서: 한국교육학 분야에서 평생교육 전공자가 전무했기 때문에 전문 서적도 없었다. 우리나라에서 최초로 평생교육개론서와 이론과 실제를 출간하였다. 그리므로 평생교육과 관련된 서적은 국내에서는 필자가 가장 많이 집필하여 책으로 출간했다.

6. 청소년 관련 서적

- 『청소년의 생활양식-학생용, 교사용, 부모용-』, 삼성복지재단, 1994
- 청소년정책 개발원에서 『청소년 교육총서』 10권 개발, 2004-2010
- 『학교가 학생을 환자로 만드는가?』, 교보, 1993
- 『청소년세계의 이해』, 교보, 1992
- 『청소년 교육 개론』, 교육과학사, 1995
- 『내일에 사는 아이 어제에 사는 어른』, 1998
- 『청소년 학 총론』, 양서원, 1996
- 『청소년에게 꿈과 희망』, 교육과학사, 2007
- 『미래를 무르는 희망의 노래』, 이채, 2011
- 『청소년을 위한 삶의 지혜』, 이채, 2012
- 『청소년 학 용어집』, 한국청소년개발원, 2004

* 『청소년의 생활양식-학생용, 교사용, 부모용-』: 이 책은 삼성복지재단의 연구 용역으로 진행되었다. 많은 예산을 들여

청소년 생활 양식에 관한 방대한 연구를 진행했다. 그 연구 결과인 책을 학생용, 교사용, 부모용으로 발간하여 전국 학교와 사회에 보급하였다.

* 청소년교육과 청소년 이해 개론서: 한국 학문 분야에서 청소년교육 전공자가 전무했기 때문에 전문 서적도 없었다. 우리나라에서 최초로 청소년교육 개론서와 이론과 실제를 출간하였다. 또한 청소년교육과 관련된 서적 역시 필자가 가장 많이 집필하여 출간했다. 위에 소개된 책 외에도 많은 청소년 관련 서적이 있으나 지면 관계로 생략한다.

*『청소년 학 용어집』: 사전적인 의미가 있다. 특히 사전적인 용어집을 만든다는 것은 여간 어려운 일이 아니었다. 이를 기획하여 용어집을 완성했다. 지금은 어느 누구도, 어떤 기관도 더 만들지 않고 있다.

7. 기타 서적과 강의 활동

- 독일에 최초로 한글학교를 2개교 창설하여 한글과 역사 교재 개발, 1970
- 전국 학교 학생대상, 청소년, 공무원, 군인, 경찰, 부모, 기업인등을 대상으로 1000여회 이상 특강, 1980년~현재까지
- 한국적 탈무드『손거울』, 한국정신문화원, 1982
- 『전화상담의 이론과 실제』, 사랑의 전화, 1984

- 한국교원대학교 활동: 연수원 교재, '큰 스승의 길' 조각, 환경 조성 등, 1984-2006
- 계몽아동연구소와 『가정교육』 시리즈 10권 출간, 1986-1990
- 『동유럽의 교육제도』, 배영사, 1990
- 『초등학교 특별 단체 활동 교사용지도서』, 교육부, 1995
- 『폭력은 싫어요』, 한국청소년폭력예방재단, 1996
- 『부모교육의 이론과 실제』, 교육과학사, 2007
- 『막장에서 피어난 꿈』, 교육과학사, 2007
- 『초임교사의 학급경영의 길라잡이』, 교육과학사, 2011
- 『막장광부 교수가 되다』, 이채 2012
- 『독일에서 흘린 눈물』, 이채, 2013
- 파독협회: 파독 근로자 박물관 유물을 독일 정부를 통해 수령 후 파독근로자기념관, 대한민국역사박물관, 남해독일마을 등에 유물을 전시하는데 기여, 2006-2013

- 『나눔 교육과 봉사가 인생을 바꾼다』, 교육과학사, 2015
- 『인연 백세 백인』, 이채, 2017
- 교육 포럼과 재능 기부활동, 2019-2020
- 『아프리카 킬리만자로 설렘과 마음의 길』, 교육과학사, 2019

* 독일에 한글학교 2개교 창설: 석사 학위를 취득하고 초등학교 교사의 꿈이 이루어졌다. 독일 학생을 가르치는 것도 좋지만 독일에서 살고 있는 한국인 2세들을 교육해야겠다는 의무감이 들었다. 독일에 최초로 한글학교를 2개교 창설하고, 우리말과

우리 역사를 가르쳤다. 주말마다 독일 학교를 빌려서 운영했다.

* 전국에서 1000여회 이상 특강: 전국적으로 모든 사람을 대상으로 한 강의를 많이 했지만, 특히 충북 전 시군을 대상으로 한 부모교육과 청소년 교육은 내 일생에 잊을 수 없는 업적이며 추억이다. 이 외에 국내의 다양한 교육기관에서 특강을 했으며, 특히 청소년 시설에서 청소년 이해에 대한 강의도 많이 했다.

* 한국적 탈무드 『손거울』: 한국에는 탈무드와 유사한 책이 없다는 것을 인식하고 서울대학교 유안진 교수, 연세대학교 김인회 교수와 공동으로 '손거울'이라는 책을 개발했다.

*『전화상담의 이론과 실제』: '사랑의 전화' 자문 교수로 일하면서 전화 상담의 이론과 실제 책을 발간했다.

* 한국교원대학교: 필자가 몸담았던 대학에 대한 이야기가 많지만 한 가지 언급한다. 나는 당시 한국교원대학교에서 이루어지고 있던 '교장 자격 연수' 교육과정을 완전히 혁신했다. 교재 개발부터 연수 과정에 독일의 모델을 부분적으로 도입하여 새로운 교재와 과정으로 진행했다. 독일처럼 이론과 실제가 평행하는 교육으로, 이론은 대학에서 실제는 기업체에서 하는 프로그램이었다. 물론 해외 연수 코스도 도입했다. 외국인 교사 초빙도 처음 시작했다. 그리고 가장 보람 있는 업적은 연수원 건물을 새로 지어서, 잠자는 시간을 제외하고는 헌신적으로 연수원의 실내외 환경 조성에 힘썼다. 특히 필자가 기획한 '큰 스

승의 길' 과 '가족의 의미' 조각은 한국 교육사에 영원이 남을 것이다. 당시 같이 일했던 연구원 직원들과 연수생들에게 이 자리를 빌려 깊은 감사 인사를 드린다.

필자가 직접 기획하여 한국교원대학교에 세운 '큰 스승의 길' 조각

* 계몽아동연구소와 『가정교육』 시리즈 10권 집필: 국가 수준의 교육 연구소로는 한국교육개발원이 있다. '계몽아동연구소(현 계몽사)'는 민간 연구소로 출범하여 세계적인 교육 연구소로 발전하고자 했다. 그러나 안타깝게도 회사 사정에 의하여 출범 10년 후 문을 닫았다. 필자는 이 연구소에서 소장으로 직원 10여 명과 함께 연구와 교재개발, 국제 세미나도 개최했다. 특히 부모용 가정교육 시리즈로 작은 책자를 10권 개발하여 전국 모든 학교와 부모들에게 무상으로 보급했다. 전 세계 방문을 통해 부모교육 책을 수집, 분석하여 집필하였다.

* 『동유럽의 교육제도』: 필자는 (故)정주영 회장과 가까이 지낼 기회가 있었다. 정주영 회장은 필자가 어려운 환경에서 독일

박사학위까지 취득한 데 대하여 높이 평가하며 서울의 집과 울산 영빈관에도 초대했다. 또한 북한 방문 때 동행해 북한 어린이들과 사진도 찍고, 여러 교육기관을 함께 방문했다.

회장은 특히 공산 국가 교육제도에 관심이 많았다. 당시 우리나라와 국교 수립도 안 된 공산 국가들의 교육제도 연구를 위해 연구비를 지원해 주었다. 동독, 폴란드, 헝가리, 체코 등을 방문하여 자료를 수집했다. 국교가 수립 안 된 나라들이고 공산 국가이며 북한 외교관들이 있어 신분 보장이 안 되는 시기였다. 생사를 좌우하는 출장이었다. 국가정보기관과 모든 사람들이 위험하다고 말리는데도 불구하고 나는 교육에 대한 열정으로 모험을 강행했다. 40일 간 삶과 죽음의 갈림길이 교차하는 연구 출장이었다. 각 나라들마다 정보원의 미행이 계속됐다. 귀국 후 몇 달 간 정신적 트라우마가 있었다. 이러한 과정을 거쳐서 연구하고 발간한 독특한 책이 '동유럽의 교육제도'이다.

* 『폭력은 싫어요』: 학교 폭력으로 학생 자살과 왕따로 학교가 큰 혼란에 빠져 있을 때 한 지인이 "청소년 폭력 예방 재단"을 사재를 출연하여 창설하였다. 이 재단에 초창기부터 참여할 기회가 있었다. 그리고 학교 폭력에 대한 책자를 최초로 집필하여 발간했다. 이 재단은 학교 폭력 예방에 가장 많은 업적을 남겼다. 그래서 나는 이사장을 진심으로 존경하고 있다.

* 파독협회 결성: 필자는 독일 광산에서 일할 때부터 '왜 우리가 독일 광부 노동자로 일해야만 했던가'에 대한 스토리를 정

리하고자 수년 간 꾸준히 자료를 모았다. 글도 쓰고 사진도 모으고 유물들도 모아서 훗날 '파독 광부 간호사 박물관'을 만들려는 꿈을 가지고 있었다. 이 기념관을 후세들의 교육장으로 남기고 싶었다. 그 꿈이 2013년, 정부 지원으로 예산이 확보되어 이루어졌다. 전 세계 여러 나라에 살고 있는 독일 광부와 간호사 출신들에게 편지를 써서 유물을 수집하며, 동시에 독일 정부 측에 도움을 요청하여 광산 유물을 받아 '파독근로자기념관', '대한민국역사박물관', '남해 독일마을'에 각각 나누어 전시했다. 각 박물관에 기증한 유물도 필자의 것이 가장 많다. 영화 '국제시장'에도 나의 인터뷰와 내 저서 『막장광부 교수가 되다』가 영화 제작에 도움을 주었다.

* 『나눔교육과 봉사가 인생을 바꾼다』: 2013년, 국제 후원 단체 일을 시작하며 봉사와 후원에 대한 공부를 하고 싶었다. 자료를 찾아보았으나 각 후원 단체를 소개하는 보고서는 더러 있었으나 책으로 된 이론서가 없었다. 학생들의 봉사와 베풂이 인성교육에 매우 중요한 덕목임에도 불구하고 봉사와 나눔에 관한 책이 없다는 것에 아쉬움을 느껴 약 2년 동안 국내외 자료를 수집하여 책을 집필해서 발간했다.

* 교육 포럼과 재능 기부 활동: 필자는 계획한 것이 있으면 꼭 목적 달성까지 추진한다. 후원단체(ADRF) 일을 하기 전부터 '교육 포럼'과 '재능 기부 교육운동'을 하고 싶었다. ADRF에 몸담은 후 홍보대사에 뜻이 있는 사람들을 홍보대사로 위촉했다.

이들 가운데는 각계각층의 대표도 있고, 직업, 남녀노소, 전공 분야도 다양했다. 필자는 이들을 자연스럽게 조직해서 교육 포럼을 시작했다. 교육 포럼은 활발하게 이루어지다가 코로나19 바이러스 이후 중단되었다. 코로나가 지나면 다시 운영할 예정이다. 이 구성원들과 함께 '재능 기부 강사뱅크'를 구성하여 전국 도서 벽지 학교에 강사들을 보내 소외된 학생들에게 지식과 정보를 제공하고자 했다. 우선 필자가 먼저 섬에 있는 초 · 중 · 고등학생들을 대상으로 시작했다. 이어서 전남, 서울, 경기, 강원도에도 재능 기부를 했다. 반응이 아주 좋았다. 하지만 역시 아쉽게도 코로나 관계로 일시 중단되었다.

*『아프리카 킬리만자로 설렘과 마음의 길』: 우리 단체를 후원하는 구성원 중에 산행을 좋아하는 사람들이 있었다. 2018년, 우리는 ADRF 희망교실이 있는 탄자니아 학교에 방문해 학생들에게 후원도 하고 이 기회에 아프리카 킬리만자로 등산을 하는 프로그램을 계획했다. 필자는 나이도 많고 체력도 젊은이들과 달라서 처음에는 포기했다가, 여러 구성원들의 설득과 부인의 도움으로 함께 했다. 책 앞부분에 자세하게 소개한 바와 같이, 아프리카에 가서 견딜 수 없는 고생을 많이 했다.

필자는 항상 어떤 곳을 여행을 하든지 다녀오면 기록을 남기려고 한다. 이 여행에서도 매일 일기를 썼다. 그리고 귀국 후 검색을 해보니까 킬리만자로에 대한 소개 책자가 우리나라에 아직 없었다. 같이 갔던 일행들과 상의하여, 각자 체험담을 써서 원고를 모았고 일 년 동안 준비하여 책을 발간했다.

| 맺는말 |

'코로나19' 바이러스 전염병의 유행에다 81세 고령이라서, 작년 초부터는 현역 봉사기관의 이사장 직무도 제대로 수행하지 못하고 거의 대부분의 시간을 집에서만 머물러야 하는 생활 패턴으로 지냈다. 답답하고 우울했다. 그러나 나에게는 어떠한 어려움도 이겨낼 수 있다는 자신감이 있었다. 왜냐하면 아무리 어려운 환경이라 할지라도 지하 땅속 1천여 미터 깊이의 섭씨 35도의 탄광보다는 좋은 환경이기 때문이다. 나는 평생 자기주도적인 삶을 살았다. 가정의 생활 리듬과 직장과 사회 생활도 그렇게 했다.

나는 매일 아침 일어나면 숨을 쉴 수 있음에 하느님께 감사한다. 그리고 "오늘이 나의 생명의 마지막일 수도 있다."라고 다짐하며 하루 일과를 시작한다.

코로나 사태 이후, 나는 '코로나 시간표'를 짜서 실천하고 있다. 그리고 변함없이 매일 규칙적으로 실천하려고 노력한다. 나는 약속을 잘 지키는 사람이기에 나와의 약속 역시 철저히 지킨다. '팬데믹' 사회에 집에 머물 수밖에 없는 시간을 나는 오히려 이 책을 쓰는 시간으로 잘 활용했다. 코로나가 준 선물이다.

그동안 많은 책을 썼지만 대부분은 전공서적들이었다. 그런데 작가도 아닌 나에게, 나를 총정리 하는 '자서전'이라는 단어가 내 마음을 또 유혹했다. "나는 누구이고 어떻게 살아왔는가?", "어떻게 살 것이고 무엇이 의미 있는 삶인가?"에 대한 해

답을 얻고 싶었다. 글을 잘 쓰는 것보다 나의 삶 자체를 표현하고 싶었고, 경험과 진실을 토대로 나만의 독특한 인생 여정을 총정리해보고 싶었다. 내 이야기가 가장 소중한 것이다. 그것이 바로 나 자신의 삶의 여정이자 나의 참모습과 삶을 꾸밈없이 표현한 것이기 때문이다. 그래서 나만의 고유한 이야기를 쓴다는 것이 큰 의미가 있었다.

이 책은 지금까지 나온 어느 책보다도 많은 열정을 쏟았다. 특히 가장 어려웠던 점은 눈도 어두운 상태에서 컴퓨터 자판에 앉아서 나의 81년의 인생 이야기를 한 자 한 자 정리하는 과정이었다. 하지만 인내력을 가지고 수련하는 마음으로 집필을 하여 탈고를 하고나니 마음이 홀가분하고 행복하다.

내 생애는 독일에 가기 전 24년, 독일에서의 생활 16년, 고국에 돌아온 후 대학 강단에서 27년, 정년퇴임 후 15년의 삶을 살아왔다. 그동안 진화해 온 나의 전체 삶을 회고해 볼 때 나는 참으로 굴곡이 많고 어려운 인생임에도 불구하고 갖은 역경을 잘 이겨냈다. 열심히 살았다. 지나고 보니 모든게 기적 같고 신기한 삶의 여정이었다. 죽을 고비도 여러 차례 있었지만 하느님께서 나를 지켜주셨다.

'흙 수저'가 '금 수저'로 되기까지 가족과, 이 세상에서 참으로 좋고 고마운 많은 사람들의 도움들로 이 자리까지 왔다. 81세가 되어서 '삶과 교육'이 무엇인지를 알게 되어서 이 기록을 남긴다. 이 자리를 빌어서 모든 분들께 감사드리며, 그 보답으로 앞으로도 생을 봉사하는 삶을 살고 싶다.

아래는 박목월의 시를 가곡으로 만든 '이별의 노래'이다. 내 나이 81세, 이제는 내 인생에서도 해가 지고 있는 나이이다. 나는 요즘 들어 이 노래를 예전보다 자주 듣고, 부르면서 내 생활과 마음을 정리하고 있다. 내 평생의 삶이 누군가에게는 태양처럼 따뜻했기를 바라며, 이별의 노래를 마지막으로 소개하며 책을 끝맺는다.

이별의 노래

작시: 박목월
작곡: 김성태

기러기 울어 예는 하늘 구만리
바람이 싸늘 불어 가을은 깊었네
아아, 너도 가고 나도 가야지
한낮이 끝나면 밤이 오듯이
우리의 사랑도 저물었네
아아, 너도 가고 나도 가야지
산촌에 눈이 쌓인 어느 날 밤에
촛불을 밝혀두고 홀로 울리라
아아, 너도 가고 나도 가야지

| 참고문헌 |

권이종 외: 아프리카 킬리만자로, 설렘과 마음의 길, 교육과학사, 2019

권이종, 선종복, 이두수: 나눔교육과 봉사가 세상을 바꾼다, 교육과학사, 2017

권이종: 교수가 된 독일 광부 권이종의 인연 백세백인, 이채, 2017

권이종: 막장광부 교수가 되다, 이채, 2013

김홍현: 독일인과 한국인의 궁합, 움직이는 책, 1996

독일 통일 30년과 한반도 통일을 위한 한.협력, 한독평화협력 연구원, 2020

백영훈: 대한민국 그 위대한 힘, 연암프레스, 2009,

서울대학교독일학연구소, 시인과 사상가의 나라 "독일 이야기"(1), 2007

손기웅 외: 동서독 접경 1,393km, 그뤼네스 반트를 종주하다-30년 독일통일의 순례, 도서출판너나드리, 2020

손기웅: 통일, 온 길 갈 길, 오버풀로우, 2020

양도원: 한국인을 위한 독일어, 아바벨출판사, 2020

이동준: 언더 더 베를린 : 언더문화와 바람난 이동준의 이상한 유학 일기, 노브16, 2006

이효석: 나의 아름다운 인연, 이효석의 생애와 추억, 2001

임혜지: 고등어를 금하노라, 푸른숲, 2009

임혜지: 우리는 지금 독일로 간다, 아이생각, 2016

장미영, 최명원: 독일-내면의 여백이 아름다운나라, 리수, 2006

Germany 독일, 여행 포켓북, Vol.2

재독한국문학, 글봄, 2012년 제 6호

정찬용: 치즈와 된장찌개, 사회평론, 2000

최연혜: 벤츠, 베토벤, 분데스리가, 유아이북스, 2013

하버드공개수업 인생론 특강, 하버드공개수업연구회지음, 김경숙 옮김, 프롬북스, 2020

한국교육개발원, 독일의 교육제도, 년도 없음

황보수자외: 독일로 간 청춘, 뭉클스토리, 2016

권이종,「나눔 문화, 생활 속에 뿌리내리게 하자.」,『문화일보』, 2017. 12. 20., http://www.munhwa.com/news/view.html?-no=2017122001033711000002

이경태,「'한강의 기적의 씨앗' 파독근로자 기념관 개관」,『연합뉴스TV』,2013. 05. 30., https://news.naver.com/main/read.nhn?-mode=LSD&mid=sec&sid1=102&oid=422&aid=0000012583

서명곤,「파독근로자기념관 개관」,『연합뉴스』, 2013. 05. 21., https://news.naver.com/main/read.nhn?mode=LSD&mid=sec&sid1=102&oid=001&aid=0006270601

고미혜,「파독 광부 전시관 개관 준비하는 김태우 회장」,『연합뉴스』, 2012. 11. 18., https://news.naver.com/main/read.nhn?-mode=LSD&mid=sec&sid1=101&oid=001&aid=0005939856

고미혜, 「권이종 파독근로자기념관 관장」, 『연합뉴스』, 2013. 04. 30., https://news.naver.com/main/read.nhn?oid=001&aid=0006232669

이종현, 「[포토]파독 눈물의 역사를 담은, '파독기념관'개관」, 『뉴데일리』, 2013. 05. 22., http://www.newdaily.co.kr/site/data/html/2013/05/22/2013052200089.html

인터뷰 영상,「파독 51주년, 감사편지 보낸 박근혜 대통령」, 『YTN』, 2014. 12. 26., https://www.ytn.co.kr/_ln/0101_201412262001306344

강성철, 「'근대화 기여' 파독 광부 · 간호사 지원법 추진」, 『연합뉴스』, 2015. 02. 26., https://www.yna.co.kr/view/PYH20150226060300371?input=1196m

국제시장 포스터 사진, 네이버영화

아프리카아시아난민교육후원회, https://adrf.or.kr/

<별첨>

1. 저서

번호	발간 시기	저서명
1	1981. 12	학제발전의 방향모색, 학제발전연구보고서, 문교부
2	1982. 3	세계국가의 학교제도, 학제발전 연구위원회, 문교부
3	1982. 3	학제발전의 방향모색, 제1차 학제발전시안연구, 발전연구보고서3, 문교부 학제발전연구위원회
4	1982. 12	시설학원과 사회교육, 사단법인 한국 학원 총연합회
5	1982. 12	학회의 구조.기능.운영연구, 문교부학제발전 연구위원회
6	1982. 12	제2차 학제발전 시안연구, 문교부 학제발전연구회
7	1982	평생교육과 사회교육, 배영사
8	1982	교육제도의 이념과 현실, 교육과학사
9	1983	국가발전과 사회교육, 배영사
10	1983	개방대학, 정민사
11	1984	사회교육과 청소년 지도, 배영사
12	1984	전화상담의 이론과 실제. 사랑의 전화
13	1984	평생교육원리, 정민사
14	1984	가정교육은 이렇게 합시다, 계몽사
15	1985.10	유럽주요국의 教育制度, 배영사
16	1985	청소년 지도의 실제, 배영사
17	1986. 3	권이종 외 공저 「교육학 개론」(서울: 정민사)
18	1986	교육사회학, 배영사
19	1986	현대의 사회교육, 한국교육학회 사회교육학연구회, 정민사
20	1986-1990	가정교육 시리즈 10권, 계몽사
21	1988	사회교육 및 청소년 프로그램 편람, 교육과학사

22	1988	사회교육방법론, 한국교육학회.사회교육연구회 편, 형설출판사 pp.216-253
23	1988. 12	오늘의 부모 무엇이 문제인가? 계몽사
24	1989	자녀 지도 어떻게 해야하나, 계몽사
25	1989	청소년 문화와 정책, 배영사
26	1990	맴도는 아이 방황하는 부모, 웅진출판사
27	1990	한국아동의 생활양식, 계몽사
28	1990	동유럽의 교육제도, 서울 : 배영사
29	1990	사회교육개론, 서울 : 교육과학사
30	1991	청소년 세계의 이해, 교보문고
31	1991	청소년의 두 얼굴, 중앙진흥교육연구소
32	1991	청소년 교육, 방송통신대학교
33	1991	평생교육과 청소년 교육, 평생교육기구
34	1991. 9	국가 발전을 위한 사회교육, 서울 : 배영사
35	1992	청소년과 교육병리, 양서원
36	1992	청소년 유해환경 개선대책, 체육청소년부
37	1992	청소년의 이해, 체육청소년부
38	1992. 11	청소년 문화의 이해와 육성방안, 걸스카우트
39	1993	학교가 환자를 만드는가, 교보문고
40	1994	10대 청소년의 생활세계, 삼성복지재단
41	1995	초등학교 특별, 단체활동 교사용 지도서, 교육부
42	1996	청소년학 개론, 교육과학사
43	1996. 5	청소년 사회교육, 「교육학 대사전」 서울대학교 사범대학 교육연구소
44	1996	폭력은 싫어요, 한국청소년폭력예방재단
45	1997	평생교육백서, 교육부
46	1997	사회교육행정, 교육과학사
47	1998	청소년 교육론, 공저. 교육과학사

48	1998	청소년 교육론, 양서원
49	1998	내일에 사는 아이 어제에 사는 어른, 교육과학사
50	1998	신교육사회학 탐구, 교육과학사
51	1999	청소년 유해 환경 이론, 교육과학사
52	1999	청소년학 총론, 양서원
53	2000	청소년 교육 개론, 교육과학사
54	2000	평생교육의 실제, 교육과학사
55	2000	2000년 교육 어떻게 할 것인가, 교육과학사
56	2001	평생교육의 이론, 교육과학사
57	2001	현대사회와 평생교육, 교육과학사
58	2007	청소년에게 꿈과 희망, 교육과학사
59	2008	부모교육의 이론과 실제, 교육과학사
60	2009	파독 광부백서, 파독근로자연합회
61	2010	막장에서 피어난 꿈, 교육과학사
62	2011	청소년교육개론증보판, 교육과학사
63	2011	학급경영의 길라잡이, 교육과학사
64	2011	미래를 부르는 희망노래 청소년, 이채
65	2012	청소년을 위한 삶의 지혜, 이채
66	2013	독일에서 흘린 눈물 기적의 한강으로 굽이쳐라, 이채
67	2015	나눔교육과 봉사가 인생을 바꾼다, 교육과학사
68	2017	교수가 된 광부 권이종의 "백인백세", 이채

2. 교육관련 연구논문 및 기고문

번호	발표 시기	연구명 / 연구기관
1	1979. 2	일본식민지하에서의(1910-1945) 일본 식민지 교육사상과 서구 기독교사상이 한국교육제도에 미친 영향, 서독 아헨 사범대학
2	1974. 3	19세기와 20세기 한국교육의 이념과 제도, 서독 아헨 사범대학

3	1980. 1	“서독 사회교육의 동향”, 외국사회교육, 방송공사
4	1980. 4	“서독의 사회교육”, 사회교육제도의 비교, 한국사회교육협의회
5	1980. 7	“전인교육 실효를 위한 방향”, 사학, 대한사립 중.고등학교장회
6	1980. 9	서독 사회교육의 발전 동향, 고대교육신문
7	1981. 9	사회교육을 통한 해결방안, 아산사회복지사업재단
8	1980. 10	“서독의 대학생과 일”, 전북대학신문
9	1980. 10	“서독과 덴마크의 인문교양교육, 한국사회교육협의회 특집 제5회
10	1980. 11	“국가발전을 위한 사회교육”, 새 교육 11월 호, 대한교육연합회
11	1980. 12	사회교육 체제 확립 방안, 문교부
12	1980. 12	“동독의 교육행정 제도”, 주요국가의 교육행정제도, 한국교육개발원
13	1981. 2	“덴마크의 사회교육”월간 기러기, 민주부흥운동 흥사단
14	1981. 2	대학졸업정원제 실시와 대학생활, 전북대학교 학생생활연구소
15	1981. 3	국가발전을 위한 평생교육, 전라북도 교육 연구원
16	1981. 3	“대학생의 성격성숙과 그 지도 모형정립에 관한 연구”전북대학교 학생생활연구소
17	1981. 4	“국민정치 교육”봄, 대한사립 중.고등학교장회
18	1981. 6	“외국의 국민정신교육”, 새 교육, 대한교육연합회
19	1981. 6	서독 사회교육의 실태, 한국교육학회소식, 제17권
20	1981. 7	서독 여성지위부여에서, 대한가족계획협회
21	1981. 7	“서독의 평생교육”, 평생교육논단, 한국지역사회 학교후원회
22	1981. 8	외국의 여성을 위한 성인교육–독일의 사례–, 국립여성복지원
23	1981. 8	독일의 평생교육 현황, 한국평생교육기구
24	1981. 9	“외국의 여성을 위한 성인교육”, 새마을 부녀회보, 보건사회부
25	1981. 10	서독에서 개방대학을 통한 학습사회의 실현, 사회교육연구 전북대학교 사회교육연구소
26	1981. 12	학제발전의 방향모색, 학제발전 연구보고서1 문교부 학제발전 연구위원회

27	1981. 12	"구룬투비히의 사회교육 사상", 한국교육학회 사회교육연구회
28	1981. 12	"서독", 특수아 지원체제 개선 연구, 한국교육개발원
29	1982. 2	"서독 교육개혁의 결산(1960-1980)", 교육개발, 한국교육개발원
30	1982. 2	"서독의 학제", 새 교육, 한국교육연합회
31	1982. 3	"서독,스웨덴,덴마아크,동독,유고,헝가리,체코,폴란드,루마니아" 세계 각국의 학교제도 학제발전 연구보고서2, 문교부 학제발전연구위원회
32	1982. 3	공저 : 학제발전의 방향모색, 제1차 학제발전시안연구 삭제발전연구보고서3, 문교부 학제발전연구위원회
33	1982. 4	"구룬투비히의 사회교육사상, 광장 제104호, 사단법인세계명화교수협의회
34	1982. 6	"청소년 문제와 사회교육"국가발전과 사회교육, 새교육, 대한민국연합회
35	1982. 6	"청소년 비행-발생배경-사회교육을 통한 해결방안"전북대학교 사회교육연구소
36	1982. 7	"서독에서의 정치교육", 고대교육신보(2)
37	1982. 10	"사회교육을 통한 청소년 지도", 문교행정, 문교부
38	1982. 12	황종건, 권이종, 최운실, 국제성인교육협회 파리총회 참가보고서 한국사회교육협의회 제7권
39	1982. 12	개방대학과 사회교육의 연개, 사회교육의 연구 ,한국사회교육협회
40	1982. 12	서독의 교원양성 제도, 문교부
41	1982. 12	동독의 교육제도, 새 교육, 대한교육연합회
42	1983. 1	"유고슬라비아의 교육제도", 새 교육, 대한교육연합회
43	1983. 2	"스위스의 교육제도", 새 교육, 대한교육연합회
44	1983. 2	"독일의 성인교육과 한국교육", 독일의 교육학과 한국교육 한국교육학회 교육철학 연구회
45	1983. 3	불가리아의 교육제도, 새 교육
46	1983. 3	나이지리아의 교육제도, 새 교육
47	1983. 5	중공의 교육제도, 새 교육

48	1983. 6	오스트리아의 교육제도, 새 교육
49	1983. 6	"청소년지도와 가정 교육", 평생교육과 가정교육, 평생교육 기구
50	1983. 6	"사회교육 활성화를 위한 학교의 역할", 청소년지도 관계자 연찬회 문교부 사회직업 교육국
51	1983. 6	"사회교육과 청소년 지도"한국청소년 운동 이념과 사회교육 및 행정에 관한 연구, 한국청소년연맹
52	1983. 6	"사회교육요원 양성을 위한 모형"사회교육연구, 전북대학교 사회교육연구소
53	1983. 7	탄자니아의 교육제도, 새 교육
54	1983. 7	"청소년과 사회정책", 아산재단, 복지사회와 청소년
55	1983. 7	"청소년 문제와 대책", 지방행정
56	1983. 8	알바니아의 교육제도, 새 교육, 대한교육연합회
57	1983. 9	네덜란드의 교육제도, 새 교육, 대한교육연합회
58	1983. 10	폴란드의 교육제도, 새 교육, 대한교육연합회
59	1983. 10	스리랑카의 교육제도, 새교육, 대한교육연합회
60	1983. 10	올바른 청소년 지도를 위한 아버지의 역할, 한국청소년연구소
61	1983. 10	서독의 청소년지도 실태와 제도, 한국청소년연구소
62	1983. 10	요르단의 교육제도, 새교육, 대한교육연합회
63	1983. 11	가정에서의 청소년교육, 한국청소년연맹
64	1983. 12	대학의 확장 및 개방, 명지전문대학, 제2편
65	1983. 12	우리나라 개방대학의 현황, 새교육
66	1984. 1	철학교육과 공동체의식, 서울청소년지도육성회
67	1984. 1	세계를 향한 진취적 기상-청소년을 중심으로-한국청소년연구소
68	1984. 봄	사회발전에 기여하는 교육, 학교와 사회의 연계성이 깊은 외국의 사례 대한사립 중.고등학교장회
69	1984. 2	청소년 선도에 있어서의 가정의 역할, 한국기독교 청소년 선도회

70	1984. 4	대학의 확정 및 개방, 명지실업전문대학 교육문제 연구소, 제 3편
71	1984. 4	청소년 문제와 가정의 역할, 사랑의 전화, 53
72	1984. 5	사회교육전문요원 양성 방안에 관한 일 연구, 문교부
73	1984. 6	스위스의 성인교육요원 양성 및 연수기관, 전북대학교 사회교육연구소
74	1984. 6	평생교육론, 신용협동조합연수교재
75	1984. 6	평생교육과 여성교육, 전북대학교 사회교육연구소
76	1984. 7	가족관계와 청소년지도, 한국청소년연구소
77	1984. 7	청소년지도와 가정교육, 전북대학교 사회교육연구소
78	1984. 8	숙제 어떻게 지도할 것인가? 우리얼, 사단법인 한국청소년연맹 68
79	1984. 9	학생의 숙제 지도, 문교행정, 71
80	1984. 10	학생과 숙제, 대한교육연합회, 23
81	1984. 10	영화와 청소년 교육, 전북대학교 사회교육연구소
82	1984. 11	대학의 개방제도, 대한교육협의회
83	1984. 11	평생교육원리, 전북대학교 사회교육연구소
84	1984. 11	사회교육요원 양성의 방법, 계명대학교 성인교육연구원
85	1984. 12	해외청소년 폭력실태, 한국청소년연구소
86	1985. 4	독일의 초등교육, 새 교실 pp. 42-48
87	1985	한국여성개발원 여성연구85, 청소년지도와 가족관계
88	1985. 3	서독 딜링겐 교육연수원, 교원복지 신보, p.6
89	1985. 4	한국사회교육요원에 관한 연구, 문교부
90	1985. 2	개방대학 교육개선을 위한 정책방안 모색에 관한 연구, 문교부
91	1985. 3	서울지역 중.고등학생 생활 및 의식구조에 관한 연구, 사랑의 전화
92	1985. 7	청소년과 교육환경의 개선, 새 교육 pp.118-124
93	1985. 9	스웨덴의 초등교육, 새 교실 pp.24-35

94	1985. 가을	여가를 건전하게 보내는 방법, 청소년, 서울청소년지도육성회 pp.66-69
95	1985. 7	서독의 초등교육, 새 교실
96	1985. 9	인구와생활, 「청소년과올바른이성교육」, 대한가족계획협회 pp.115-134
97	1985. 12	근로청소년 교육의 정책방향과 전국근로 청소년 지도자 협회 창립총회
98	1985. 12	유스호스텔 사업확대에 관한 타당성 조사 연구, 대한 교원공제회
99	1986. 3	가정교육, 계몽사 부설 교육연구소 가정 교육 연시리즈
100	1985. 2	청소년 지도자의 연수방안에 관한 연구, 한국 청소년 연구소
101	1986. 4	사랑과 평화로의 설득(서울: 예술계 4월 호) pp.128-133
102	1986. 4.	교육기회 확대를 위한 정부의 역할, 한국청소년 단체 협의회
103	1986. 5	한국에 있어서 청소년 문제와 그 해결방안 모색, 한국청소년단체 협의회(일어번역)
104	1986. 5	바람직한 청소년 상, 새 농민 5월 호 pp. 50-53
105	1986	교육환경 교우7, 새한 신문사 새 교실, pp. 10-14
106	1986. 여름	건전한 청소년문화 38호, 사학, 대한사립 중.고등학교장회 pp.32-37
107	1986. 1	가정환경, 계몽사 아동연구소, 가정교육시리즈『1』
108	1986. 여름	청소년 문제와 그 해결방안 「스카우팅」 제12권2호 통권제46호 pp.32-35
109	1986. 6	올바른 청소년지도를 위한 가정, 학교, 사회교육의 연계방안 「오늘의청소년」 6월호 통권4호
110	1986	청소년지도와 가정교육, 한국평생교육기구, 정민사 pp.101-136
111	1986	외국교육개혁의 동향, 서독 월간민족지성
112	1986	청소년 문화 한국교원대신문
113	1986	청소년의 지도, 책임관리자 연구과정의 교재(II), 중앙교육연수 pp.139-154
114	1986	청소년 문화 〈86년차 학술대회〉, 분과별 개인 연구발표 논문 한국교육학회

115	1986	청소년 지도와 가정교육 〈평생교육과 가정교육〉 사단법인 한국평생교육기구 서울 : 정민사 pp.101–136
116	1986	보이스카우트 활동을 통한 건전한 청소년 육성 〈1986년도 전국 훈련지도자 회의〉 한국보이스카우트 연맹 pp.17–27
117	1986. 11	평생교육과 교원양성〈평생교육과정과 교육 I 〉평생교육기구, pp. 108–118
118	1986	학교내 집단 활동에 관한 연구, 한국청소년 연맹 부설 한국청소년연구소
119	1987. 봄	사회교육으로서의 청소년지도, 서울청소년지도육성회 제37호, pp.66–69
120	1987	교원교육종합센터와 현장교육의 연계, 교원대학교
121	1987	샛별 국민학교의 교육활동, 청람문화, 한국교원대학교 pp.59–63
122	1987	부적응 학생지도의 실제–비행청소년의 이해와 지도–문교부, pp.12–25
123	1987. 봄	사회교육으로서의 청소년지도–청소년 제37호 pp.66–69
124	1987. 2	문화공간 개설을 위한 기초조사, 계몽아동 연구소
125	1987	1987학년도 신입생 현황 자료집, 한국교원대학교 학생생활연구소
126	1987. 7	청소년문화, 새교육, 대한교육연합회, pp.24–32
127	1987. 7	대학학생생활연구소의 운영개선방안 「대학교육」 서울:한국대학교육협의회
128		교복자율화와 청소년의 상, 가정통신, 서울 청소년지도 육성회
129	1987	한국카운슬러협회 부설 한국카운슬링연구소편, 청소년문제와 지도방법, "비행청소년의 이해와 지도"성원사
130	1987. 8	학교청소년의 바람직한 지도방안, 청소년문제 연구보고서 제4집(서울특별시 청소년 사업관) pp.37–64
131	1987. 7	청소년 활동 프로그램 백과, 한국청소년단체협의회
132	1987. 11	걸스카우트 토론회, 한국여성교육에서의 걸스카우트의 위치 전라북도 교육위원회
133	1988. 1	덴마크는 어떻게 잘 살게 되었는가? pp.58–61

134	1988. 2	국가발전의 원동력이 된 교육기관 : 국민대학 pp.56–60
135	1988. 4	덴마크의 농민사회 조직과 협동조합 pp.57–61
136	1988	대학생활의 길잡이, 한국교원대학교 학생생활 연구소
137	1987	평생교육과 교원, 평생교육과 학교교육(서울 : 정민사) pp.163–192
138	1987. 12	청소년운동의 활성화 방안, 한국청소년운동의 재조명 한국청소년연구소
139	1987	울릉도의교육, 「청람문화」 한국교원대학교교지편집위원회 pp.67–75
140	1988. 4	교육개혁동향, 중앙교육연수원 pp. 6–1:6–16
141	1988. 5	청소년과 문화활동, 한국여성운동과 걸스카우트 운동–과거.현재.미래
142	1988. 5	건전한 청소년문화의 형성, 「수도교육」–저해요인과 지도방안–서울시교육연구원
143	1988. 4	외국의 청소년 시설, 교원복지신보, 306호, 5면
144	1988. 5	청소년의 이성교제 지도, 청소년 연맹지
145	1988. 5	새어린이헌장의 의의 「홈토피아」 스스로 고친 어른들의 약속 p.145
146	1988. 6	자율화이후의 서클 및 학생지도 「학원민주화에 따른 학생지도 및 연구소간 조정기구의 발전」 전국대학(교)학생생활(지도)연구소장협의회(내장산관광호텔)pp.93–115
147	1988. 6	한국교원대학교 생활관 프로그램 개발을 위한 모형개발 . 교수논총. 제4집
148	1988. 5	청소년 정책에 관한 연구, 체육부
149	1988. 7	민족자존을 높이는 바른 길 〈청소년 가치관〉, 청소년이 가져야 할 자세, 문화공보부
150	1988	집단 중심 사회 교육 방법(Ⅲ) : 대화.토론 중심 집단지도방법, 신임교수 연수
151	1988. 10	"외국의 교원정책“, 새교육 10월 호, 대한교육연합회
152	1988. 10	사회교육 “국제화 시대의 청소년 정책과 방향”, 한국청소년 연맹 부설 청소년연구소 pp.55–74

153	1988. 11	권이종. "靑少年自願奉仕人力의確保및效率的活用方案", 靑少年 健全育成의 國民的 課題, 靑少年 健全育成세미나, 忠淸北道, pp.19-34
154	1988	한국부모의 자녀교육관 및 양육태도에 관한연구, 계몽아동연구소
155	1988. 12	권이종 외 "초.중등학교 생활지도 개선에 관한 연구"한국교원대학교 교수논총 제4집 2호
156	1989	「비행청소년에 대한 선도위원의 지도방안」, 89년 지역신입위원교양자료, 사단법인 서울청소년지도육성회
157	1989. 12	헝가리의 교육제도, 새 교육, pp. 120-127
158	1989. 12	교직적성.면접.논술이란, 한국교원대학교 교육연구원
159	1990. 1	동독의 교육제도, 새 교육 pp. 103-110
160	1989. 11	독일교육, 교원연구자료, 제22편, 인천직할시 교육과학연구원 pp.64-80
161	1989. 12	교원단체활동과 학교교육, 문교행정, 통권96호, pp. 15-20
162	1989. 12	서독의 교원교육, 국내외 교사 양성제도에 관한 연구 pp.121-170
163	1990. 2	유고슬라비아의 교육제도, 새 교육 pp.110-118
164	1990. 1	개방대학을 통한 고등교육의 기회 확대, 명지대학보, 1990. 1. 24 5면
165	1989~1990	동유럽국의 교육개혁 동향 1989-1990년판 한국교육연합
166	1990. 3	체코의 교육제도, 새교육 pp. 98-105
167	1989	교육학자가 본 동 유럽국, 계산, 아산, 1989통계호, 통판 제46호 pp.52-57
168	1990	초등교육 주체로서의 부속학교, 부속학교 운영에 관한 연구 한국교원대학교
169	1990. 4	사설학원의 문제와 기여, 사회교육기관으로서의 사설학원 실태와 문제, 명지대학교 사회교육대학원
170	1990. 5	폴란드의 교육제도, 새교육 pp.110-117 동유럽국의 산학연계교육, 공업기술교육 서울산업대학산업교육연구소, 제53호
171	1990	한국아동의 생활양식에 관한 연구, 계몽사

172	1990	현대 교육개혁의 동향, 전북교육위원회연수원
173	1990. 여름	교육의 민주화와 교사의 역할, 경기교육, 1990. 여름, 제107호
174	1990. 7	청소년의 문화와 청소년의 여가선용, 수도교육, 119호, 1990. 7월호
175	1990. 6	한국학원교육의 정책방향
176	1990. 7	청소년 문화와 청소년의 여가 선용, 수도교육 통권 제119호
177	1990	노인교육의 이론적 접근, 현대사회의 노인문제와 평생교육 서울 : 한국평생교육기구
178	1990. 12	독일의 학교교육 평가, 교원교육 한국교원대학교교육연구원, 6권 제1호
179	1990. 11	교육의 기능적 병리, 한국교원대학교 교육연구소식 제13호
180	1990	「독일의교육제도」 사학1990.가을대한사립중.고등학교장회
181	1990. 12	현대교육의 병리현상과 청소년의 정신건강 한국교원대학교 교수논총 제6편
182	1991	이성교제, 대한가족 계획협회
183	1990	영국의 교육제도, 사학, 대한사립 중.고등 학교장회, 1990겨울
184	1991. 2	어떤 간섭과 억압이 청소년들 괴롭히나, 여성동아
185	1991	노인교육의 이론적 접근, 평생교육과 노인교육 사단법인 한국평생교육기구 서울 : 이화문화사
186	1991. 3	학원교육의 정책방향, 경기도 학원교육 정상화 및 학원위상정립을 위한 사회교육세미나, 한국기독교 순교자 기념관
187	1991	학교사회의 병리현상에 관한 연구, 교육진흥 봄, 중앙교육진흥연구소
188	1991. 4	여성고용불평등 문제점과 개선방안, 21세기 남녀평등 실현 가능한가? 사단법인 한국부인회 총본부
189	1991	미국의 교육제도, 사학 1991.봄, 대한사립 중.고등학교장회
190	1991. 4	독일의 학교교육 평가, 공업기술교육 서울산업대학 산업교육연구소, 제57호
191	1991	권이종 외 "학교사회의 교육병리 현상과 학생정신 건강", 성공논총, 제22편, 서울 : 성곡논총
192	1991	청소년교육, 서울 : 한국 방송 통신대학

193	1991. 6	청소년 정책의 실천 가능성 검토 鱠년대 청소년 정책의 방향과 과제" 서울교육문화회관
194	1991	일본의 교육제도, 사학 1991.가을 대한사립 중.고등학교장회
195	1991. 6	독자적 사회교육 이론 확립할 때, 새 교육
196	1991	현대교육의 병리 현상과 청소년의 정신건강, "사회교육학 연구", 사회교육연구
197	1991. 12	평생교육과 청소년 교육(공저) 평생교육기구, 서울 : 이화문화사
198	1991. 1	교육환경과 청소년가출, 가출청소년 어디로 가고 있나. 서울 YMCA청소년상담실
199	1991. 11	각국의 교육개혁, 연수교재 pp.17-22
200	1992	세계각국의 교육제도, 프랑스의 교육제도, 사학, 대한사립 중·고등학교장회
201	1991. 12	우리 아이 어떻게 키울까?서울 : 한국지역사회교육중앙협의회
202	1992. 4	사회교육, 연수교재, 충청북도 단재 교육원 pp.313-320 사회교육의 과제와 전망, 중앙교육연수원
203	1992	세계각국의 교육제도, 네덜란드의 교육제도, 사학, 대한사립 중.고등학교장회
204	1992. 5	청소년 문화의 육성과 한국의 미래, 청소년문화 어떻게 가꿀 것인가? 흥사단
205	1992	세계각국의 교육제도, 덴마크의 교육제도, 사학, 여름호
206	1992. 6	입시산업과 학교교육, 교육학연구, 한국교육학회 제30권 제1호 pp.75-89
207	1992. 6	교직적성과 검사도구 개발에 관한 연구, 한국교원대학교 교육연구원
208	1992. 7	청소년 유해환경의 실태 및 개선 방안, 한국청소년학회 92년도 하계 학술대회
209	1992	청소년지도자의 역할과 과제, 한국청소년연맹 pp.287-303
210	1992	학원의 설립운영 실태와 개선 방향, 교육월보 pp.47-49 2000년대를 대비한 한국 청소년 정책의 과제와 전망, 교육진흥 중앙교육진흥연구소

211	1992. 12	청소년의 여가생활, 청소년 문화론, 한국청소년 연구원 pp.131-149
212	1992. 9	2000년대를 주도할 바람직한 청소년상, 청소년 건전 활동 도민대토론회, 충청북도
213	1992	청소년 교육, 방송통신대학 출판부, 1992, 영상강의 수강교재 청소년 정책의 현황과 과제, 한국기독교 산업개발원
214	1992. 10	청소년 수련 시설 지도자의 역할과 과제, 청소년 전용 시설 운영 세미나 경기도 pp. 35-52
215	1992	한국청소년학의 정립과 전개, 유네스코 한국위원회
216	1992. 11	청소년 문화의 이해와 육성방안, 걸스카우트
217	1992	「생활지도-청소년문제를 중심으로」 92년도 교감 전문직 직무연수교재 율곡교원연수원
218	1992. 12	한국 평생교육의 현황 ,한국평생교육기구
219	1992. 12	청소년의 이해, 변화하는 세계 속의 청소년, 체육청소년부
220	1993	헝가리의 교육제도, 사학
221	1993. 1	「공동체의식함양을위한과제」 육군제204호pp.88-95
222	1992. 12	청소년 유해환경 개선대책에 관한 연구, 체육청소년부 1000P
223	1993. 4	국민학교의학부모교육 「교육월보」, 교육부pp.50-53
224	1993	한국사회교육의 현황, 단재 교육원
225	1993	청소년 유해환경의 실태와 개선 대책 수립의 방향, 경기도청 청소년과
226	1993	청소년 유해환경의 실태 및 대책, 한국청소년 개발원
227	1993	학원교육제도 당면문제와 개선 대책, 경기도 학원 연합회
228	1993	신한국 창조를 위한 청소년 단체의 육성방안, 서울 청소년 육성회
229	1993. 5	10대 청소년의 의식과 생활양식, 삼성복지재단 청소년 연구위원회
230	1993. 5	청소년의 올바른 가치관 정립을 위한 과제, 충청북도 도청
231	1993. 9	어린이의 인지능력을 향상시키는 가정교육,(주)대교부설대학원 부모교육과 부모교육 프로그램, 한국여성개발원

232	1993. 가을	독일의 교원양성제도, 교육진흥 pp.54-61
233	1993. 9	국민학생의 학원수강 및 과외 교습에 대한 교사.학부모들의 인식조사
234	1993. 9	청소년 유해 환경정화, 청소년 지도위원 연수교재, 대전직할시
235	1993~1994	고등학교 단체활동 교사용 지도, 교육부
236	1993. 9	부모교육과 부모교육 프로그램, 한국여성개발원
237	1993. 9	국민학생의 학원수강 및 과외 교습에 대한 교사.학부모들의 인식조사
238	1993	청소년과 사회교육, 사학, 겨울(통권67호), pp.37-46
239	1993	청소년의 올바른 가치관 정립을 위한 과제, 충청북도청
240	1993. 9	어린이의 인지능력 향상을 위한 가정교육(주) 대교 부설대학원
241	1993. 9	청소년 유해환경 정화, 청소년 지도위원 연수교재, 대전직할시
242	1993. 가을	독일의 교원양성제도, 교육진흥 pp.54-61
243	1993. 10	청소년 성교육의 실태와 발전방향, 부산직할시
244	1993. 10	청소년 성교육 실태와 발전 방향, 부산직할시
245	1993. 12	고등학교 단체활동 지도, 한국교원대학교 교수회관 주관 : 교육부
246	1993. 12	여성사회교육과 지역사회개발, 경기도청
247	1993. 12	여성사회교육과 지역사회개발, 경기도청 부녀복지과
248	1994	한국 학원교육의 발전방향에 관한 연구, 한국학원 총연합회
249	1994	성공적인 청소년지도를 위한 청소년단체활동, 사단법인 한국라보
250	1994. 5	21세기를 대비한 한국교원대학교의 발전방향 공동연구책임자 - 한국교원대학교 발전연구 위원회
251	1994	왜 청소년은 가출하는가? 서울 가정법원 소년 자원보호자협의회
252	1994	한국사회교육발전을 위한 개혁 방안, 교육개발위원회
253	1994. 6	교육개혁과 학원의 역할, 학원연합회
254	1994. 6	한국 학원교육발전을 위한 개혁방안, 연구보고서

255	1994. 가을	극기교육에 관한 이론과 실제, 충북교육, 제114호, 94가을
256	1994. 8	서울특별시 21세기를 대비한 서울시 건전 청소년 육성책에 관한 연구
257	1995. 3	공저 : 학교단체활동의 의미와 육성방안, 황음연교수 회갑논문집, 서울:배영사
258	1995	학원교육, 한국교육연감, 1995년판 한국교원단체 연합회
259	1995. 봄	외국의 사회교육 동향, 새교육
260	1995	신세대의 의식과 가치관 제147호, 강원교육
261	1995. 4	현대 청소년의 의식과 행동, 교육부, 교육월보
262	1993. 3	진로교육의 필요성가 활성화 방안, 대전광역시 교육연구원장
263	1995. 3	자녀의 진로지도 무엇이 문제인가? 중앙교육진흥연구소
264	1995. 4	청소년 여가 활동의 실태와 개선방향, 오늘의 청소년, pp.10–15
265	1995. 5	신세대 연구, 한국걸스카우트 총 연맹
266	1995. 4	서울특별시, 중.고등학생의 의식구조 천주교 서울대교구 카톨릭 중등 교육자회, 성심여자고등학교
267	1995. 4	서울시 중.고등학생의 생활세계에 관한 연구 IBE.report 95–2 천주교 서울대교구 카톨릭 중등 교육자회
268	1995. 9	제6차 교육과정과 단체활동의 활성화 방안, 경기도 교육연구원
269	1995. 10	학생의 진로지도, 충남교육연구원
270	1995. 9	5.31교육개혁 실현을 위한 : 사회교육활성화를 위한 학교시설 활동에 관한 연구, 교육부
271	1995. 11	올바른 자녀교육을 의한 부모의 역할, 전주 여성회관
272	1995. 11	고학력화 추세에 따른 학력–직업불일치 현상의 진단과 대책에 관한 연구 중앙교육진흥연구소
273	1995. 12	독일의 가정교육, 충남교육연구원
274	1995. 11	사회교육 활성화를 위한 학교 시설 활용, 교육월보 pp.72–75
275	1995. 12	통독전후 교육과정 및 교과서 비교분석 연구–Brandenburg 주정부를 중심으로, 한국교원대학교 독일통일 교육과정 연구 위원회
276	1995. 12	청소년 문제 장기안목 대처론, 한겨레 신문 17면

277	1996.1	긍정적인 삶을 향하여, 주변의 길
278	1996.2	교육논단, 세상사람들
279	1996. 1	세계화와 평생사회교육, 지방자치단체국제화 재단
280	1996. 3	청소년 폭력의 교육적 대응, 한국인간관계학회, 국회위원회관 대회의실
281	1996. 5	현대 청소년의 이해, 대전교원연수원
282	1994. 4	학교와 지역사회, 한국교원대학교 종합교원연수원
283	1996. 9	진로교육의 필요성과 활성화 방안, 대전광역시 교육연구원
284	1996. 5	가정환경과 청소년폭력, 충북복지정책연구원
285	1996. 5	청소년사회교육, 「교육학대사전」 서울대학교사범대학교육연구소
286	1996. 7	긍정적인 삶을 사는 젊은이는 아름답다, 비전을 갖는 젊음은 아름답다, 앞선미디어
287	1996. 10	폭력은 싫어요, 청소년폭력예방재단
288	1996. 9	교육개혁과 청소년 육성의 방향, 한국걸스카우트 연맹
289	1996. 10	지방 청소년육성 활성화 방안, 문화체육부
290	1996. 12	수련활동을 통한 청소년 지도 방안, 고담봉 제6호, 부산교육원
291	1996. 11	초.중등학교 시설을 이용한 사회.직업교육프로그램 개발에 관한 연구 교육부, 총론편, 도시초등, 농촌초등, 도시중등, 농촌중등 총5편
292	1996. 10	통일의식과 통일교육 발전방향 연구, 학술진흥재단
293	1997. 1	진로지도, 대전교원연수원 청소년선도와 자녀교육, 인성교육见도민의식교육교재, 충청북도 도민교육원
294	1997. 2	학교교육과 청소년문화, 경기도, 율곡 연수원
295	1997. 2	한국 학원교육 운영실태 분석을 통한 발전방향 탐색, 공동연구, 산학협동재단
296	1996. 8	청소년 수련활동 활성화를 위한 여건 조성 방안연구, 한국청소년 개발원, 연구보고서
297	1997. 9	학교폭력 막을 수 있다. 도서출판(재) 청소년 폭력예방재단

298	1997. 10	교육개혁과 학교폭력 예방(한국교원대학교) "학교폭력의 발생 배경과 지도방안"
299	1997. 7	제7차 고등학교 특별활동 교육과정 개정연구, 서울교육대학
300	1997. 10	제7차 특별활동 교육과정 개정연구 보고서,(공동)
301	1997. 11	학교폭력 이대로 둘 수 없다, 교원대학교 대학원 신문
302	1997. 11	학교폭력 사라져야 한다, 한국교원신문사
303	1997. 겨울호	학교폭력의 심각성과 대책, 대한 사립 중.고등 학교장회
304	1997. 11	지역사회교육 프로그램 개발의 이론과 실제-학교중심-제주학생문화원 청소년 위해 환경론, 배영사 평생교육편람, "학원교육", 교육부
305	1997. 12	비정규 교육시설 수료자의 학력인정에 관한 연구
306	1998. 5	한국과 독일의 실업교육, 제출용, 교육부
307	1998. 8	청소년 다문화의 이해, 전북교원연수원
308		한국과 독일의 실업교육, 한국산업대학교 산업교육연구소 82호
309	1998	보고서:교육개혁정착을위한실천과제탐구대통령자문새로운공동체위원회
310	1998. 12	보고서 : 초.중등학교 재량활동 교육과정 편성.운영 모형 연수 한국교원대학교
311	1998. 12	보고서 : 한국 사회의 폭력실태, 청소년폭력예방재단
312	1999. 겨울호	경기교육, 현대 청소년의 이해와 생활지도의 새로운 방향 모색 경기교육 1999년 겨울호 〈제145호〉 pp.14-20
314	1999. 12	집단 따돌림에 대한 인식조사 및 해결방안에 관한 연구, 한국학술진흥재단
315	2000. 10	청소년시설 및 민간위탁 시행 프로그램 평가지표 개발, 서울특별시
316	2004. 3	청소년놀이문화 운영프로그램 개발 연구, 인천학생교육문화회관, 연구보고서

3. 약력

연도	소속	직책
1964–1967	파독 광부 근무	
1979–1984	전북대학교	교육학과 교수
1981–1983	문교부	상임 자문위원
1985–1990	한국교원대학교	학생생활연구소장, 연구원장,
1989–1991	한국교육학회	사회교육연구 회장
1988–1995	체육청소년부	정책자문위원
1992–1996	교육부	중앙교육 심의위원
1993–1996	한국교원대학교	교장 자격 연수원장, 도서관장
1994–1995	사단법인 한국라보	청소년단체 이사장
1994–1998	한국청소년개발원	이사
1995–2003	문화관광부	청소년정책 자문위원
1996–2002	서울시 청소년위원회	부위원장
1998–2000	대통령 자문 새교육공동체위원회	위원
2000	전국 청소년 수련시설 평가	평가 위원장
2000–2001	한국청소년학회	학회장
2001–2002	청소년육성기금 운용심의회	심의위원
2001–2003	한국간행물윤리위원회	위원
2001–2004	대통령 산하 청소년보호위원회	위원
2002–2003	KBS	객원 해설위원
2003–2005	유네스코 한국위원회	제25대 위원
2003–2006	문화관광부 청소년육성위원회	위원
2003–2006	대통령자문 민주평화통일자문회	체육청소년 분과위원장
2003–2004	국립중앙박물관	운영 자문위원
1985–2006	한국교원대	교수

2001–2003	한국청소년개발원	원장(차관급)
2005–2006	서울특별시 청소년종합상담센터	소장
2013–2014	파독 광부 · 간호사 기념관	관장
2005–현재	한국청소년육성연구소	소장
2005–현재	농어촌청소년육성재단	이사
2006–현재	한국교원대학교	명예교수
2007–현재	위즈코리아 부설 평생교육원	원장
2007–현재	대한민국약속재단	부총재
2014–현재	아프리카아시아 난민교육후원회	회장
2014–현재	사단법인 한국인성교육협회	고문
2015–현재	사단법인 한국청소년바르미교육협회	자문교수
1994–현재	한국코카콜라 건강 재단	이사
2015–현재	서울 가톨릭 청소년회 서울 대 교구	이사

4. 언론 매체 출연 및 보도 목록

번호	날짜	매체 및 프로그램명
1	98.05.05	서울특별시 어린이.청소년상 심사위원장, KBS
2	99.12.02	청소년을 위한 방송녹음, SBS 라디오
3	99.01.11	청소년지도 이대로 둘 수 없다, MBC
4	00.12.07	청소년에게 드리는 글, TBS, SBS, EBS 라디오녹화, 서울시 교육청
5	01.10.16	청소년을 위한 선도방송 녹화, TBS, SBS, EBS 라디오녹화, 서울시 교육청
6	02.05.14	학교폭력 위험수위, KBS 해설 출연
7	02.11.12	에티켓에 관한 녹화, YTN
8	02.12.05	서울시 교육상 심사, 서울특별시 교육청 K.TV 출연, 청소년과 여가
9	03.01.30	EBS 라디오 대담, 새 정부에 바란다, 교육개혁

10	03.05.16	성년식에 관한 해설 녹화, KBS
11	03.11.12	현대청소년의 이해와 육성방안에 관한 특강, 분당 TV를 통하여
12	04.06.14	YTN 헤드라인 뉴스에서 책 저서와 관계된 인터뷰
13	04.07.28	CBS방송에 출연하여 〈교수가 된 광부〉 저자와의 대화
14	01.06.22	청소년 육성에 관한 인터뷰, 대한매일
15	01.06.28	한국청소년개발원 경영목표에 대한 인터뷰, 한국교육신문 박남화 부장
16	01.07.24	한국청소년개발원 경영목표에 대한 인터뷰, 세계일보사
17	01.10.29	인성교육에 관한 녹화, 인성교육협의회
18	02.03.15	청소년을 위한 방송 출연, EBS
19	02.06.12	청소년 선도방송, 서울시 교육청
20	05.06.09	KTV 광복 60주년 우리를 말한다
21	06.8.14. ~10.14	SBS, YTN, EBS 청소년 선도 방송
22	09.06.19	샐러드 TV출연 청소년에 대한 이해
23	10.01.19	KBS 생방송 오늘 독일광부생활 후 현재 하는 일
24	10.05.19	KBS라디오 독일 생활에 대한 출연
25	10.07.11	EBS 교육 초대석 대담
26	10.10.13	MBN 내일 경제 하루 종일 대담 프로 출연
27	10.10.15	SBS 모닝와이드 출연
28	11.04.13	MBC 교수가 된 광부 책에 대한 인터뷰
29	11.08.26	일본 방송 인터뷰 평생교육에 관한 내용
30	11.11.13	KBS라디오 인터뷰
31	11.11.14	TV조선 인터뷰 왜 독일 광부로 가야만 했던가
32	11.12.05	KTV 왜 독일 광부로 가야만 했던가 대담
33	11.12.14	부모교육에 대한 특강
34	12.02.28	MBC왜독일광부로가야만했던가

35	12.02.29	평화방송왜독일광부로가야만했던가
36	12.03.14	KBS왜독일광부로가야만했던가
37	12.11.15	KTV 왜 독일 광부로 가야만 했던가
38	12.12.05	KBS 한민족 방송 독일 생활에 대하여
39	13.01.09	TV조선 장성민시사탱크 왜 독일 광부로 가야만 했던가
40	13.01.16	MBN집중 분석 독일 생활에 대해
41	13.01.18	MBN집중 대통령의 선택
42	13.01.23	MBN 독일 광부들의 생활
43	13.01.24	중앙일보 양면 인터뷰
44	13.01.29	MBN 독일 생활의 실상 부부 동반 출연
45	13.01.29	OBS경인방송 특별 좌담
46	13.02.22	OBS경인방송 특별 좌담
47	13.03.03	YTN 왜 독일 광부로 가야 했던가
48	13.03.03	OBS경인방송 명불허전
49	13.03.26	KBS라디오독일근로자의생활
50	13.04.05	KBS 그 때 그 사람
51	13.04.09	KBS 그 때 그 사람
52	13.04.24	KBS TV 왜 독일로 가야만 했던가
53	13.04.09	KBS 그 때 그 사람
54	13.05.11	이코노미 저널 6월호 인터뷰
55	13.05.13	서울매일경제 인터뷰
56	13.06.10	제1라디오 출연
57	13.07.18	KBS 출연
58	13.07.29	KBS 인터뷰
59	13.07.30	MBC 인터뷰
60	13.09.30	MBC 출연
61	14.03.23	MBN과 YTN출연

62	14.03.24	동아일보 인터뷰
63	14.03.27	TV조선 출연
64	14.03.28	YTN조선 출연
65	15.02.09	MBN 독일광부생활에 관한 강의
66	15.04.01	MBC 전주방송 왜 독일광부로가야만 했던가
67	16.06.15	프라임티비출연 인성교육에 관하여
68	17.04.18	전주MBC나의독일생활
69	17.08.10	문화일보 전면기사를 위한 인터뷰
70	18.08.23	KBS출연 가정을 건강하게 하는 방법
71	18.08.28	KBS 건양대와 함께 다큐제작
72	18.11.02	KBS 1964년과 현재의 김포공항 비교
73	19.02.07	MBN 권이종 교수의 에세이
74	19.03.31	TV조선 이미자 다큐제작 인터뷰

5. 교육 강연

번호	날짜	주최 / 대상	강연 주제
1	1981. 3	전라북도 교육 연구원	국가발전을 위한 평생교육
2	1981. 7	대한가족계획협회	서독 여성지위-부여에서
3	1981. 8	국립여성복지원	외국의 여성을 위한 성인교육-독일의 사례
4	1981. 8	한국평생교육기구	독일의 평생교육 현황
5	1981. 9	예총 전라남도 지부	평생교육 을 통한 자아실현
6	1981. 8	국립여성복지원	외국의 여성을 위한 성인교육-독일의 사례
7	1981. 8	한국평생교육기구	독일의평생교육현황
8	1981. 9	예총 전라남도 지부	평생교육을 통한 자아실현
9	1993	단재 교육원	한국사회교육의 현황

10	1993	경기도 학원 연합회	학원교육제도 당면문제와 개선 대책
11	1993	서울 청소년 육성회	신한국 창조를 위한 청소년 단체 육성방안
12	1993. 5. 27	충청북도 도청	청소년의 올바른 가치관 정립을 위한 과제
13	1993. 9. 15	(주)대교부설대학원	어린이의 인지능력을 향상시키는 가정교육
14	1993. 10. 22	부산직할시	청소년 성교육의 실태와 발전 방향
15	1993. 12. 22	경기도청 부녀복지과	여성사회교육과 지역사회개발
16	1993	충청북도청	청소년의 올바른 가치관 정립을 위한 과제
17	1993. 9	한국여성개발원	부모교육과 부모교육 프로그램
18	1993. 9	대전직할시	청소년 유해환경 정화, 청소년 지도위원 연수
19	1993. 10. 22	부산직할시	청소년 성교육 실태와 발전 방향
20	1993. 12. 22	경기도청	여성사회교육과 지역사회개발
21	1993. 9		국민학생의 학원수강 및 과외교습에 대한 교사, 학부모들의 인식
22	1994	한국학원 총연합회	한국 학원교육의 발전방향에 관한 연구
23	1994	사단법인 한국라보	성공적인 청소년지도를 위한 청소년단체활동
24	1994	율곡 연수원	생활지도의 개념과 원리
25	1994	서울 가정법원 소년 자원 보호자협의회	왜 청소년은 가출하는가?
26	1994. 6	전북교육연수원	현대 청소년의 이해
27	1994. 7	율곡 교원연수원	청소년 문제의 진단과 치료

28	1994. 7. 6	포항 대신 국민학교	생동감 넘치는 교육운동에 동참하는가, 경상북도 교육지정 시범학교
29	1994. 9	충청남도	청소년 유해환경의 이론과 실제
30	1994. 10. 14	광주지방법원 소년자원 보호자 협의회	가출 청소년의 원인과 예방
31	1999. 11. 11	한국지역사회 학교후원회충북협의회	가정에서의 부모역할
32	1999. 11. 18	충청북도	청소년 건전 육성을 위한 가정, 학교 및 지역사회의 역할
33	1993. 3	대전광역시 교육연구원	진로교육의 필요성가 활성화 방안, 대전광역시 교육연구원장
34	1995. 3. 25	중앙교육진흥연구소	자녀의 진로지도 무엇이 문제인가?
35	1995. 4. 12	국립특수교육원	부모교육
36	1995. 5. 15	한국교원대학교 종합교원연수원	학교와 지역사회
37	1995. 5. 18	충북대학교 생활과학대	21세기를 대비한 자녀의 진학지도
38	1995. 5. 10	한국걸스카우트 총연맹	올바른 자녀 지도를 위한 부모의 역할
39	7.18~7.28	탐라교육원	특별활동의 이해와 활성화 방안
40	1995. 6. 23	율곡연수원	아동기의 가치관과 문화
41	1995. 9. 20	후루섬, 요령성	한국의 교육개혁과 청소년 지도, 중국청년 정치대학 국제청소년 학술세미나 발표
42	1985. 7	경상남도 교원연수원	청소년 세계의 이해
43	1995. 9. 29	경기도 교육연구원	제6차 교육과정과 단체활동의 활성화 방안
44	1995. 10. 6	충남교육연구원	학생의 진로지도
45	1996. 11. 6-7	전국국립사범대학 고등학교장회	청소년의 도덕성 및 가치관 실태와 지도

46	1995. 11. 10	전주 여성회관	올바른 자녀교육을 의한 부모의 역할
47	1995. 11	중앙교육진흥연구소	고학력화 추세에 따른 학력-직업불일치 현상의 진단과 대책에 관한 연구
48	1995. 12	충남교육연구원	독일의 가정교육
49	1996. 5. 10	대전교원연수원	현대 청소년의 이해
50	1994. 4. 9	한국교원대학교 종합교원연수원	학교와 지역사회
51	1996. 9. 2	대전광역시 교육연구원	진로교육의 필요성과 활성화 방안
52	1996. 3. 20	사랑의 전화	현대청소년과 진로지도
53	1996. 4. 12	대전교원연수원	진로지도
54	1996. 5. 10	충남교원연수원	현대청소년의 이해
55	1996. 5. 17	충남교원연수원	진로지도
56	1996. 5. 10	충북복지정책연구원	가정환경과 청소년폭력
57	1996. 5. 28	한국지역사회교육 충북협의회	학교시설 활용을 통한 지역사회교육의 활성화
58	1996. 8. 14	경북교육청	교육개혁과 학생단체활동
59	1996. 8. 21	전북교원연수원	학생의 이해와 지도
60	1996. 8. 23	부산교육청	교육개혁과 학생지도
61	1996. 9. 6	인천서구청	학교폭력 근절을 위한 청소년 지도자의 역할
62	1996. 9. 12	대전광역시	청소년 지도자의 역할과 과제
63	1996. 9. 14		교육개혁과 학원교육의 발전방향
64	1996. 9. 20	한국걸스카우트 연맹	교육개혁과 청소년 육성의 방향
65	1996. 10. 23	충청북도 교육연구원	학생 청소년의 이해와 생활지도
66	1996. 10. 26	한국여성개발원, 한국걸스카우트연맹	바람직한 스카우트활동

67	1996. 11. 1	세종문화회관, 청소년폭력예방재단	한국청소년 폭력의 현황과 개선방안
68	1996. 12. 28	대전교원연수원	교육개혁과 지역사회교육
69	1996. 12.4(수)	충남 청소년 종합상담실, 시민회관 소강당	청소년과 문화
70	1996. 12. 24	단재교육원	교육개혁과 지역사회학교
71	1996. 12. 20	흥사단 광주 청소년 연구원	교육개혁과 인성교육
72	1996. 12. 28	대전교원연수원, 교감자격연수	교육개혁과 지역사회교육
73	1997. 1. 8	대전교원연수원	진로지도
74	1997. 2. 11	경기도, 율곡 연수원	학교교육과 청소년문화
75	1997. 2	산학협동재단	한국 학원교육 운영실태 분석을 통한 발전방향 탐색, 공동연구
76	1997. 3. 25	대전광역시교육청	진로교육의 새로운 방향
77	1996. 4. 22	울산시 청소년 상담원	학교폭력의 이론과 실제
78	1996. 5. 21	전국주부교실 충북지회	학교폭력의 실태와 대처방안
79	1996. 5. 30	충남교육연구원	학생들의 올바른 이해와 부모의 역할
80	1996. 6. 13	충남중학교	학교폭력의 실태와 지도방안
81	1997. 6. 24	전북교원연수원	열린 학습사회와 평생교육
82	1997. 7. 15	아주대학교	교원정책의 최근동향과 과제
83	1997. 8. 11	전북대학교원수원	청소년문화의 특성
84	1997. 7. 19	한국교원대학교 연수원	청소년기의 특징
85	1997. 7. 2	한국교원대학교 연수원	청소년지도의 이론과 실제(패키지 프로그램)
86	1997. 6. 27	한국인간교육학회	인성교육프로그램 어떻게 개발할 것인가?
87	1997. 7. 3	경주시청	학교폭력의 이해와 대책
88	1997. 7. 9	한국교원대학교연수원	현대청소년의 이해

89	1997. 7. 14	강북구청	학교폭력 예방대책
90	97. 9. 30	한국교원대학교 종합교원연수원	청소년지도의 이론과 실제
91	97. 10. 2	전북교원연수원	미래사회와 평생교육
92	97. 11. 6	대구광역시 교육청	학교폭력방지를 위한 가정.학교.사회의 역할 및 연계방안
93	97. 11	대한 사립 중고등학교장회	학교폭력의 심각성과 대책
94	97. 11. 27	제주학생문화원	지역사회교육 프로그램 개발의 이론과 실제-학교중심
95	97. 11	여주군청	학교폭력 실태와 예방
96	97. 9. 19	부산교육대학교, 교육사회학 연구회	학원폭력과 청소년문제
97	97. 9. 22	경기도 연천 군청	학교폭력 예방대책
98	97. 9. 22	경상 북도 도청	학교폭력의 발생배경과 예방대책
99	97. 12. 8	경기도 율곡 교원연수원	아동의 문화와 생활
100	98. 1. 5	부산교원연수원	미래사회와 평생교육
101	98. 2. 4	아산병원	현대청소년의 이해와 생활지도
102	98. 2. 14	공군사관학교	긍정적인 생활관을 가진 사람은 성공할 수 있다
103	98. 2. 28	충청대학(전교직원)	21세기를 대비한 충청대학 발전방향
104	98. 3. 11	천안, 충남교육청	학교와 지역사회를 통한 평생교육
105	98.3.12	공주, 충남교육청	학교와 지역사회를 통한 평생교육
106	98. 3. 25	한국교원대 연수원	학교와 지역사회
107	98. 4. 23	충북교육연구원	청소년의 비행유형과 선도대책
108	98. 5. 4	한국청소년 단체협의회	청소년 단체의 육성방안
109	98. 5. 6	경기도, 교육연구원	초등학교에서의 진로교육의 방향

110	98. 6. 16	한국지역사회교육 청주 협의회	사회교육의 흐름과 효과적인 사회교육방법
111	98. 6. 24	한국청소년학회, 올림픽 파크텔	현대청소년의 이해와 지도
112	98. 7. 3		새로운 청소년 육성을 위한 보이스카우트의 역할과 전망
113	98. 7. 23	한국심성교육개발원	청소년의 진로지도
114	98. 6. 23	한국교원대학교 종합교원연수원	청소년지도와 진로지도
115	98. 7. 31	전북교원연수원	EQ(정서교육)
116	98. 8. 11	전북교원연수원	청소년 다문화의 이해
117	98.8.20	한국산업대학교 산업교육연구소 82호	한국과 독일의 실업교육
118	98. 8. 23		IMF시대에서 청소년 문제와 육성
119	98. 8. 28	동작구민회관	부모교육
120	98. 9. 24	익산시민회관	교육개혁 강의
121	98. 10. 8	강원교원연수원	교육개혁
122	98. 10. 21	평택대학	교육개혁과 청소년 육성의 전망과 과제
123	98. 10. 22	평택대학	청소년 육성
124	98. 10. 24	충북학원연합회	학원교육의 육성 방안
125	98. 11. 6	충북교육학회	학교폭력의 지도 방안
126	98.12.4	청소년 폭력예방재단, 세종문화회관발표	한국사회의 폭력실태
127	98. 11. 25	유스호스텔연맹, 도고 호텔	현대청소년의 건전한 여가활동 지도방안
128	99. 1. 4	상신 중학교	교육개혁과 생활지도
129	99. 1. 4	기독교 방송국	라디오
130	99. 1. 8	단체연수원	IQ와 EQ 교육

131	99. 1. 9	청주교도소	긍정적인 삶의 의미
132	99. 1. 19	평택대학교	부모와 자녀교육
133	99. 1. 20	한국교원대학교 연수원	청소년의 건강한 성장과 생활지도
134	99. 1. 21	범죄예방 교육원	올바른 청소년 지도
135	99. 1. 27	교원대 핵심교원연수	현대청소년의 이해와 지도
136	99. 1. 29	공주시청회의실, 새교육공동체 공주지회	방과 후 교육활동
137	99. 2. 22	안산신성중학교	현대학생의 생활지도
138	99. 3. 5	장학학원	교육개혁과 자녀의 진로지도
139	99. 3. 23	한국교원대학교생활관	교육개혁과 인성교육
140	99. 5. 4	대구 두산 초등학교	올바른 자녀교육을 위한 부모의 역할
141	99. 5. 30	한국심성교육개발원	청소년의 비행문제와 상담전략
142	99. 6. 18	전북교원연수원	청소년 문화
143	99. 6. 30	제주도 열린교육협의회	현장개혁을 위한 열린교육의 실제
144	99. 7. 20	단재 연수원	새학교문화창조를위한정서교육
145	99. 7. 29	충청대학	교육개혁과 인성교육
146	99. 8. 10	아주대학교	신교원 정책과 교직단체 활성화를 위한 교사참여
147	99. 9. 4	서울특별시 부설 직장어린이탁아소	올바른 자녀교육을 위한 부모의 역할
148	99. 9. 11	경기도 능곡 고등학교	고등학생에 대한 이해와 생활지도
149	99. 9. 17	대전 청소년 지도연구원	청소년 문제인식의 전환과 지도자의 역할
150	99. 10. 1	속초교육개발원	2000년대 평생교육의 방향
151	99. 10. 2	한국청소년학회	신지식인 시대에 대비한 창의적인 청소년 육성

152	99. 8. 8	평창 청소년 수련원	서울특별시 교육청 중.고 특별활동의 활성화방안
153	99. 4. 6~10. 7	한국교원대학교 종합교원연수원	현대청소년의 이해와 지도 방법(7차례)
154	99. 4. 28	한국교원대학교 종합교원연수원	새 학교 문화창조를 위한 지식기반사회의 초등교육개혁 “지식기반사회를 대비한 교육”
155	99. 5. 26	한국교원대학교 종합교원연수원	집단따돌림(왕따) 무엇이 문제인가? “학교폭력의 발생배경과 지도 방안”
156	99. 6. 23	한국교원대학교 종합교원연수원	학생 중심의 교육과정 편성운영 “학생중심의 교육활동 운영”
157	99. 7. 21	한국교원대학교 종합교원연수원	학교 토론 문화의 효과적인 형성방안, “대화.토론 중심의 집단 지도 방법”
158	99. 8. 18	한국교원대학교 종합교원연수원	수행평가 어떻게 할 것인가?“수행평가 현장 적용의 문제점가 개선 방안”
159	99. 9. 15	한국교원대학교 종합교원연수원	교원의 전문성과 책무성제고 방안“교육의 질 향상을 위한 미국과 영국의 교육 개혁 동향”
160	99. 10. 5	올림픽체조경기장	민주평화 통일자문회의 참여
161	99. 10. 7	평택대학교	현대청소년의 이해
162	99. 11. 10	한국청소년학회, 올림픽 파크 호텔	신세대 청소년의 이해
163	99. 11. 17	대전 누리 유치원	올바른 자녀 교육을 위한 보모의 역할
164	99. 11. 19	전북교원 연수원	2000년도 교원연수의 발전방향
165	99. 11. 23	전북교원연수원	생활지도의 실제
166	99. 11. 25	경기도 교육정보 연구원	현대 청소년의 이해와 생활지도
167	99. 12. 3	목포고등학교	교육개혁과 생활지도
168	99. 12. 5	심성개발원	청소년비행예방

169	99. 3월-12월	한국교원대학교 종합교원연수원	교장자격연수, 독.불어 연수, 영어심화 과정특강(9회)
170	99. 11. 26-27	한국교원대학교 종합교원연수원	교육개혁과 생활지도의 새로운 방향모색, 교실 수업개선을 위한 전국 초.중등 전문직워크숍
171	99. 12	한국교원대학교 종합교육연수원	교장자격연수 교육과정 개발 및 연수체제 개선 방안
172	00.3.16	서울인성교육 연수부	삶과 성장과정
173	00. 4. 29	대전소화유치원	올바른 자녀교육에 대한 부모의 역할
174	00.5.26	충북학원연합회	지식기반사회에 대비하는 학원교육
175	00. 6. 2	전국초.중등교장연수회	학교규율의 이해와 생활지도
176	00. 6. 23	경복초등학교	올바른 자녀교육을 위한 부모의 역할
177	00. 7. 4	천북초등학교	지역사회와 평생교육
178	00.7.14	교원대유치원원장동창회 모임, 교원대종합교육연수원	유치원 질서의 이해와 어린이 지도
179	00.7.14	전국연수원장협의회, 대전교육연수원	사이버연수의 현황과 과제
180	00. 7. 14	교원대 유치원동창회 모임	유치원 질서의 이해와 어린이 지도
181	00.7.21	전북교원연수원	한국교육의 과제와 전망
182	00. 7. 25	아주대학교 교원연수원	교원정책의 방향과 새로운 교사문화
183	00. 8. 12	심성개발원 강당	청소년 비행대책
184	00. 9. 28	대구시청, 양호교사 및 간호사	현대인의 여가문화
185	00. 9. 30	세종문화회관	남북청소년교류 의식조사 발표
186	00. 10. 12	안산 경암고등학교	올바른 자녀교육을 위한 부모의 역할

187	00. 10. 20	경북 영주교육청	올바른 자녀교육을 위한 부모의 역할
188	00. 11. 15		연수원 교장 자격연수
189	00. 11. 15	평택 효덕초등학교	올바른 자녀교육을 위한 부모의역할
190	00. 12. 6	평택 무봉산 수련원	전국수련시설 설립자협회 연수
191	00. 12. 14	전국청소년관계공무원, 속리산유스호스텔	청소년 문화와 청소년시설 활용
192	00. 12. 22	한국평생교육원, 가평에덴유스호스텔	청소년 건전육성
193	01. 3. 14	평택대학교	현대사회와 청소년 육성 특강
194	01. 3. 29	서울시 청소년학회, 세종문화회관	청소년 문화카드제와 건전한 청소년 육성
195	01. 4. 24	한국교원대 교장자격연수	현대 청소년의 이해
196	01. 5. 6	대전시 청소년육성회	청소년 육성과 청소년지도자의 역할
197	01. 5. 12	하남시 산아유치원	자녀교육과 부모의 역할
198	01. 5. 23	평택대학교 대학원	현대 청소년의 이해
199	01. 5. 29	한국교원대, 중등교장 자격연수	현대 청소년의 이해
200	01. 7. 12	한국교원대학교 교장자격연수원	현대 청소년 육성과 과제
201	01. 7. 30	경상북도 사립유치원협의회	교육개혁과 유치원교사의 역할
202	01. 8. 3	전북교원연수원	학생청소년의 이해와 지도
203	01. 8. 14	청소년시설협회	수련시설 간 상호 발전적 연계방안
204	01. 9. 3	국가전문행정연수원	청소년문제와 대책
205	01. 9. 13	한국교원대학교	교장자격연수특강
206	01. 10. 13	유성유스호스텔	청소년육성

207	10. 10. 24	한국청소년개발원, 세종문화회관	청소년 자원봉사 활성화 협력연계
208	01. 10. 25	한국교원대학교	교장자격연수 특강
209	01. 10. 30	서울특별활동연구회	청소년 단체활동과 생활지도
210	01. 11. 6	원광대학교 대학원	현대 청소년의 이해와 육성
211	01. 11. 7	경기도교육청	청소년육성
212	01. 11. 27	레고닥터	창의리더를 위한 유아교육의 중요성
213	01. 11. 29	한국교원대학교	교장자격연수특강
214	01. 12. 5	청소년중앙수련원	청소년지도사의 역할과 과제
215	01. 12. 17	경기도운수연수원	청소년육성에 대한 특강
216	01. 12. 18	경기도자원봉사센터	21세기 청소년자원봉사 활성화에 관한 방향과 과제
217	01. 12. 26	제주탐라교육원	부모교육
218	01. 12. 27	제주도연수원	인성교육
219	02. 1. 7	경북 교육연수원	교육전문가의 자기개발 – 인성교육
220	02. 1. 12	두레 자연고등학교	대안학교에서 인성교육
221	02. 1. 17	사랑의 전화	자원봉사와 사랑의 전화의 역할
222	02. 2. 1	청소년중앙수련원	청소년지도자의 자세와 역할
223	02. 2. 6	아주대	현대청소년의 이해와 지도방안
224	02. 3. 28	서울특별시 공무원, 속초	현대사회와 청소년
225	02. 4. 13	유성 유스호스텔	현대청소년의 이해와 지도
226	02. 4. 18	한국농촌청소년육성재단	농어촌 청소년 교육복지
227	02. 4. 30	한국교원대학교 교장자격연수	현대청소년의 이해
228	02. 5. 16	신도림 초등학교	올바른 자녀교육을 위한 부모의 역할
229	02. 5. 29	한국교원대학교 교장자격연수	청소년에 대한 이해와 생활지도방향

230	02. 6. 1	대한불교어린이지도자연합회, 속리산유스호스텔	어린이 수련활동 프로그램개발
231	02. 7. 19	부산 영재스쿨	자녀교육을 위한 부모의 역할
232	02. 7. 23	광주교육청	청소년 문화의 이해
233	02. 7. 29	대전광역시 교육청	학교폭력의 문제점과 대책
234	02. 7. 31	교원대 유치원장 특강	평생교육과 유아교육
235	02. 8. 9	푸르덴셜, 신라호텔	전국 초.중등학생 자원봉사대회 심사
236	02. 8. 14	관동대학교	청소년 문화의 이해
237	02. 8. 15	국가행정연수원	미래사회와 평생교육의 방향
238	02. 8. 21	천안교육청	초 · 중 · 고 자녀를 위한 부모의 역살
239	02. 10. 7	한국봉사활동연구회	학생자원봉사의 역할
240	02. 10. 10	전국대학교육협의회, 오색약수터	현대인의 자기개발
241	02. 10. 14	한국산업인력관리공단	현대청소년의 이해와 교육
242	02. 11. 13	대전 동광초등학교	올바른 자녀교육을 위한 부모의 역할
243	02. 11. 20	중앙청소년수련원 1급 지도사 대상	청소년 지도사 윤리
244	02. 12. 10	한국교원대학교 교장자격연수	청소년의 이해와 생활지도
245	02. 12. 10	장위중학교	올바른 자녀교육을 위한 부모의 역할
246	02. 12. 16	인천교육청 제주도 행사	청소년 약물중독과 생활지도
247	02. 12. 24	충청남도 도청	현대청소년의 이해와 지도
248	02. 12. 27	충북교육청 단재연수원	청소년의 이해와 생활지도
249	03. 1. 8	아주대학교 신임교사 대상	신세대 청소년문화와 생활지도 특강

250	03. 1. 10	전북교육연수원, 직무연수 대상	현대청소년의 이해와 생활지도
251	03.1.14	새마을운동중앙연수원, 청소년대상	한국의 미래를 생각한다
252	03. 1. 15	대한적십자사청소년본부, 경기도흥국생명연수원	청소년단체지도자의 역할
253	03. 1. 17	대전교육청 연수원, 교사대상	인성지도의 새로운 동향
254	03. 2. 11	아주대학교, 신임교사 대상 강의	학생문화의 이해와 생활지도
255	03. 2. 18	충북단재연수원, 생활지도교사 대상	중고등학생의 이해와 올바른 생활지도
256	03. 2. 26	새마을운동 중앙본부	청소년문화, 중고등학교 학생 간부를 대상으로
257	03.3.10	대전대학국제학술행사, 대전시민 대상	유럽 평생교육 동향, 특강
258	03. 3. 27	서울시 속초 연수원	서울시 청소년정책의 나아갈 방향
259	03. 4. 11	교원대학교, 교장자격연수대상	학생의 올바른 이해와 생활지도
260	03.4.24	사학연금 여의도 본부	현대청소년의 이해와 자녀지도
261	03. 4. 29	국립중앙청소년수련원	새 정부 청소년정책이 나아가야 할 방향
262	03. 4. 29	서울 도곡중학교	청소년 주변환경과 사회성 발달
263	03. 5. 24	부산 노틀담유치원	조기교육의 중요성과 부모의 역할
264	03. 5. 26	석관중고등학교	나의 성장과정과 진로
265	03. 6. 2	사이버대학교 동영상 특강	청소년에 대한 이해와 새 정부 청소년정책 방향

266	03. 6. 11	남양주 양정초등학교, 교사대상	학생의 인성교육
267	03. 6. 25	평창수련원, 자원봉사지도자 대상	자원봉사의 역할과 기능
268	03. 7. 23	교원대학교, 유치원감 및 원장 대상	유아교육과 평생학습사회
269	03. 8. 7	부산 라보 청소년단체	단체활동의 역할과 기능
270	03. 9. 18	경기도교육청특강, 유치원교사대상	올바른 자녀교육을 위한 부모의 역할
271	03. 9. 23	용인시, 용인지역 주부대상	청소년육성의 의미
272	03.9.26	광주광역시 무등청소년회, 전남청소년대상	국제화시대의 청소년인권과 문화
274	03. 10. 8	분당 아름방송	부모교육, 성남시 청소년상담실
275	03. 10. 14	평택시 청소년문화센터, 평택시주최	자녀교육 이렇게 하시오
276	03. 10. 21	광남중학교	성공적인 자녀교육을 위한 부모의 역할
277	03.10.22	목포대학교	제3차 청소년 5개년 계획
278	03. 11. 6	부산 청소년단체협의회	부산 어머니 자원봉사 발대식
279	03. 11. 7	민주평화통일 청소년분과위원회	남북청소년 교류의 이해와 방안
280	03. 11. 11	용인시주최, 용인시여성지도자대상	올바른 청소년육성을 위한 여성지도자의 역할 특강
281	03. 11. 20	인천성산효도대학	청소년정책에 관한 특강
282	03. 11. 21	공군사관학교주최학술세미나, 공군사관학교	전통적 인성교육 모델 연구
283	03.11.27	한국동아리연맹, 대부도에서	청소년연구의 동향과 제3차청소년육성 5개년 계획특강

284	03. 12. 1	대전광역시, 대전시민 대상	청소년활동 활성화를 위한 지방정부와 지자체의 역할분담 및 협조방안
285	03. 12. 12	청소년보호위원회, 서귀포	청소년보호에 대한 현황 보고
286	04. 1. 12	군포시, 유스웨이브	청소년문화의 변화와 지도방안
287	04. 1. 28	대한적십자사청소년본부, RCY지도교사대상	바람직한 청소년상
288	04. 3. 12	평택대학	한국청소년정책에 대한 특강
289	04. 4. 1	분당 YMCA 자원봉사 요원을 대상	현대청소년의 이해와 생활지도에 관한 특강
290	04. 4. 23	수원시 청소년문화센터	올바른 자녀교육을 위한 부모의 역할
291	04. 5. 18	한국청소년상담원	학교 밖 청소년의 길잡이
292	04. 5. 28	한국교육공학회, 건국대학교	새 정부 청소년정책과 사이버문화의 패러다임에 관한 특강
293	04. 5. 29	한독교육학회학술세미나, 전북대학교	새정부 청소년정책의 현황
294	04. 6. 17	서서울정보과학고등학교	〈나의 삶과 나의진로〉에 대한 특강
295		서울특별활동교육연구회, 서울사학연금회관	특기적성교육 활성화 방안을 위한 특강
296	04. 6. 18	민주평통체육청소년분과위원	대학생의 통일의식과 대미의식에 관한 토론회
297	04. 7. 13	한국교원대학교교장 자격연수원세미나	청소년성폭력 무엇이 문제인가
298	04. 7. 20	인천교육청, 인천종합문화회관	동아리 활동의 이론과 실제
299	04. 7. 23	부산청소년단체협의회, 부산아르피나유스호스텔	청소년육성과정책
300	04. 7. 30	서울시교육청, 가평학생수련원	청소년육성과정책
301	04. 8. 2	충남교육청, 충무교육원	새정부청소년정책과 생활지도

302	04. 8. 3	대한적십자사, 대한적십자사화성교육원	청소년과 단체활동
303	04. 8. 10	전남교육청, 전남교원연수원	청소년 문화와 이해
304	04. 8. 11	청소년보호위원회, 부산 동의대학교	현대청소년의 이해와 생활지도
305	04. 8. 16	공군사관학교	청소년과 전통인성교육
306	04. 8. 24	상록회, 지리산 가족호텔	평생교육과 봉사활동
307	04. 8. 25	경남농업교육기술원	교수가 된 광부 저자와의 대화
308	04. 8. 25	무악초등학교	초등학생의 올바른 이해와 진로지도
309	04. 8. 31	한국교원대학교 교장자격연수	현대 청소년의 문화와 이해
310	04.10.16	한국기자언론협회, 라마다호텔	청소년정책 실태와 바람직한 정책방향
311	2004-12-27	서울시 교육청, 가평	학생들의 수련 활동과 인성교육
312	12월 28일	강남 민초장학재단	나의 성장 과정과 교수가 되기까지
313	2005-01-19	문광부, 중앙청소년수련원	엄마 수련원과 자녀 지도
314	2월 14일	중앙 수련원	현대 청소년의 이해와 청소년 정책의 흐름
315	2월 16일	여성인력센터, 부산 동래	여성인력의 허와 실
316	2월 21일	원불교, 중앙수련원	청소년 정책과 전망
317	3월 6일	수서경찰서	학교 폭력 예방
318	3월 11일	수서	학교 폭력 바로 알고 지도하자
319	3월 18일	민주평촌	동서독 청소년 교류를 통한 통일
320	3월 24일	사랑의 전화	인터넷 폭력, 사회적 책임
321	4월 10일	창원	청소년은 보위 대상이 아니고 지원의 대상이다
322	4월 10일	성남 YMCA	청소년 운동의 전망

323	4월13일	수원	청소년 문화와 발전 방향
324	4월 15일	농어촌청소년재단	농어촌 청소년의 지도방안
325	5월 18일	교원대학교	청소년 육성방안
326	5월 19일	화성교육청	올바른 자녀교육을 위한 부모의 역할
327	5월 20일	민주평통	체육 청소년 분가 역할과 과정
328	5월 23일	성남	청소년 문화
329	5월 24일	포항제철고교	학생 청소년 지도의 과제
330	5월 26일	부산 해운대	청소년 기본법에 대한 설명
331	5월 31일	교원대부속고교	교수가 된 광부 – 저자와의 만남
332	6월 9일	전북대학교	인성교육에 관한 특강
333	6월 16일	충남대학교	대전 적십자 100주년 기념과 청소년 육성
334	6월 24일	서울 동성고교	학원 교육의 발전 방향
335	6월 27일	서울 관악구	학생원 생활지도의 변화
336	6월 29일	명륜여자중학교	사춘기의 신체적, 정신적 변화
337	6월 30일	사랑의 전화	청소년 상담의 허와 실
338	7월13일	인천 교원연수원	청소년 지도의 교사의 역할
339	7월 20일	인천 교육청	청소년 문화의 이해
340	7월 22일	부산 교육청	학생문화의이해와생활지도
341	7월 22일	울산 교육청	학생문화의 이해와 생활지도
342	7월26일	오대산청소년수련원	현대 청소년의 이해
343	8월1일	수원대학교	청소년 지도를 위한 교사의 역할
344	8월 2일	교원대학교	청소년 지도를 위한 교장의 역할
345	8월 16일	경기도교원연수원	민주평통 청소년 분가 위원회 역할과 과제
346	8월 18일	전북교원연수원	청소년 문화와 교육
347	8월 20일	포항제철공업고교	청소년 문화 올바로 알고 지도하자

348	8월 27일	부산 동아리연맹	동아리 경진대회의 의미
349	9월 3일	전주	동아리 경진대회의 의미
350	10월 30일	광운대학교	동아리 경진대회의 의미
351	10월 31일	호주대사관	한국 교육제도와 청소년 정책
352	11월 25일	강북건강가정	청소년 자녀 지도를 위한 부모의 역할
353	12월 2일	강남건강가정	청소년 자녀 지도를 위한 부모의 역할
354	12월 5일	교원대학교	현대 학생의 생활지도
355	12월 9일	충북온양건강가정	자녀 지도를 위한 보모의 역할
356	12월 17일	충청대학교	21C 정부와 사회와 학원강사의 역할
357	12월 26일	청소년운동본부	청소년 보호 위원회의 활동
358	2006-01-05	하나원	독일 통일의 이해
359	2월 2일	청주	교사의 동아리 활동 지도방안
360	2월 8일	전남광주무등호텔	청소년 보호 위원회 활동
361	3월 16일	국회도서관	학생들의 올바른 이해와 지도
362	4월 20일	인천	청소년 성가치관 성립의 중요성과 가정의 역할은 무엇인가
363	5월13일	여성개발원	동아리연맹의 역할과 과제
364	5월 25일	오산초교	사춘기 학생의 지도 방안
365	6월 8일	광운대학교	학원의 올바른 교육과 방향
366	6월 26일	여의도사학연금재단	청소년 지도의 교사의 역할
367	6월 27일	청소년 운동본부	청소년의 순결에 대하여
368	6월 28일	대전대학교	청소년과 인적자원 개발
369	7월 3일	부산	부모교육의 역할
370	7월 5일	전남광주교육청	부모교육의 역할
371	7월 8일	선문대학교	독일 통일의 청소년 역할
372	7월 18일	경기도 수원	현대 청소년 이해

373	7월 19일	창원	청소년 문화와 생활지도
374	8월 17일	인천교원연수원	생활지도의 방향과 부적응
375	9월 2일	가평청심수련원	사춘기 청소년과 올바른 성교육
376	9월 17일	대구대학교	동아리 학생의 역할
377	9월 23일	대전	동아리 학생의 역할
378	9월 27일	대전/청년연합	청소년 보호와 지도자의 역할
379	9월 30일	태백	현대 청소년 이해와 청소년 지도자의 역할과 과제
380	10월 11일	서울	인성교육과 리더자의 역할
381	10월 30일	광주	청소년 지도와 민주평통의 역할
382	11월 1일	광운대학교	동아리 대표의 역할과 과제
383	11월 8일	청년연합	새터민 청소년의 남한 사회 문제와 정책 과제
384	11월 10일	경주	민주평통의 역할
385	11월 11일	합천 해인사	새터민 청소년 적응 강화를 위한 나눔실천
386	11월 15일	인천 왕길초교	학생 학력향상을 위한 부모의 역할
387	11월 21일	한국교원대학교	현대 청소년의 이해와 지도
388	11월 29일	울산	현대 청소년 이해와 청소년 지도자의 역할
389	12월 7일	서초초교	성공적인 자녀교육을 위한 부모의 역할
390	12월 18일	철원	수능 후의 학생 생활 지도
391	12월 28일	가평청소년수련원	청소년과 순결교육
392	2007-01-02	교원대학교	대안학교 이론과 실재
393	1월 8일	제천	인성교육 프로그램
394	1월 10일	춘천청소년단체	청소년 육성과 단체의 역할
395	1월 22일	부산	농어촌 청소년의 역할

396	3월 8일	위즈코리아	유아교육의 중요성
397	3월 17일	천주교대교구	청소년 지도자의 역할
398	4월 20일	청심청소년수련원	부모교육
399	5월 10일	대전	청소년 보호와 청소년 지도자의 역할
400	5월 19일	위즈코리아	유아교육의 역할과 사명감
401	6월 7일	문경여자고교	부모교육의 역할과 과제
402	6월 11일	세종문화회관	학교폭력근절과 대책
403	6월 13일	관악문화원	학원 원장의 역할과 자세
404	7월 2일	약속재단	청소년 이해와 과제
405	7월 4일	정독도서관	자녀들을 위한 부모의 역할
406	7월 20일	대구대학교	한국 평생교육의 회고와 전망
407	7월27일	약속재단	청소년 육성을 위한 약속재단의 역할
408	8월 8일	대전교원연수원	학교폭력 예방과 생활지도
409	8월 28일	KT건물	인성교육이란
410	9월 12일	한겨레중고등학교	탈북청소년들의 한국문화 적응의 필요성
411	10월 15일	일죽종합고교	현대 청소년의 이해와 문화
412	10월 26일	부천교육청	부모교육의 실재
413	10월 31일	대전	청소년문화
414	11월 1일	경주 화랑고교	대안학교의 역할
415	11월 2일	부산 유치원	부모교육의 실재
416	11월 3일	진해	유아교육을 위한 교사의 역할
417	11월 8일	충청대학교	평생교육을 통한 행복 찾기
418	11월 19일	천안교도소	청소년에게 희망을
419	11월 29일	전남 성지고교	대안학교 학생들의 삶
420	11월 30일	송학중교	청소년에게 꿈과 희망을

421	12월 6일	문래청소년수련관	청소년의 유해환경
422	12월 7일	태안초교	중학생의 올바른 예와 생활지도
423	12월 10일	화성교육청	초등학생의 예와 인성교육
424	12월 14일	서울대교구청	학생 봉사활동 무엇이 문제인가
425	12월18일	여의도백화점	인성교육의 중요성
426	12월 26일	충남교원연수원	청소년의 생활지도
427	12월 28일	서울라마다호텔	국제 문화 친선의 중요성
428	2008-01-07	화성교육청	학생의 바른 이해와 생활지도
429	1월 31일	보라매공원청소년회관	청소년 육성을 위한 수련시설의 역할
430	3월 15일	명동성당	청소년 지도자의 역할
431	3월 22일	안동	학원교육의 역할과 과제
432	3월 27일	대전통계청	자녀교육을 위한 부모의 역할
433	3월 29일	경북도청	현대 청소년의 이해
434	4월 10일	제주도	생활지도교사의 역할
435	4월 11일	장학학원	현대 청소년의 이해와 생활지도
436	4월13일	광양초교	자녀교육을 위한 부모의 역할
437	4월 14일	안산법무부소년원	나의 성장과정과 진로
438	5월 30일	화천초교	올바른 자녀를 위한 부모의 역할
439	8월 16일	양업고교	대안학교의 현재와 미래
440	8월 17일	원주교원연수원	순간의 선택이 운명을 바꾼다
441	9월 10일	예산 신암중교	자녀교육을 위한 부모의 역할
442	9월 18일	수원청소년수련관	청소년 교육을 위한 청소년수련원의 역할
443	10월 1일	한독국제세미나	아동청소년 학교폭력 예방 및 위기대응
444	10월 7일	괴산 칠산중교	부모의 역할과 자세

445	10월 15일	사학연금재단	자녀교육을 위한 부모의 역할
446	10월 16일	경기도 여주 홍천중학교	청소년에게 꿈과 희망을
447	11월 21일	대전 통계청	자녀를 위한 부모의 역할
448	11월 25일	문경 신양중교	청소년들이여 꿈을 가져라
449	12월 10일	경운대 대학원	현대 청소년의 이해
450	2009-01-01	화성교육청	평생교육원 이론과 실재
451	1월 10일	부천 내동중교	교사 학부모의 생활지도
452.	2월 9일	경주	청소년 지도의 역할과 과제
453	3월 3일	한국교원대신문	청소년 지도에 관한 인터뷰
454	4월 15일	천안 연암대학교	청소년과 자원봉사
455	4월 29일	문경 STX	자녀교육을 위한 부모역할
456	5월 14일	사학연금재단	명사초청 – 독일 광부 출신이 교수가 되다
457	5월 29일	대전 통계청	국가 발전과 평생교육
458	6월 1일	한국 학술 정보원	왜 독일 광부로 가야만 했던가
459	6월 10일	문경시청	올바른 자녀교육을 위한 학부모 역할
460	6월 17일	지곡초교	부모교육의 역할
461	6월 18일	북부교육청	청소년에 대한 이해
462	8월 14일	양업고교	청소년 올바르게 알고 지도하자
463	10월 26일	대전 청소년학회	청소년 육성5개년 계획에 관한 기조 관념
464	11월 31일	강남 그림유치원	부모교육의 역할과 과제
465	2010-01-05	원주	부모교육의 역할
466	2월 27일	포천 외국어학교	청소년의 심리적 발달
467	5월 6일	동대문 도서관	부모교육1(부모교육 10회 강연)
468	5월 13일	동대문 도서관	부모교육 특강
469	5월 19일	장파초교	부모교육의 역할

470	5월 20일	동대문 도서관	부모교육 특강
471	5월 27일	동대문 도서관	부모교육 특강
472	6월 3일	동대문 도서관	부모교육 특강
473	6월 10일	한국청소년상담원	중도탈락학생에 대한 특강
474	6월 16일	평택여자고교	학원 원장의 역할
475	6월 23일	남양주 화광중교	부모교육의 올바른 방향
476	7월 3일	서울동부교육청	화광암사의 자세
477	9월 3일	대덕대학교	청소년발달
478	10월 14일	동대문 도서관	부모교육 특강
479	11월 5일	익산중교	학생의 생활지도
480	11월 14일	서울여상플라자	박정희대통령과 국가발전
481	11월 24일	송탄 국제대학교	창의적체험활동
482	2011-02-17	충청대학교	유아교육의 중요성
483	2월 24일	군포 용호고교	농어촌 학생의 진로
484	2월 25일	강남 장학학원	미래형 학교
485	3월 10일	평택 해군제2회관	국가 간에 관한 강의
486	3월 18일	평택 해군제2회관	국가 간에 관한 강의
487	3월 25일	전주	대안학교의 운영 과정
488	3월 28일	광주지방공무원교육원	공직자의 자세와 국가 방안
489	4월 2일	칠곡교육문화회관	올바른 청소년 이해와 교육
490	4월 7일	전주서문교회	노후생활의 목적
491	4월 9일	경북 상주	학원 강사의 역할
492	4월14일	춘천강원인재개발원	인재란 무엇인가
493	4월 16일	경북 경주	부모 교육
494	4월 18일	영덕해양수련원	청소년의 발달
495	4월 21일	소록도	꿈과 희망을 가지고 살자
496	4월 23일	경주문화고교	학원 강사의 역할

497	4월 27일	제2함대문화관	공직자의 자세와 국가관
498	4월 30일	영월 청령초교	올바른 자녀교육을 위한 부모의 역할
499	5월 19일	보라매청소년수련원	청소년 문화와 환경
500	5월21일	안면도근흥중	농어촌 청소년도 성공할 수 있다
501	5월 23일	경주 현대호텔	현대 청소년의 이해에 대한 기조 강연
502	5월 25일	평택 제2함대	교장 대상 안보 교육
503	5월 28일	남원중교	중학생의 올바른 진로 지도
504	6월 9일	평택 제2함대	국가간에 대한 특강
505	7월 21일	중앙공무원교육원	자녀교육에 관한 특강
506	8월 19일	강남 기계고교	독일의 마이스터 교육제도
507	9월 8일	동대문 도서관	부모교육 특강
508	9월 15일	동대문 도서관	부모교육 특강
509	9월 29일	동대문 도서관	부모교육 특강
510	10월 2일	부산가거도유치원	부모교육의 역할
511	10월 5일	마포구청	왜 독일 근로자로 가야만 했던가
512	11월 7일	디자인고교	학부모교육
513	11월 17일	보라매공원	청소년의 미래와 전망
514	11월 26일	부산 유치원	올바른 자녀 교육을 위한 부모역할
515	11월 28일	서산	청소년 육성에 관한 특강
516	11월 30일	인천 제일고교	부모 교육
517	12월 26일	화천	청소년의 신체 및 신장 발달
518	2012-01-02	공무원교육원	국가발전을 위한 공무원의 역할
519	1월 3일	단재교육연수원/충북교육청	청소년 지도를 위한 교사의 역할
520	2월 21일	삼락회	국가공무원의 재능 기부 역할

521	4월 16일	광주공무원교육원	공무원과 국가
522	4월 20일	충북단재연수원	현대 청소년 문화와 이해
523	4월 21일	신목중교	부모는 우리를 너무 몰라요
524	4월 25일	내유초교	청소년,올바로 알고 지도하자
525	5월 12일	성동청소년수련관	청소년 이해와 생활지도
526	5월 19일	세륜중교	자녀, 올바로 알고 지도하자
527	5월 21일	구산초교	학생 생활지도
528	6월 9일	성동청소년수련관	부모는 우리를 너무 몰라요
529	6월 11일	광양초교	부모 교육
530	6월 19일	경기도북부교육청	인성교육의 실상
531	6월30일	평택합정초교	자녀, 올바로 알고 지도하자
532	7월 9일	서초구민회관	자녀, 올바로 알고 지도하자
533	9월 12일	화성매송초교	자기주도적 학습과 부모의 역할
534	9월 18일	정의여자중교	부모교육
535	11월 23일	전주 신흥고교	자기주도적 학습과 성공사례
536	12월 27일	국제문화친선협회	독일 근로자의 역사
537	2013-01-25	중고등학교교장협의회	막장 광부 교수가 되다
538	3월 20일	문경시청	국가발전의 초석이된 파독 광부와 간호사
539	3월 25일	언론진흥재단	행복한 학습사회로의 초대
540	4월 19일	충북단재연수원	학생 생활지도
541	4월 30일	백범기념관	학원장 대상으로의 특강
542	3월 30일	독일문화원	독일 문화원 특강
543	6월 1일	강남대	현대 청소년 이해
544	6월 5일	광동중교	부모는 우리를 너무 몰라요
545	6월 10일	근명여자정보고교	청소년의 이해와 생활지도
546	6월 19일	부산장안중교	청소년의 이해와 생활지도
547	7월 13일	평택동삭초교	부모교육의 이해

548	7월 17일	선정중교	청소년, 올바로 알고 지도하자
549	7월 26일	영월초교	부모교육의 역할
550	8월 6일	교원대학교	청소년 알고 지도하자
551	8월 20일	여의도	인성교육특강
552	8월 31일	홍천	청소년에게 꿈과 희망을
553	9월 3일	선사초교	부모교육
554	9월 13일	인천외국인력센터	독일 생활의 실상
555	10월 10일	독일학교	나는 독일에서 이렇게 공부했다
556	10월 15일	교원대 연수원	유아교육의 실재
557	10월 20일	인천외국인력지원센터	독일 노동자로서의 생활
558	11월 6일	교원대학교	학생인권
559	11월 15일	독일학교	나는 독일에서 이렇게 공부했다
560	12월 12일	용산경찰서	자녀지도 알고 지도하자
561	12월 18일	경기도평생교육원	평생교육의 이론과 실재
562	2014-01-07	천안	교사와 청소년 지도
563	1월16일	교원대학교	현대 청소년의 이해
564	3월 22일	여의도중교	글로벌리더십에 관한 특강
565	4월 4일	대한출판문화회관	국제인성교육에 대하여
566	6월 30일	서울중등교장협회	청소년의 이해와 지도
567	7월 3일	서울	학생교육활성화 방안
568	7월 17일	교원대 연수원	학교폭력 예방 및 대처방안
569	8월 22일	여의도	인성교육에 대한 특강
570	8월 28일	언북중교	부모 교육
571	9월 3일	광명초교	학부모 교육
572	9월 4일	원묵중교	부모 교육
573	10월 1일	세명대학교	인성 교육

574	10월 10일	태량중교	학부모 교실
575	10월 16일	청파초교	부모 교육
576	11월 20일	장학학원	부모교육
577	11월 26일	남부교육청	학교폭력대책에 관한 특강
578	12월 18일	둔촌고교	학부모 교육
579	2015-01-24	힐튼호텔	심성에 관한 강의
580	1월 28일	광주호남대학교	인성교육의 실천
581	3월 4일	동대문도서관	부모교육
582	3월 11일	군부대	인성교육의 의미
583	4월 2일	미상어린이집	자녀에 대한 올바른 이해
584	4월 11일	경주	경주 물축제에서 우리 단체에 관한 강의
585	4월 25일	전남 광주	인성교육 문제점과 해결방안
586	5월 11일	충북 교원연수원	부모교육에 관한 강의
587	5월 13일	삼척청소년수련관	청소년의 진로지도
588	5월 23일	여의도중교	인성교육에 관한 특강
589	6월 13일	여의도중교	청소년과 글로벌리더십
590	7월 4일	광주	인성교육의 이론과 실재
591	7월 5일	광주여자대학교	인성교육의 실재
592	8월 24일	광주인성교육단체	인성교육의 실재
593	10월 28일	대전	내가 살아온 길
594	11월 23일	광주고등학교	인성교육
595	11월 30일	광주	인성교육
596	12월 16일	부산 하늘고교	올바른 역사 형성을 위한 인성교육
597	12월 23일	수평중교	독일광부 생활에 관하여
598	2016-01-09	서울인성문화원	인성교육의 이론과 실재
599	2월 18일	익선중교	인성교육

600	2월 18일	인성문화원	인성교육 특강
601	2월 25일	광주	인성교육
602	3월 3일	남양주교육청	인성교육
603	3월 17일	여의도중교	인성교육
604	4월 12일	문현중교	부모와 인성교육
605	6월 22일	여의도중교	인성교육
606	6월 29일	익산리라유치원	인성교육
607	7월 6일	광주교육청	상담교사 대상 강의
608	7월 20일	여의도중교	진로에 관한 강의
609	9월 21일	문현중교사연수원	인성교육
610	10월 3일	심성개발원	인성지도자 양성과정
611	10월 12일	경북도청	미래를 부르는 희망 청소년
612	10월 26일	여의도중교	글로벌리더십에 관한 강의
613	10월 30일	구미	인성교육
614	11월 2일	부천부명고교	인성교육
615	11월 5일	충주인성문화원	인성교육
616	11월12일	창원	인성교육
617	11월 19일	성인교육학회	미래를 부르는 성인교육 인성교육은 실천이다
618	12월 19일	세종문화회관	건강재단 인성교육
619	2017-02-08	여주남한강	인성교육
620	3월 16일	여의도중교	인성교육
621	3월 26일	방주교회	인성교육
622	4월 25일	남원여자중	인성교육
623	4월 27일	전북교육청	인성교육
624	5월 25일	충주	인성교육방법
625	6월 1일	수서	인성교육
626	6월 1일	충청대학교	인성교육

627	6월 29일	고려예이스트리움	마음과 기쁨에 대하여
628	7월 12일	둔촌고교	인성교육
629	8월 21일	구미인성문화원	인성교육
630	9월 29일	군산리베라관광호텔	인성교육
631	11월24일	여의도중교	세계시민교육
632	2018-01-28	청주인성교육협회	인성교육특강
633	1월 30일	대전대학교	막장 광부, 교수가 되다
634	2월 24일	포항청년CEO모임	나는 이렇게 살아왔다
635	3월 15일	울산/가톨릭청소년이사회	인성교육 간담회
636	3월 29일	ADRF 교육 포럼	나눔과 봉사와 행복
637	4월 12일	김제시청	파독 광부, 교수가 되다
638	4월 14일	부산동구청	동아리 활동과 인성교육의 의미
639	4월 15일	대전문화원	동아리 활동과 인성교육
640	4월 27일	군산건강가정모임	인성교육
641	5월 5일	여의도중교	나눔과 봉사로 글로벌 마인드 함양
642	5월 8일	서울정독도서관	독서와 인성교육
643	8월 4일	청주독서모임	독서와 인성교육
644	8월 24일	여의도중교	인성교육
645	9월 13일	평택초교	부모교육
646	9월 14일	한국행동과학연구소	왜 독일 광부로 가야만 했던가
647	10월 9일	신갈	청소년에 대한 올바른 이해
648	10월 10일	부산유치원	유아의 인성교육
649	11월 1일	청주미래교육연구원	인성교육강의
650	11월 15일	평택자란초교	인성교육을 위한 부모의 역할
651	11월 23일	문현고교	인성교육의 중요성
652	11월 29일	군산가정교회모임	인성교육

653	12월 20일	포항청년CEO모임	4차 산업과 청년의 역할
654	2019-01-22	서울오십플러스교육 포럼	나의 삶과 봉사와 나눔
655	1월 29일	용인청소년수련원	동화책 번역과 인성교육
656	3월 21일	포항	글로벌 CEO와 창업
657	3월 30일	여의도중교	동화책 번역과 인성교육
658	4월 5일	부천에이스월드	봉사가 인생을 바꾼다
659	4월 6일	대전문화원	동화책 번역 봉사와 인성교육
660	4월 7일	부산동구청	동화책 번역과 인성교육에 대한 교육적 의미
661	4월 21일	창원	나눔과 봉사와 인성교육
662	4월 30일	광주교육연수원	봉사활동과 인성교육
663	5월 3일	인성문화원	인성교육의 정의와 지도방법
664	5월15일	주문진	봉사활동과 인성교육
665	5월 25일 오전	광주체육관	나눔과 봉사와 인성지도
666	5월 25일 오후	소록도	봉사와 인성교육
667	6월 1일	광주교원연수원	자녀 자원봉사의 의미
668	6월 2일~ 6월 6일	완도, 노화도	재능 기부 특강
669	6월 20일	청주시립도서관	독서로 꿈을 만든 사람들
670	7월 8일	일산풍동중교	인성교육에 관한 재능 기부
671	7월 9일	동해예람중교	인성교육에 관한 재능 기부
672	8월 29일	판교청소년수련관	청소년 육성의 답은 인성교육이다
673	2020-01-05	부산 해운대	영화 〈국제시장〉 스토리 주인공 권이종교수 이야기
674	1월 6일	부산 해운대	영화 〈국제시장〉 스토리 주인공 권이종교수 이야기
675	1월 19일	서울	영화 〈국제시장〉 스토리 주인공 권이종교수 이야기

676	1월 19일	서울	영화 〈국제시장〉 스토리 주인공 권이종교수 이야기
677	1월 20일	서울	영화 〈국제시장〉 스토리 주인공 권이종교수 이야기
678	1월 20일	서울	영화 〈국제시장〉 스토리 주인공 권이종교수 이야기
679	11월 26일	광주 교원연수원	왜 파독광부간호사로 가야만 했던가?

/저자소개/

권 이 종(權 彛 鍾)

연구실 주소 : 서울 용산구 효창동 5-109 다모빌딩 2층
연구실번호 : 02-6272-1928
핸드폰번호 : 010-8875-8811
E-mail : kyc9976@hanmail.net

Ⅰ. 학력

- 독일 아헨사범대학교에서 학사, 석사, 박사학위 취득

Ⅱ. 경력

- 전주신흥고등학교
- 파독 광부로 근무(1964~1968)
- 한국교원대학교 교장자격 연수원장(1999~2002)
- 한국청소년학회 학회장(2000~2001)
- KBS객원 해설위원(2002~2003)
- 대통령 산하 청소년보호위원회 위원(2001~2004)
- 대통령 교육자문위원(2001~2003)
- 한국청소년개발원 원장(2001~2004)
- 민주평화통일자문회의 청년분과위원장(2003~2006)
- 파독 광부 · 간호사 기념관장(2013)
- 한국교원대 명예교수(2006~현재)
- ADRF(아프리카아시아난민교육후원회) 회장: 현재
- 서울경기행정신문 자문위원장: 현재

Ⅲ. 저서

- 청소년 지도의 실제, 1985
- 자녀지도 어떻게 해야 하나, 1989
- 청소년학개론, 1996
- 내일에 사는 아이 어제에 사는 어른, 1998
- 평생교육의 이론, 2001
- 청소년에게 꿈과 희망, 2007
- 부모교육의 이론과 실제, 2008
- 청소년 교육 개론, 2011
- 막장광부 교수가 되다, 2012
- 청소년을 위한 삶의 지혜, 2012
- 인연 백세 백인, 1917, 이채
- 아프리카 킬리만자로, 설렘과 마음의 길, 2019, 교육과학사
- 외 60여 권

■ 포상

- 국민훈장 목련장: 대통령: 2004년
- 자랑스런 한국인 대상: 2018년
- 대한민국 경제 발전에 기여한 숨은 공로자 17인: 2019년
- 새 한국 100년을 위한 33인 위원: 2019년
- 위대한 한국인 대상: 2019년

파독 광부, 꿈을 캐는 교수로 –권이종 박사 인생 이야기–

2021년 4월 5일 1판 1쇄 발행
2021년 7월 30일 1판 2쇄 발행

저 자: 권 이 종
발행인: 한 정 주
발행처: 敎育科學社

경기도 파주시 광인사길 71
전화 :(031) 955-6956~8 팩스 :(031) 955-6037
Home-page : www.kyoyookbook.co.kr / E-mail : kyoyook@chol.com
등록 : 1970년 5월 18일 제2-73호

값 18,000원

ISBN 978-89-254-1593-2